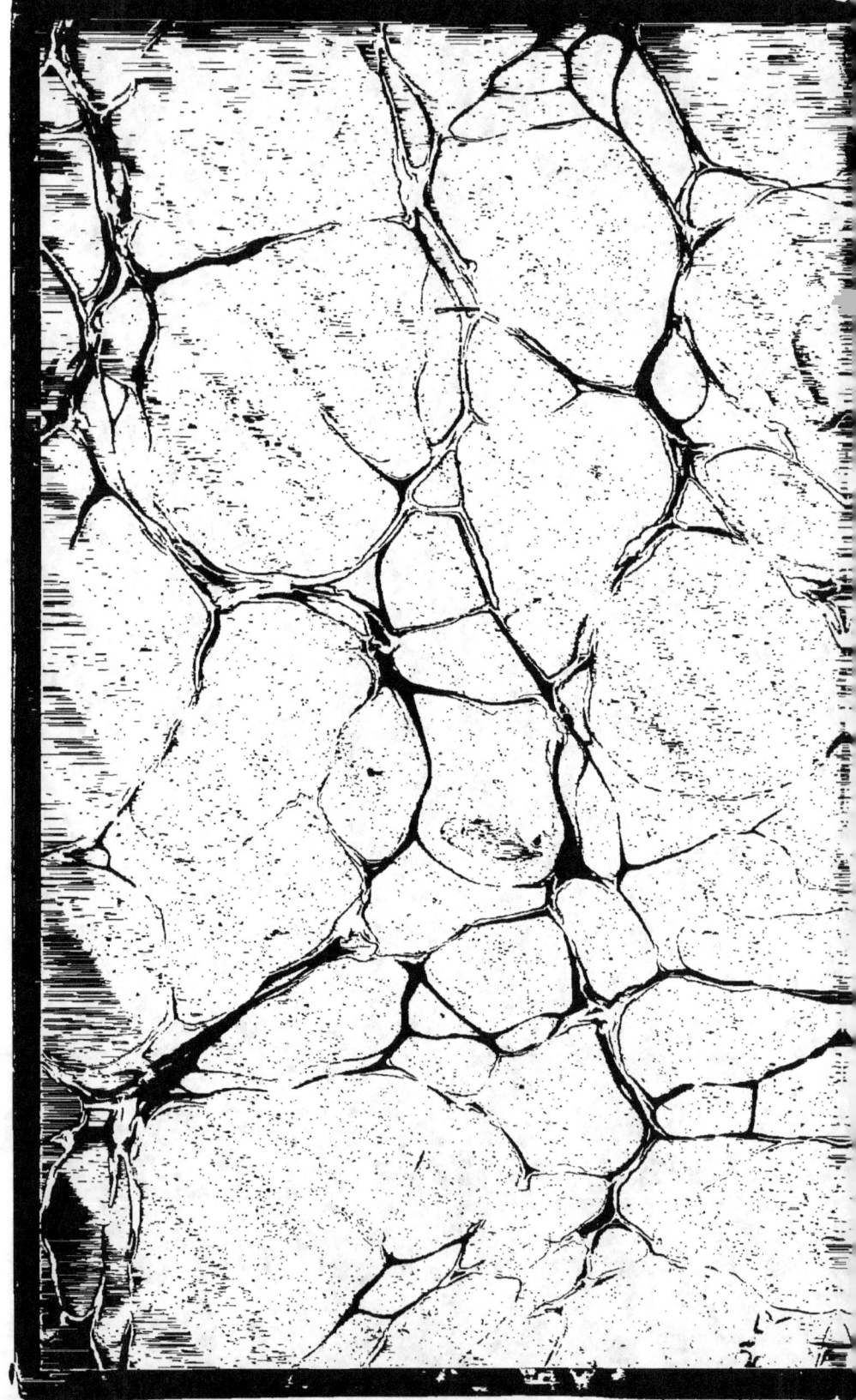

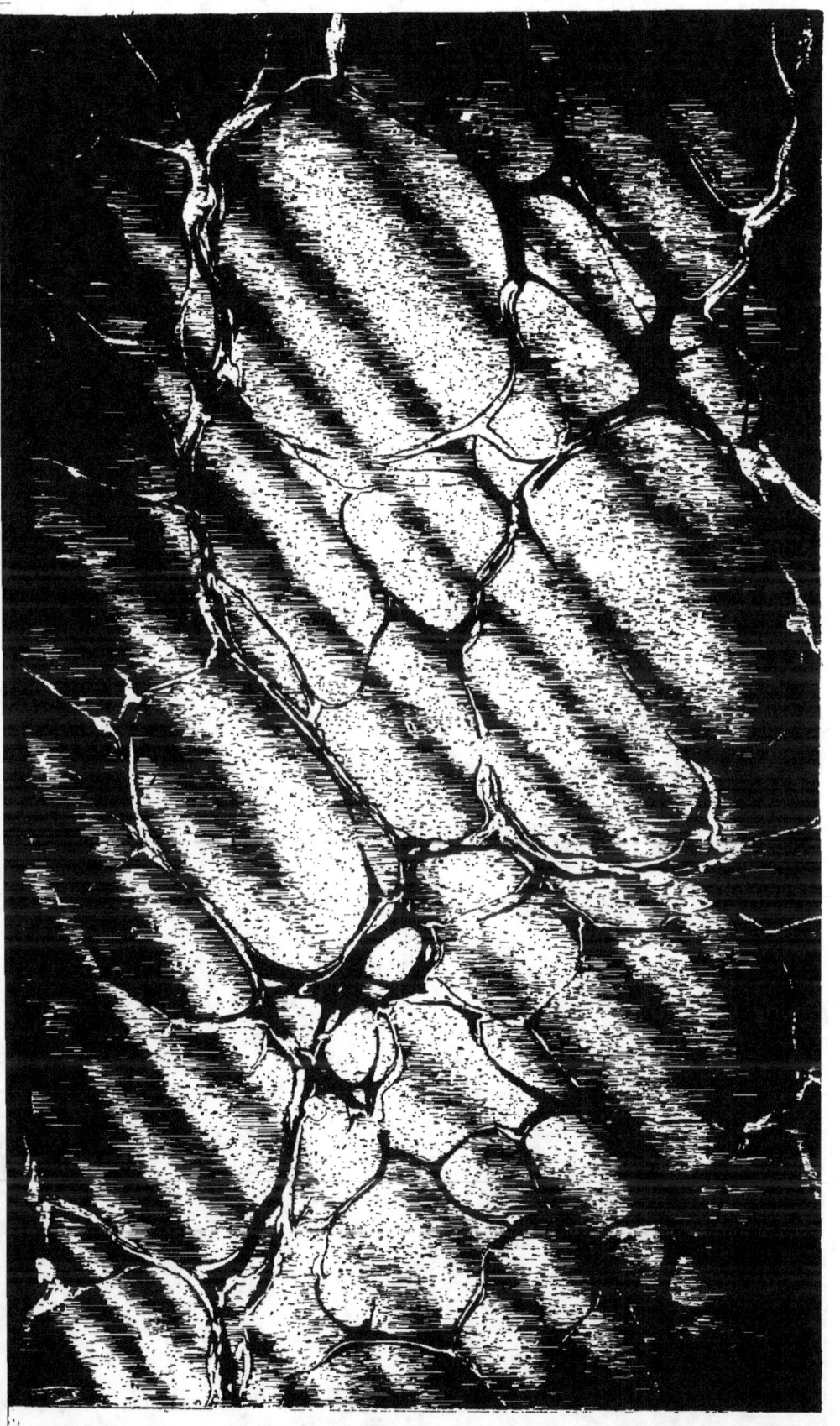

LE GÉNÉRAL CHANZY

VERSAILLES
CERF ET FILS, IMPRIMEURS
59, RUE DUPLESSIS

CHANZY

Imp Ch Chardon

LE
GÉNÉRAL CHANZY

1823-1883

PAR

ARTHUR CHUQUET

.... *Si Pergama dextra*
Defendi possent, etiam hac defensa fuissent.

Ouvrage couronné par l'Académie française

QUATRIÈME ÉDITION

PARIS
LIBRAIRIE LÉOPOLD CERF
13, RUE DE MÉDICIS, 13

A MES COMPATRIOTES DES ARDENNES

PRÉFACE

Ce livre a été écrit avec impartialité, avec une indépendance complète, en dehors de toute influence. L'auteur a voulu, dans l'année même où mourut Chanzy, composer une biographie du héros de Josnes et du Mans, suivre le général depuis ses débuts jusqu'à sa fin, et rappeler à ses compatriotes la vie d'un des plus grands Français de notre époque.

La figure du général Chanzy est en effet une des plus nobles de la troisième République. Elle ne cessera de grandir à mesure que s'écouleront les années. Le temps ne fera que rehausser ce qu'elle a de fier et d'imposant.

Chanzy avait été le héros de la Défense nationale; il était le plus grand général de la

France; il restait, a dit au nom de l'armée le ministre de la guerre, notre plus cher espoir. Son exemple lui survit : par son admirable énergie et sa constance héroïque, le commandant en chef de la *deuxième armée de la Loire* a montré qu'une nation, même dans le péril suprême, ne doit jamais désespérer de son salut; il a lutté jusqu'à la dernière extrémité; il n'a connu, comme le guerrier de l'Iliade, qu'un seul présage, celui de combattre pour la patrie. Toutes les fois qu'il s'agira de la défense de son territoire et de son honneur, la France s'inspirera de la belle résistance de Chanzy.

Mais Chanzy n'était pas seulement un homme d'épée. Devenu diplomate, il représenta dignement la France républicaine à la cour de Russie. Ce fut un administrateur habile et vigoureux : le même homme qui disputait pied à pied le sol de la patrie à l'envahisseur et qui, dans la dernière année de sa vie, à la tête du 6ᵉ corps d'armée, assurait la défense de la frontière de l'Est, gouverna l'Algérie pendant six ans et donna à la colonisation de notre grande province d'Afrique un développement rapide et fécond. Enfin, il avait présidé un des groupes les plus importants de l'Assemblée nationale, et il était, disait-il en 1878, de ceux qui, après s'être ralliés franchement à la République, entendaient la servir avec dévouement et la consolider en résistant énergiquement aux ardeurs, aux entraînements, aux utopies ou aux convoitises qui peuvent la compromettre.

Quel que soit le destin de ce livre, l'auteur a déjà trouvé la récompense de son travail en étudiant de près une belle existence entièrement remplie par le devoir, inspirée d'un bout à l'autre par le sentiment de l'honneur et l'amour de la France.

A. C.

AVANT LA GUERRE

AVANT LA GUERRE

I

La famille que Chanzy devait illustrer est depuis longtemps établie dans les Ardennes. Le grand-père du général était un simple cultivateur. Mais, après lui, la famille n'a plus d'autre métier que celui des armes, et tous ses membres semblent apporter, en naissant, l'instinct militaire. Le père du général s'engagea sous le premier Empire et devint sous-officier et chevalier de la Légion d'honneur ; son oncle fut capitaine de cuirassiers ; ses deux fils portent et porteront dignement un nom désormais cher à l'armée et vénéré dans le souvenir de toute la France ; l'aîné est lieutenant de chasseurs, et le cadet, nous dit-on, ne rêve pas d'autre carrière que celle du soldat. Les Chanzy font souche de guerriers ; c'est une de ces races militaires qui donnent à la France, de père en fils, des officiers dévoués.

Le père du général, Bertrand-Nicolas Chanzy (1790 — octobre 1849), était devenu, au retour du service, en 1821, receveur des contributions directes à Nouart (canton de Buzancy, arrondissement de Vouziers). C'était un homme d'une intégrité incontestée et d'une loyauté proverbiale ; son souvenir n'est pas encore effacé dans le pays. Il a donc transmis à son fils, comme un double héritage, la droiture du cœur et la vaillance ; Chanzy, sorti d'une famille de braves et de justes, fut en même temps homme de guerre et homme de bien.

Antoine-Eugène-Alfred Chanzy naquit à Nouart le 18 mars 1823[1]. Sa vocation militaire se décida dès ses jeunes années ; de bonne heure, l'idée de prendre du service et de voir la guerre échauffa son imagination. Aux goûts belliqueux qu'entretenaient en lui des traditions de famille, se joignait la passion des aventures ancrée dans le cœur de la jeunesse. Après avoir suivi quelque temps les classes

---

[1] « L'an 1823, le 18 du mois de mars, à dix heures du matin, par devant nous Etienne-Nicolas Breyois, maire, officier de l'état-civil de la commune de Nouart, est comparu M. Bertrand-Nicolas Chanzy, âgé de trente-trois ans, receveur des contributions directes, chevalier de l'Ordre royal de la Légion d'honneur, demeurant à Nouart, lequel nous a présenté un enfant du sexe masculin, né aujourd'hui à six heures du matin, de lui déclarant et de Marie-Aurore Nicaise, son épouse... » (Extrait du registre des naissances de la commune de Nouart, pour l'année 1823.)

du collège de Sainte-Menehould, il résolut, à l'âge de seize ans, d'entrer dans la marine.

Le 4 décembre 1839, il débutait, comme mousse, sur le vaisseau le *Neptune*[1]. Il était parti avec beaucoup d'ardeur et de gaieté ; il comptait faire bientôt campagne. La victoire d'Ibrahim-Pacha à Nezib, la mort du sultan Mahmoud, la flotte turque se donnant à Mehemet-Ali, l'intervention des puissances, tout annonçait une prochaine guerre en Orient. Il y avait en France, comme disait M. Guizot, une grande fermentation nationale. L'opinion voulait maintenir l'influence française en Egypte et défendre le vice-roi contre le sultan. M. Thiers, devenu chef du cabinet, répondait au traité de Londres et à la coalition des quatre puissances en ordonnant des armements formidables ; il rappelait les classes, mobilisait les gardes nationales et fortifiait Paris. La guerre n'eut pas lieu, et M. Thiers donna sa démission (20 octobre 1840).

Le jeune mousse, qui fit, comme novice timonier, la croisière d'Orient de 1839-1840, dans l'escadre du contre-amiral Lalande, était déçu dans

---

[1] Le général Félix Douay, fils, comme Chanzy, d'un ancien officier de l'Empire, s'engagea, lui aussi, dans la marine (1832), navigua sur l'*Orion* et le *Lutin*, et fut employé à la timonnerie : mais lui aussi abandonna bientôt le métier de marin. (M. Du Camp. *Revue des Deux-Mondes*, 1er juillet 1883, p. 20).

son espoir d'aller au feu. Mais déjà la vie qu'il menait sur le *Neptune* lui devenait insupportable. Il s'appliquait de grand cœur à satisfaire ses chefs; mais les mauvais traitements, les injures des matelots, les coups de garcette et surtout le mal de mer, lui firent prendre en telle aversion le métier de marin qu'il dut quitter le bord le 10 décembre 1840. « Vous souvenez-vous, disait-il plus tard à l'amiral Roze [1], d'un mousse nommé Chanzy, qui servait sur le *Neptune* en 1840 ? — S'il m'en souvient, répondit l'amiral, c'était un bien mauvais marin. — Eh bien, ce mauvais marin, répliqua Chanzy en riant, c'était moi. »

Le 3 mai 1841, Chanzy s'engageait au 5ᵉ régiment d'artillerie en garnison à Metz. Il avait pris résolument son parti; il servirait dans l'armée de terre, il irait apprendre et exercer le métier de la guerre dans cette Afrique où l'émir Abd-el-Kader, rompant le traité de la Tafna, soulevait contre la France les populations arabes et engageait avec Bugeaud une lutte acharnée. Il lui parut toutefois que son avancement serait plus rapide s'il passait par l'Ecole militaire. Il suivit les cours du lycée [2], de ce lycée de Metz où se sont formés tant de vail-

---

[1] En 1871, à Rochefort.
[2] Aujourd'hui *Kaiserliches Lyceum!*

lants officiers, et sut, à force d'ardeur, regagner le temps perdu. Après un travail opiniâtre de six mois, il fut admis à l'Ecole de Saint-Cyr [1]. Le nombre des candidats reçus était assez restreint ; Chanzy n'entrait qu'un des derniers, le 133ᵉ sur 138 ; mais il entrait, et ce premier pas dans sa carrière nous le révèle déjà tel qu'il sera toujours, laborieux et ardent à la peine, tenace et infatigable. A l'Ecole, il continua d'apprendre et de travailler avec la même activité, et il se fit une place fort honorable ; il était caporal le 3 décembre 1842 et sergent le 28 mars 1843. A sa sortie [2], il fut nommé sous-lieutenant (1ᵉʳ octobre 1843) dans ce régiment de zouaves, célèbre et déjà légendaire, qu'avait commandé Lamoricière et que commandait alors Cavaignac.

Par ses vertus militaires, Chanzy offre plus d'un point de ressemblance avec Cavaignac : le courage, l'énergie de la volonté, un esprit fécond en ressources, plein de calme et de constance, et, comme disait le duc d'Aumale en parlant du défenseur du Mechouar et de Tlemcen, présentant cet ensemble de qualités pratiques et intellectuelles de soldat et

---

[1] Décision ministérielle du 24 octobre 1841 ; parmi ses camarades de promotion on relève les noms suivants : Doineau, Bataille, Brincourt, Brissy, Derroja, de Jouffroy.

[2] Dans les vingt-cinq premiers.

d'administrateur, qu'on désirerait trouver chez un commandant de province. On peut poursuivre le parallèle : tous deux ont conquis leur première renommée dans cette Afrique, qui, selon le mot de Cavaignac, était devenue la pépinière de nos généraux ; tous deux ont gouverné l'Algérie ; tous deux ont fait partie des Assemblées, et le destin a voulu que leurs derniers exploits eussent lieu, contre toute attente, sur la terre de France, l'un écrasant l'insurrection dans les rues de Paris, l'autre tenant tête à l'envahisseur sur les rives de la Loire, tous deux déployant dans ces grands événements qui couronnent leur vie militaire les mêmes qualités *africaines* de circonspection et de vigueur. Tous deux enfin, républicains sages et intègres, ont été désignés pour la présidence de la République, et ces deux hommes de guerre, jetés dans la politique, laconiques et graves, réservés et non sans froideur, également dédaigneux de l'intrigue et de la vaine popularité, gardent devant la postérité le même air de dignité fière, la même grandeur simple et imposante : tous deux eurent l'âme forte et, dans un temps où les hommes, selon le mot de Chamfort, ne sont plus des hommes, mais des choses, du *caractère*.

II

Du jour où Chanzy fut sous-lieutenant de zouaves, il servit en Algérie sans interruption, pendant seize années (du 10 décembre 1843 au 1er juin 1859). C'est un « Africain » par excellence. Il a fait ses premières preuves contre les Arabes et les Kabyles ; c'est en Algérie qu'il a gagné à la pointe de l'épée presque tous ses grades et acquis son expérience militaire, cette netteté d'esprit, cette trempe de caractère qui firent sur les champs de bataille de la Beauce et du Perche la grandeur de sa résistance. Il démontre par son exemple que l'Afrique est une bonne école pour les véritables hommes de guerre et qu'elle n'a pas, comme le disent trop ingénieusement les tacticiens de bureau, gâté tous les généraux de notre armée.

L'Afrique a fourni jusqu'ici trois générations ou plutôt trois groupes distincts et tranchés d'officiers généraux. La première génération est celle des Cavaignac, des Bedeau, des Lamoricière, des Changarnier, dont le nom demeure attaché à la République de 1848, qu'ils ont servie dans les Assemblées et défendue dans la rue contre l'émeute. La deuxième qui se confond presque avec la première, est celle des Saint-Arnaud, des Pélissier, des Canrobert, des Forey, des Bazaine, celle du second Empire. La troisième est celle qui donna ses généraux au gouvernement de la Défense nationale et qu'on pourrait appeler la génération de 1870, celle des Chanzy, des Faidherbe, des Sonis, des Colomb, des Cérez, etc. Chanzy est le plus marquant de cette troisième génération, il y brille au premier rang; ceux qui l'entourent, qui combattent à ses côtés en Afrique et en France, semblent être ses lieutenants et l'ont reconnu comme chef.

Jusqu'en 1848, Chanzy guerroie sous les ordres de Cavaignac, puis de Ladmirault, et parcourt l'Algérie en tous sens. C'est l'âge héroïque des zouaves; dans l'année 1845 où le pays tente un soulèvement général, le régiment, tantôt sur les confins du Maroc, tantôt dans la province d'Alger, sans cesse en marche, sans cesse en lutte, n'a pas un instant de répit. En 1847, le sous-lieutenant Chanzy est cité pour sa bravoure à l'ordre de l'armée. Le 23 juillet 1848, il est nommé lieutenant au 43e régiment de ligne ; puis il devient officier d'ordonnance du gouverneur-général Charon. Il comptait douze ans de services et dix campagnes lorsqu'il fut décoré de la Légion d'honneur par décret du 16 juillet 1852.

L'année précédente (16 mai 1851), il avait été nommé capitaine au premier régiment de la légion étrangère. Ce commandement difficile réclame, comme on sait, de la vigueur et du nerf; il demande encore autre chose : il y faut mêler à la sévérité, à l'équité la plus rigoureuse du tact et de la souplesse, inspirer aux hommes à la fois l'affection et un peu de crainte. On peut tout attendre d'un capitaine qui sait maintenir l'esprit de discipline et d'union parmi tant d'éléments divers et les assujettir, sans rudesse ni violence, au même règlement strict, aux mêmes devoirs continus. Aussi, la légion étrangère, de même que le régiment des zouaves, était alors le rendez-vous des jeunes officiers avides de se signaler et de courir, à la tête d'une troupe d'hommes déterminés, les hasards de la guerre. Avant Chanzy, elle avait compté parmi ses capitaines : Saint-Arnaud, de Luzy, Vinoy, Bazaine, et beaucoup d'autres.

Détaché aux affaires de la province d'Oran, et chef du bureau arabe de Tlemcen, où Bazaine l'avait précédé, Chanzy mena de front durant plusieurs années deux emplois, celui d'administrateur et celui de capitaine. Administrateur, dans toute la force de la jeunesse, sans irréflexion et sans témérité, probe et désintéressé, actif et laborieux comme il le fut toute sa vie, il règle les intérêts les plus différents, souvent les plus contraires, d'un immense territoire ; il se distingue par sa vigilance, par sa capacité de travail, par son esprit pratique, par sa profonde connaissance du caractère des indigènes ; après avoir pris part à la victoire et à la conquête, il collabore à l'œuvre lente, compliquée de l'organisation. Capitaine, il ne cesse de surveiller les tribus qui s'agitent ; il se met parfois à la tête d'un petit corps formé de quelques Français et d'auxiliaires indigènes ; il dirige des coups de main, des razzias contre les Arabes insoumis, secrètement excités et soutenus par les Marocains ; il étouffe les révoltes avant qu'elles aient eu le temps de se développer. En 1853, pendant que deux autres capitaines du régiment de la légion étrangère, tous deux, comme Chanzy, chefs de bureau arabe, Lacretelle, à Sidi-bel-Abbès et Cérez, à Tiaret, attaquent soit les Hamyan, soit les Arabes du sud-est, Chanzy entame, contre les tribus de l'ouest de la province d'Oran, une série d'opérations vigoureuses [1].

---

[1] De Choulot, *Souvenirs du 1er régiment de la légion étrangère*, 1864, p. 140.

III

En 1854, Chanzy rentrait, comme capitaine, dans un régiment de ligne, le 54e (16 mai); deux ans plus tard (25 août 1856), treize années après sa sortie de l'Ecole militaire, il devenait chef de bataillon dans un autre régiment de ligne, le 23e. C'est avec ce régiment qu'il fit la campagne d'Italie, dans la première brigade de la troisième division du troisième corps d'armée; la brigade était commandée par le général Picard; la division, par le général Renault; le corps d'armée, par le maréchal Canrobert. Chanzy assista aux batailles de Magenta et de Solferino. A Magenta, son régiment, arrivé sur le champ de bataille dans l'après-midi, refoula les colonnes autrichiennes qui voulaient tourner la garde impériale sur son flanc droit et engagea dans le village de Ponte-Vecchio un combat terrible; le village pris, perdu, reconquis, perdu de nouveau, finit par rester au pouvoir de la brigade Picard, soutenue par les renforts qu'amenait Canrobert. A Solferino, le régiment de Chanzy faisait partie des troupes de la division Renault, qui vinrent couvrir le flanc droit du général de Luzy et lui faciliter la concentration de ses forces autour de Rebecco[1]. La guerre d'Italie fut maladroitement menée de part et d'autre ; le vainqueur y commit presque autant de fautes que le vaincu, et ne se tira d'affaire, comme aurait dit Frédéric II, que par des *à peu près*. Ce n'est pas là que Chanzy put apprendre l'art de la guerre ; mais enfin, contrairement à ce qu'on croit d'ordinaire, il vit, avant 1870, de grands mouvements de troupes, de vastes déploiements de forces et d'autres champs de bataille que ceux de l'Afrique.

IV

L'expédition de Syrie suivit de près la guerre d'Italie. Les massacres commis par les Druses à Deir-el-Kamar, à Zahlé, à Damas, amenèrent l'intervention de l'Europe. Un projet, signé le 3 août et converti le 5 septembre 1860 en convention définitive, entre la Porte et les cinq grandes puissances, stipulait qu'un corps de troupes européennes qui pourrait être porté à douze mille hommes, irait en Syrie protéger les chrétiens, châtier les Druses et occuper le pays durant six

---

[1] Voir la publication de l'état-major français.

mois [1]. Le gouvernement français fournit la moitié de ce corps d'armée ; le général de Beaufort d'Hautpoul, commandant en chef de l'expédition, devait, à son arrivée, se mettre en relations avec le commandant turc en Syrie, Fuad-Pacha, et combiner avec lui les opérations nécessaires.

Chanzy venait d'être nommé lieutenant-colonel du 71ᵉ régiment de ligne [2]. Il fut, sur la recommandation du général de Beaufort qui l'avait connu lorsqu'il commandait la subdivision de Tlemcen, attaché au quartier-général du corps expéditionnaire, ainsi qu'un de ses compagnons d'armes, Cérez, chef de bataillon au 1ᵉʳ régiment de tirailleurs algériens. Le 7 août, Chanzy était à Marseille et recevait à la gare le général de Beaufort, venant de Paris ; le lendemain, il s'embarquait avec tout l'état-major sur le paquebot l'*Amérique* [3]. Le navire s'arrêta devant Malte, et le général, avec Cérez et Chanzy, rendit visite au gouverneur de l'île qui fit à ses hôtes français les honneurs de l'ancien palais des chevaliers de Saint-Jean. Le 16 août, l'*Amérique* jetait l'ancre dans la rade de Beyrouth.

---

[1] La convention du 19 mars 1861 reporta le délai de l'occupation française au 5 juin de la même année.
[2] En remplacement de M. Zentz, décret du 21 avril 1860.
[3] Pour tout ce chapitre, voir l'ouvrage de M. Loubet, payeur général de l'expédition, *Expédition de Syrie, Beyrouth, le Liban, Jérusalem*, 1862.

Chanzy fut aussitôt nommé « commandant du quartier-général » et « chargé des affaires politiques ». Il devint « le bras droit du général de Beaufort dans la partie diplomatique de sa mission [1] ». Tout le disposait à ce rôle important : sa connaissance de la langue arabe, sa pratique de l'administration, son esprit judicieux, clairvoyant et fin, son âme généreuse que révoltait l'injustice. « C'est en Syrie, écrivait au commencement de cette année l'archevêque d'Alger, Mgr Lavigerie, que je vis Chanzy pour la première fois; je me rappelle son ardeur à prendre la défense des chrétiens qui n'espéraient plus que dans l'épée de la France; Chanzy était dans tout l'éclat de la force et de la vie, déjà également remarquable par sa bravoure, par sa distinction, par sa finesse, et plus encore par sa bienveillance et sa bonté [2]. »

A peine arrivé, Chanzy fut chargé par le général de Beaufort de se rendre à Damas, auprès du commissaire extraordinaire du sultan, Fuad Pacha. Une escorte de quinze spahis et de vingt lanciers turcs l'accompagnait (29 août — 1ᵉʳ septembre). Il

---

[1] Louet, p. 22, 58, 90.
[2] Mgr Lavigerie, alors abbé et directeur de l'œuvre des écoles d'Orient en même temps que professeur d'histoire ecclésiastique à la Faculté de théologie de Paris, était venu en Syrie pour distribuer aux populations chrétiennes l'argent des souscriptions publiques (Lettre du 10 janvier 1883).

descendit à Damas chez le consul de France, M. Outrey, et se fit annoncer aussitôt à Fuad, qui le reçut fort courtoisement, entouré de son état-major et des plus hauts notables de la ville, « comme un souverain reçoit un ambassadeur ». De la demeure de Fuad, Chanzy se rendit au palais d'Abd-el-Kader, pour remercier l'émir, au nom de son général et de la France, de la protection généreuse qu'il avait donnée aux chrétiens pendant les massacres. Il voulut laisser à la porte du palais les spahis qui formaient son escorte ; mais ces Arabes, tout émus à la pensée qu'ils étaient si près d'Abd-el-Kader, prièrent le colonel de leur permettre d'entrer à sa suite et de faire acte de révérence et de dévotion envers le grand émir de Mascara, le vainqueur de la Macta, qu'ils regardaient autrefois comme le *maître de l'heure*. Les trois fils d'Abd-el-Kader, dont le plus âgé n'avait pas quinze ans, se tenaient aux côtés de leur père. Abd-el-Kader les présenta à Chanzy, et le soir, les trois enfants vinrent au consulat de France rendre au colonel sa visite. Le lendemain et le surlendemain s'engageait au sérail, entre Fuad et Chanzy, une vive discussion, pendant que les narghilés fumaient autour de la table et qu'une douce musique se faisait entendre sous les fenêtres. Poussé, serré de près, Fuad, qui voulait temporiser, promit de partir sur-le-champ pour Beyrouth, afin de se concerter avec le général en chef.

A Beyrouth, Fuad sembla n'avoir d'autre but que de tenir les Français dans l'inaction ou de les occuper à des opérations insignifiantes. Les Turcs, disaient gaiement nos soldats, complotent contre nous, c'est le *complot des endormeurs*. Le rusé pacha proposait que les Turcs se rendissent par mer à Saïda [1] pour attaquer les Druses, tandis que les Français iraient prendre position dans le Kesraouân, pays tout chrétien et fort calme. Le général de Beaufort, indigné de cette duplicité, déchira la lettre de Fuad qui contenait cette proposition et envoya Chanzy signifier au pacha son ultimatum. Chanzy prit un ton ferme et menaçant ; les Français étaient venus en Syrie afin de punir les Druses de concert avec les Turcs ; le jour où Fuad se mettrait en marche, le corps expéditionnaire que commandait le général de Beaufort s'engagerait dans le pays des Druses, par Deir-el-Kamar, Beiteddîn et Moukhtâra.

Fuad accepta ces conditions et le corps expéditionnaire s'enfonça dans le Liban le 25 septembre. Le colonel Osmond, nommé commandant supérieur de la place, restait à Beyrouth avec les services

---

[1] L'ancienne Sidon.

administratifs. Chanzy et tout l'état-major suivaient le général de Beaufort. Le lendemain, après une marche fatigante, la colonne arrivait à Deir-el-Kamar (26 septembre). La ville était entièrement détruite ; pas une maison qui n'eût été la proie des flammes ; les murailles seules restaient debout. Le général prit les devants avec son état-major et pénétra le premier dans les ruines, où gisaient encore les cadavres de 1,800 Maronites déchirés par les chiens et les vautours. Les chevaux n'avançaient qu'avec peine et dressaient les oreilles au bruit des oiseaux de proie qui s'envolaient de toutes parts. Le général de Beaufort, Chanzy et les autres officiers mirent pied à terre devant le sérail. C'est là qu'avait eu lieu le carnage le plus horrible ; dans les chambres, au milieu de mares de sang séchées par le soleil, des débris humains, des têtes séparées du tronc, des corps entassés les uns sur les autres et gardant encore une attitude désespérée ; dans la muraille, une ouverture où les chrétiens avaient dû passer leur main droite que les Druses, placés de l'autre côté, abattaient à coups de sabre ; en dehors, au pied de la muraille, un monceau de poignets coupés [1].

La colonne, poursuivant sa marche, traversa les

---

[1] LOUET, p. 102-103.

villages de Beiteddîn et de Kefr-Nabrakh, et campa sur le plateau de Bâroûk (28 septembre). Mais les Druses fuyaient devant elle ; on les voyait sur les crêtes des hauteurs, où la blancheur de leur turban se dessinait sur la grisaille du rocher ; ils disparaissaient dès que nos tirailleurs faisaient mine de gravir les escarpements. A Djibb-Djenîn, sur les bords du Lîtâni, on acquit la conviction que les Turcs avaient trahi : Mustapha-Aga, posté par Fuad à Djibb-Djenîn, pour fermer le défilé, avait livré le passage, et les Druses, franchissant par petits pelotons les deux lignes de postes turcs, s'étaient retirés dans le Haourân où ils devenaient inattaquables.

Le 2 octobre, la colonne arrivait à Kabb-Elyâs; le 7, elle campait à Zahlé. Quelques jours auparavant, Chanzy avait fait une reconnaissance dans cette riche et fertile vallée, et n'y avait rencontré que de rares indigènes qui se frayaient un chemin à travers les décombres de la ville. Mais l'arrivée des Français enhardissait les chrétiens qui commençaient à rentrer en foule dans les villages abandonnés [1].

Le corps expéditionnaire de Syrie n'eut pas, comme l'écrivait Napoléon III au général de Beau-

---

[1] Louet, p. 118, 120.

fort, « l'occasion de se distinguer par des succès ». Il ne fit que protéger durant quelques mois la population contre le fanatisme; il resta, selon l'expression du commandant en chef, dans « une inaction qui lui pesait ». « Je regrette, disait le brave général à ses troupes, de n'avoir pas eu l'heureuse chance de vous conduire au combat; puissions-nous nous retrouver bientôt sur un terrain tout militaire, où nulle entrave ne viendra gêner notre libre action [1] ! » On se contenta de surveiller les défilés du Liban, de réorganiser les communes, etc.

L'hiver permit les excursions dans les endroits historiques, à Balbek, à Jérusalem. Les officiers, devenus touristes ou pèlerins, se formaient en caravanes. L'une d'elles s'organisa sous la conduite de Chanzy; le général de Beaufort l'accompagna jusqu'à Saïda [2]. Chanzy s'était muni de lettres de recommandation signées de Fuad et destinées aux gouverneurs des villes. Il visita Soûr (la Tyr antique), Saint-Jean-d'Acre, le monastère du Carmel,

---

[1] Le général de Beaufort d'Hautpoul devait commander une division pendant le siège de Paris et accompagner Jules Favre à Versailles, pour régler les détails militaires de l'armistice.
[2] La caravane se composait de MM. Louet, Lemintier de Saint-André, Goert, du comte Muñoz del Recuerdo, fils de la reine Christine et du duc de Rianzarès (qui était venu faire ses premières armes en Syrie), et d'un négociant indigène, M. Farzialla.

Nazareth, où il vit au-dessus d'une cellule du couvent cette inscription française : « *Cellule honorée de la demeure du général Bonaparte en 1799.* » Rien n'avait été changé dans la cellule depuis la campagne d'Egypte et de Syrie; elle renfermait un lit de moine, une petite table et trois chaises.

L'uniforme de Chanzy et de ses compagnons excitait partout une vive curiosité. A Djenîn, le *mudir* leur donna le spectacle d'une brillante fantasia. A Sânoûr, la caravane gravit la colline escarpée au sommet de laquelle s'élève ce village qui passe pour la Béthulie du Livre de Judith ; mais elle ne vit que des maisonnettes tout récemment bâties, et des femmes vêtues de haillons sordides. A Naplouse, malgré la coutume et le fanatisme de la population, les officiers pénétrèrent, sans se déchausser ni mettre de sandales, dans la mosquée. Le soir du 19 décembre, la petite troupe arrivait à trois lieues de Jérusalem, à El-Bîré. Chanzy montra le sauf-conduit de Fuad au cheik du village, qui le reçut assez mal. Il fallut se fâcher et en venir aux menaces; le cheik finit par céder une mauvaise chambre voûtée, enfumée, pleine de vermine, où nos voyageurs installèrent leurs lits de campagne. Ils s'endormaient à peine que six bachi-bouzouks arrivaient de Jérusalem et les réveillaient par leurs cris. Le gouverneur civil de la ville sainte, prévenu par une lettre de Chanzy, envoyait des guides à la caravane. Ils la menèrent au misérable hameau de Rîha, bâti sur l'emplacement de Jéricho. Chanzy et ses compagnons cherchèrent vainement les restes de ces fameuses murailles qui s'étaient écroulées au son des trompettes de Josué. Ils ne virent que des cabanes de feuillage et de boue où ils n'osèrent pénétrer, et des haies d'arbustes épineux parmi lesquels paissaient des troupeaux de chèvres noires. Ils passèrent la nuit dans l'étage supérieur de la tour de Jéricho. L'aga leur avait cédé sa chambre ; mais cette chambre, dit le chroniqueur de l'expédition, n'était qu'un nid de taupes ; la pluie, qui tombait à flots, traversait la terrasse et mouillait les lits. On se leva donc le lendemain plus tôt que de coutume, et, guidée par les bachi-bouzouks, la caravane se dirigea vers les bords du Jourdain. Il fallut arriver jusqu'aux rives du fleuve pour l'apercevoir, tant il est profondément encaissé. Les officiers déjeunèrent gaiement au pied des saules et des tamaris qui bordent le Jourdain ; comme autrefois Chateaubriand, ils remplirent quelques bouteilles de l'eau du fleuve et ramassèrent sur la rive des cailloux destinés à servir de presse-papiers. L'eau grisâtre du Jourdain leur parut agréable à boire, mais ils regrettèrent d'avoir goûté celle de la mer Morte. Ils devaient coucher ce soir-là au couvent grec de Mâr-Sâba ; mais les bachi-bouzouks [ne] connaissaient pas le chemin, et la petite troupe [fut] un instant égarée dans ce « désert maudit ». Enf[in] à la tombée de la nuit, on monta sur la colline [la] plus élevée, on vit au loin les deux tours du co[u]vent et on entendit le son des cloches que l[es] moines, avertis dans la journée, mettaient en bran[le] pour guider la caravane.

Le 22 décembre Chanzy et ses compagnons arr[i]vaient à Jérusalem. Ils logèrent selon l'usage à [la] *casa nova* des franciscains qui firent hisser e[n] leur honneur le drapeau français au mât du cou[]vent. Le frère Liévin, le cicerone habituel des Fran[]çais, les mena au Saint-Sépulcre, à tous les lieu[x] saints, dans la vallée de Josaphat, à la montagn[e] de l'Ascension, au village de Béthanie, au tombea[u] de Lazare. Le bruit que faisait à Jérusalem l'arrivé[e] des officiers, l'accueil empressé qu'ils avaient reçu du consul de France, M. de Barrère, leurs visites au gouverneur civil et au commandant des troupes turques, leur valurent de nombreux privilèges. Ils obtinrent qu'une messe fût dite pour eux sur le Calvaire à sept heures et demie du matin, en dehors des heures réservées aux Latins. Ils purent entrer dans la mosquée d'Omar, où ne pénétraient ordinairement que les princes de sang royal : depuis trente ans, les seuls étrangers qui eussent visité la célèbre mosquée étaient les princes d'Orléans, le duc de Brabant, l'archiduc Maximilien, le grand-duc Constantin. Suivis d'une nombreuse escorte de *cawas* que leur avait prudemment envoyée le gouverneur civil, Chanzy et ses compagnons franchirent les portes du « monument le plus curieux de Jérusalem ». Une foule de musulmans regardait avec surprise ces infidèles en grand uniforme et en armes. Mais on n'était pas à Naplouse ; il fallut, sur le seuil du haut parvis, remplir une indispensable formalité, et, pour ne pas apporter dans le temple les souillures du dehors, tirer gravement de ses poches de larges pantoufles de cuir jaune et les chausser sur ses bottes. Les officiers écoutèrent sans rire la légende de Mahomet ; ils virent, sans trahir leur incrédulité, la trace qu'avait laissée sur la pierre le pied du prophète ; ils passèrent un à un dans l'intervalle des deux colonnes qu'il faut, selon les musulmans, avoir franchi pour aller au ciel ; l'entrée du paradis, disait l'un d'eux, n'est pas aussi facile. Au sortir de la mosquée d'Omar, les infatigables voyageurs coururent au galop de leurs montures à Bethléem pour assister à la nuit de Noël. Un office solennel devait être célébré à minuit dans la chapelle de Sainte-Catherine, l'église paroissiale des catholiques latins. Des sièges avaient été réservés aux officiers français devant le chœur, autour du fauteuil de leur consul. La messe terminée, le clergé et tous les assistants, un cierge à la main, se rendirent en procession dans la grotte de la Nativité où est né Jésus-Christ, et de là dans la grotte de la Crèche où les trois mages ont trouvé le divin enfant entre l'âne et le bœuf qui le réchauffaient de leur souffle. Les voyageurs passèrent toute la nuit à Bethléem. Le jour suivant (26 décembre) ils revinrent à Jérusalem, firent bénir au Saint-Sépulcre leurs épées, leurs décorations, toutes leurs pieuses emplettes, parcoururent les environs de la ville et les lieux où avaient campé les Romains de Titus et les croisés de Tancrède et de Godefroy, et visitèrent les tombeaux des rois. Le 27 décembre, après une dernière visite au Saint Sépulcre, la caravane quitta Jérusalem, pour aller coucher à Ramlé ; le 28, elle arrivait à Jaffa, à travers de magnifiques jardins ; le 29, elle s'embarquait sur un paquebot du Lloyd autrichien. Le 30, Chanzy et les officiers qui l'accompagnaient rentraient dans le port de Beyrouth « éblouis de tout ce qu'ils avaient vu en si peu de jours ».

Chanzy rendit de grands services au corps expéditionnaire de Syrie et à la population. Pendant que le chef de bataillon Cérez étudiait le pays et préparait l'itinéraire des colonnes, Chanzy, dit M. Louet, écoutait les réclamations et les plaintes, constatait, enregistrait les faits. « Le lieutenant-colonel Chanzy et le commandant Cérez, qui parlaient l'arabe et avaient pris en Algérie la pratique des affaires, avaient fini par connaître le Liban aussi bien que notre colonie africaine. Ils étaient informés de tout ce qui se passait. Les chrétiens avaient en eux une confiance aveugle et voulaient les avoir pour intermédiaires dans toutes leurs réclamations [1]. »

Au retour, Chanzy accompagna le général de Beaufort qui voulait revoir l'Egypte avant de rentrer en France [2]. Il visita Alexandrie, ses bazars, ses forts détachés; il assista à une grande revue des troupes égyptiennes où le général de Beaufort commandait les manœuvres; il parcourut l'Egypte sur les chemins de fer et les bateaux à vapeur que le vice-roi, Saïd-Pacha, avait mis courtoisement à la disposition de l'état-major français. Il fit l'ascension de la plus grande des trois pyramides, de celle de Chéops, la seule, dit M. Louet, dont le revête-

---

[1] *Le Monde*, cité par l'abbé Jobin, « *La Syrie en* 1860 *et* 1861 », p. 282.
[2] Le général de Beaufort était celui de nos généraux qui connaissait le mieux l'Orient, et c'est pourquoi il avait reçu le commandement du corps expéditionnaire. Il avait été de 1834 à 1837 chargé par le maréchal Soult de missions en Egypte et en Syrie et était devenu aide de camp de Soliman-Pacha, chef d'état-major d'Ibrahim-Pacha. Attaché à l'ambassade de Perse, il avait visité toute l'Asie-Mineure, puis rempli une nouvelle mission en Egypte.

ment ait disparu, et dont les pierres énormes, laissées à découvert, forment un escalier si difficile à gravir qu'on n'y parvient pas sans le concours de Bédouins qui vous précèdent et vous tirent par les mains, tandis que d'autres vous poussent par derrière. Il vit le Caire, les palais et les jardins du vice-roi, le musée Mariette. Le 25 juin 1861, le même paquebot qui l'avait amené dix mois auparavant en Syrie, l'*Amérique*, vint de Beyrouth prendre à son bord le général de Beaufort et sa suite. Durant cinq jours, on ne vit que la mer autour de soi, et l'on n'eut d'autre distraction que l'hyène, les oursons et les gazelles que les soldats avaient pris dans les gorges du Liban et que le général de Beaufort voulait offrir au Jardin des Plantes. Comme à l'aller, le vaisseau fit relâche à Malte (30 juin); le 3 juillet, l'état-major du corps expéditionnaire de Syrie débarquait à Marseille.

V

Le 26 décembre 1860, pendant qu'il parcourait Jérusalem et les lieux saints, Chanzy fut promu au grade d'officier de la Légion d'honneur. Le *Moniteur* citait son nom parmi « les militaires des divisions d'occupation à Rome ».

Le régiment dont Chanzy était alors lieutenant-colonel, le 71ᵉ de ligne, appartenait, en effet, au corps d'occupation que le général de Goyon commandait en chef et que Napoléon III s'était hâté d'envoyer à Rome, après l'entrée des troupes piémontaises dans les États pontificaux.

Chanzy, de retour à son régiment, demeura près de trois ans à Rome (du 21 oct. 1861 au 24 mai 1864). A son départ, il présenta sa femme et sa fille à Pie IX. Le pape caressa l'enfant et lui donna sa plume comme souvenir : « Vous vous marierez un jour, dit Pie IX, prenez cette plume, elle servira à signer votre acte de mariage, et la bénédiction du vieux pontife vous accompagnera pour vous porter bonheur. » La plume donnée par Pie IX servit plus tard à signer l'acte de mariage de Mˡˡᵉ Gabrielle Chanzy [1].

Chanzy ne quittait Rome que pour rentrer en Algérie, dans ce pays où il avait déjà passé seize années de sa vie et pour lequel il éprouvait un « attachement profond [2] ». Il avait été nommé colonel du 48ᵉ régiment de ligne (6 mai 1864) ; à quarante et un ans, il commandait en chef un régiment et remplissait ce rôle de colonel qui, dit Sainte-

---

[1] Raconté par le cardinal Lavigerie, lettre du 10 janvier 1883.
[2] Discours au Sénat, 19 mars 1878.

Beuve, « s'il est conçu dans son véritable esprit, est l'un des plus beaux à remplir : on commande à un groupe d'hommes déjà considérable, mais jouissant encore d'une parfaite unité, qu'on tient tout entier sous sa main et sous son regard, dont on peut connaître chacun par son nom, en le suivant jour par jour dans ses actes. Dans les grades plus élevés, ajoute le critique, on voit de plus loin, plus en grand ; le génie de la guerre, si on l'a, trouve mieux à se déployer. Mais, au point de vue de la moralité militaire, dans cette vaste confrérie qu'on appelle l'armée, il n'y a nulle part autant de bien à faire, un bien aussi direct, aussi continu que dans le grade de colonel [1]. »

Le jeune colonel « fit campagne » en Algérie pendant six années (du 6 octobre 1864 au 2 octobre 1870).

En 1868, le 48ᵉ régiment fut rappelé dans la métropole. Mais Chanzy ne voulait pas quitter l'Afrique. « Le colonel Chanzy, — écrivait le général Deligny, commandant de la province d'Oran, au maréchal de Mac-Mahon, alors gouverneur de la colonie, — désire vivement continuer à servir en Algérie, et ce désir concorde avec l'intérêt qui s'attache à ce qu'il soit maintenu. Il serait difficile de le remplacer dans son commandement; on aurait,

---

[1] *Causeries du lundi*, I, p. 264.

en effet, de la peine à rencontrer, dans un autre candidat, autant de valeur intrinsèque réunie à une aussi grande connaissance des hommes et des choses de ce pays. » Chanzy demeura en Algérie ; une décision ministérielle du 1er septembre 1868 le nomma colonel du 92e régiment de ligne en remplacement de M. Turnier, qui permutait avec lui.

Deux mois après (14 décembre 1868), il était promu général de brigade et chargé du commandement de la troisième subdivision de la province d'Oran, à Sidi-bel-Abbès. Il avait quarante-cinq ans. On voit qu'il avait avancé rapidement ; vingt-cinq années lui avaient suffi pour franchir les étapes qui séparent le grade de sous-lieutenant du généralat. Mais il était devenu un des officiers les plus saillants de l'armée d'Afrique ; ses camarades, qui tiraient son horoscope, le regardaient comme destiné à s'élever très haut, et plus d'un de ses chefs lui prédisait la plus brillante carrière. Le maréchal de Mac-Mahon l'avait vu à l'œuvre, et, en le proposant pour le grade de général de brigade, lui donnait la note suivante : « Officier des plus distingués sous tous les rapports ; très intelligent ; rectitude de jugement hors ligne ; vigoureux, énergique, brave à l'ennemi, appelé au plus grand avenir [1]. »

---

[1] *Moniteur de l'armée*, 11 janvier 1883. Déjà le maréchal Pellis-

VI

Cette vigueur et cette énergie que louait le maréchal de Mac-Mahon se déployèrent brillamment quelques mois avant la guerre de France, dans l'expédition de l'Oued-Guir [1]. Au mois de janvier 1870, les Oulad-Sidi-Cheïkh qui bordent les limites du Maroc avaient franchi la frontière et jeté l'épouvante parmi les tribus du sud-ouest. Le général de Wimpffen, commandant la province d'Oran, reçut l'ordre de refouler l'invasion des Oulad-Sidi-Cheïkh, mais de ménager à tout prix le Maroc et de ne combattre qu'à la dernière extrémité la confédération des Zegdou, la plus puissante du sud-ouest marocain, quoiqu'elle fût alliée aux Sidi-Cheïkh. Wimpffen promit d'agir avec adresse et en vieil Africain. La colonne expéditionnaire qu'il dirigeait comprenait une brigade de cavalerie, commandée par le général de Colomb, et une brigade d'infanterie placée sous les ordres de Chanzy.

---

sier, qui se connaissait en hommes, avait noté le commandant Chanzy comme « un officier à faire avancer rapidement, dans l'intérêt même de l'armée ».

[1] WIMPFFEN, *Sedan* (*Journal officiel* des 16 et 29 mai 1870); FILLIAS, *Expédition de l'Oued Guir*, récits militaires, 1880; DUQUET, *Revue politique et littéraire*, 30 juillet 1881.

La lutte fut vive ; malgré les injonctions du gouvernement, Wimpffen en vint aux mains avec les Zegdou ; mais ses coups furent à la fois prompts et vigoureux.

Ces Zegdou se divisent en trois tribus : les Beni-Guill, les Oulad-Djerir et les Douï-Menia. La colonne passa, le 1er avril, la frontière marocaine ; puis elle traversa des pays encore inexplorés, occupa sans rencontrer d'ennemis le siège principal des Beni-Guill, l'oasis de Bou-Khaïs, et franchit à Djerf-el-Torba une large rivière dont les eaux limoneuses et rapides rappelaient aux soldats les flots de la Loire. Cette rivière en plein Sahara est l'Oued-Guir, qui descend de l'Atlas et se jette dans l'Oued-Zourfana, au-dessus d'Igli. Le 13 avril la colonne arrivait à El-Bahariat ou *les petites mers*. C'est là, à l'autre bord de l'Oued-Guir, derrière l'épais rideau des tamaris qui couvrent la berge, sur une ligne de hautes dunes de sable que les Sidi-Cheïkh et les Douï-Menia attendaient les Français. Le terrain fut reconnu le 14 avril, et le lendemain eut lieu la bataille. La position, que les indigènes regardaient comme inexpugnable, fut enlevée, au centre, par les zouaves du lieutenant-colonel Détrie et aux deux extrémités, par Colomb et Chanzy. Sur la droite, dit le *Journal officiel*, Chanzy refoulait l'ennemi et menaçait sa retraite.

A cinq heures du soir, les Doui-Menia se rendirent sans conditions.

Mais pendant ce temps, les Beni-Guill et les Ouled-Djerir avaient à diverses reprises assailli l'oasis de Bou-Khaïs où la colonne avait laissé une petite garnison. Les troupes françaises revinrent sur leurs pas et refoulèrent l'ennemi sur l'oasis d'Aïn-Chaïr. Enveloppés d'un cercle de feu, les Beni-Guill et les Ouled-Djerir demandèrent l'*aman* et promirent de ne plus prêter secours aux entreprises des Sidi-Cheïkh (25-26 avril 1870).

L'expédition avait eu lieu sur le territoire marocain, et le gouvernement impérial craignait qu'un séjour prolongé des troupes n'amenât des « complications ». La colonne dut repasser la frontière. Mais cette pénible campagne, faite en si peu de temps, à deux cents lieues des côtes, dans un pays jusqu'alors inconnu, avait détruit le prestige de la confédération des Zegdou. Lorsqu'éclata, l'année suivante, la formidable insurrection des Kabyles dirigée par Mokrani et Cheïkh-el-Haddad, la province d'Oran, quoique dépourvue de troupes, ne vit pas l'incendie de la guerre. Ni les Zedgou, ni les Oulad-Sidi-Cheïkh ne bougèrent ; ils se souvenaient de la bataille d'El-Bahariat et de la bravoure des troupes que commandaient Wimpffen et Chanzy. Un décret du 2 juin 1870 nomma le général Chanzy commandeur de la Légion d'honneur ; son nom figurait en tête des militaires promus ou nommés dans l'ordre, qui « s'étaient fait remarquer pendant l'expédition du sud-ouest en Algérie. »

LA GUERRE

LA GUERRE

ORLÉANS

I

En réalité, avant 1870, Chanzy, à peine brigadier depuis vingt mois, n'avait pas encore *percé*. Il n'était connu que des hommes du métier, et personne dans le public ne citait son nom parmi les généraux sur qui la France avait le droit de compter pour l'avenir. Mais quatre mois après l'expédition de l'Oued-Guir, éclatait la guerre où il allait se montrer en pleine lumière. On a dit qu'il sollicita un commandement et que le ministre, le maréchal Lebœuf, le tint à l'écart. Quoi qu'il en soit, on ne l'avait pas désigné pour faire la campagne, et ce fut un bonheur et pour lui et pour le pays. A la tête d'une brigade de l'armée de Bazaine ou de Mac-Mahon, il n'aurait pu agir et se produire sous sa propre responsabilité ; il eût été, comme tant d'autres, captif en Allemagne et son nom ne serait pas sorti de l'obscurité. Avec Faidherbe, de Colomb, de Sonis, il demeura la réserve suprême de la France.

Le maréchal de Mac-Mahon prisonnier écrivit à Gambetta pour recommander Chanzy comme un des généraux les plus capables de mener à l'ennemi la nouvelle armée [1]. Le 20 octobre 1870, Chanzy était nommé général de division ; puis, son rôle grandissant de jour en jour et ses talents militaires appelant de plus en plus l'attention du gouvernement, il devenait commandant en chef du 16e corps, et enfin de la deuxième armée de la Loire. Ce général, inconnu au mois d'octobre 1870, était au mois de février 1871, regardé comme un des meilleurs capitaines de son temps, et la patrie lui vouait comme à Thiers, comme à Gambetta, une admiration reconnaissante. Thiers avait parcouru l'Europe pour

---

[1] Le maréchal de Mac-Mahon, consulté par nous à ce sujet, a bien voulu nous répondre en propres termes : « J'ai en effet écrit à M. Gambetta, alors ministre de la guerre, pour lui recommander le général Chanzy comme un des généraux les plus capables de l'armée, mais je ne me rappelle pas au juste les termes dont je me suis servi. »

chercher à la France des sympathies et il se chargeait de former le gouvernement nouveau qui liquidait la situation, de négocier avec M. de Bismarck la paix douloureuse et nécessaire, d'arracher aux prétentions de l'Allemagne Belfort, notre dernière porte de l'Est. Gambetta avait échauffé les âmes de son ardeur, entraîné la province par son énergie et son éloquence sonore, animé la résistance des départements de la flamme qu'allumait en lui le péril national. Chanzy avait tenu les forces allemandes en échec, et, sans se laisser jamais décourager ni déconcerter par les revers, arrêté la marche d'un ennemi partout victorieux et jeté quelque gloire sur nos malheurs.

Il a fait lui-même le récit de la campagne. Ce récit, qui parut en 1871 [1], est, de l'aveu des ennemis, une œuvre exacte et impartiale; il eut sept éditions successives et, en 1873, l'honneur d'une traduction allemande [2]; il ne se trompe que sur de petits détails que les relations étrangères rectifient, et la publication du grand état-major de Berlin le cite fréquemment comme une des sources les plus véridiques Chanzy raconte les événements sur un ton simple, et, comme à son ordinaire, fort mo-

---

[1] Le maréchal de Mac-Mahon reçut le premier exemplaire de l'ouvrage.
[2] Par M. Busse (Hanovre).

destement, sans trop glorifier son armée, ni trop la rabaisser. Il n'exagère pas les efforts et les succès; il ne dissimule pas les défaillances et les défaites; il a voulu, dit-il, fournir son appoint à l'histoire, et n'écrire que ce qu'il a vu [1]. Il parle de lui-même à la troisième personne et se désigne toujours par ces mots : « Le commandant du 16ᵉ corps » ou « le général en chef ». Il reproduit ses instructions, ses rapports, ses lettres au ministre. Le plan de l'ouvrage est excellent, les événements sont disposés et distribués en six livres qui portent les titres suivants : *Orléans, Josnes, Vendôme, le Mans, Laval, Poitiers;* c'est à peu près l'ordre que nous adopterons dans notre résumé de la campagne.

L'œuvre du général, tout à fait technique, est comme le journal de la guerre soutenue par la deuxième armée sur les bords de la Loire, du Loir et de la Sarthe. On y trouve tout ce que fit cette armée, jusqu'à ses moindres mouvements et ses plus insignifiantes escarmouches. Cette narration consciencieuse et complète a donc surtout son vrai mérite pour ceux qui veulent s'instruire des choses de la guerre. Mais l'accueil que tant de lecteurs lui ont fait prouve que ce livre, d'un style

---

[1] CHANZY, *Loire*, 2. C'est ainsi que nous citerons désormais pour plus de commodité le livre du général : *La deuxième armée de la Loire.*

net et qui va droit au but, excita l'intérêt et la curiosité du grand public. Il n'y est question que de marches et de combats, mais l'âme du patriote se révèle et l'ardent amour de la France se fait jour presque à chaque page : *eodem animo scripsit quo bellavit,* et, d'ailleurs, la part de l'armée de la Loire au « grand drame[1] » de 1870 a été trop considérable pour qu'on ne lise pas sans émotion le récit de sa résistance souvent héroïque.

II

Au moment où Chanzy revenait d'Algérie pour devenir un des héros de la défense nationale, il ne restait plus à la France de troupes régulières. Des deux armées de l'Empire, l'une avait capitulé à Sedan, l'autre allait capituler à Metz; Trochu tenait dans Paris assiégé; la province était ouverte à l'invasion. Crémieux, Glais-Bizoin, l'amiral Fourichon, envoyés à Tours par le gouvernement de Paris, essayaient tant bien que mal, avec l'aide du modeste et laborieux général Lefort, d'organiser une armée. Fourichon exerçait les fonctions de ministre de la guerre ; il fit quelque bien, c'était un homme du

---

[1] CHANZY, *Loire,* p. 447.

métier. Mais ses deux collègues gâtaient tout ; Fourichon donna sa démission, et, à l'âge de soixante-quatorze ans, l'avocat Crémieux fut, du 5 au 9 octobre, ministre de la justice, de l'intérieur et de la guerre. Déjà les Allemands avaient envahi la Beauce ; un commencement d'armée, le 15ᵉ corps, qu'avait réuni le général de La Motte-Rouge, battait en retraite après le combat d'Artenay ; Orléans était occupé par le corps bavarois de von der Tann ; Chartres ouvrait ses portes, et Châteaudun, malgré l'énergique résistance de ses habitants et des francs-tireurs de Lipowski, était pris et incendié.

Le 9 octobre, Gambetta arrivait à Tours pour se mettre à la tête de la défense. Le lendemain une nouvelle administration entrait en fonctions, et l'un de ses premiers actes était de remplacer La Motte-Rouge par d'Aurelle de Paladines. D'Aurelle était un vieux soldat, mis depuis deux ans au cadre de réserve, mais vigoureux encore, et qui sut par sa connaissance des choses militaires, par sa fermeté, par sa rudesse, donner à une organisation à peine ébauchée de la consistance et un sérieux développement. Chanzy rend justice aux remarquables efforts de d'Aurelle ; il reconnaît ses « hautes capacités » et « sa volonté ». Ce général, dit-il dans son récit, a créé une armée avec un soin et une promptitude qui lui font grand honneur. Cette formation fut le type de toutes celles que la délégation allait faire surgir [1].

C'est en Sologne, derrière la Sauldre, dans le camp retranché de Salbris, ce « véritable berceau » et cette « école » de l'armée de la Loire que d'Aurelle reconstitua le 15ᵉ corps [2]. Cependant, le 16ᵉ corps, commandé par le général Pourcet, et chargé de mettre Tours à l'abri de toute atteinte, se formait à Blois et occupait la forêt de Marchenoir. Ce 16ᵉ corps comptait trois divisions ; la première, sous l'amiral Jauréguiberry [3]; la deuxième, sous le général Barry ; la troisième, sous Chanzy (bientôt sous le général Maurandy). Le 15ᵉ et le 16ᵉ corps composaient l'armée connue sous le nom de première armée de la Loire, que d'Aurelle commandait en chef.

Le 2 novembre une décision du ministre remplaçait le général Pourcet, malade depuis quelque temps, par le général Chanzy. Le nouveau commandant du 16ᵉ corps établit son quartier-général à Marchenoir. Il choisit pour chef d'état-major l'intrépide colonel Vuillemot, bientôt élevé au grade de général, et aujourd'hui chef d'état-major général de l'armée.

---

[1] Chanzy, *Loire*, p. 10 ; de Freycinet, *La défense en province*, p. 8 et 11.

[2] De Freycinet, p. 72.

[3] Qui en prit le commandement le 6 novembre lorsque Chanzy était déjà à la tête du 16ᵉ corps.

Ses aides de camp qui depuis l'ont suivi en Algérie et en Russie et qui le servirent avec un rare dévouement, étaient le capitaine d'état-major Marois, le capitaine du génie Henry, le lieutenant de cavalerie Bernard, venus, comme lui, d'Algérie[1].

Aussitôt Chanzy imprime une activité toute nouvelle aux opérations du 16º corps. Il se sert habilement de la cavalerie du général Abdélal, placée sous ses ordres; il fait occuper Ouzouer-le-Marché; il entame une série de petits engagements et de reconnaissances hardies qui lui fournissent d'utiles renseignements sur les positions et les forces de l'adversaire. Le 7 novembre a lieu au village de Vallières une première et sérieuse rencontre. Les chasseurs du 3º bataillon, qui méritèrent d'être mis à l'ordre du 16º corps, et les mobiles de Loir-et-Cher tiennent pendant deux heures sur un terrain découvert sous le feu le plus violent; bientôt deux colonnes d'infanterie se portent en avant avec résolution; l'ennemi recule, et les dragons, se jetant dans le village de Vallières, y font prisonnière toute une compagnie de Bavarois. Ce fut, dit

---

[1] M. de Boisdeffre, qui l'accompagnait déjà dans l'expédition de l'Oued-Guir, ne devait venir que plus tard. Remarquons, à ce propos, que jamais un général n'a tant inspiré de respect et d'affection à son entourage et qu'il est rare de rencontrer dans l'armée un chef de corps qui garde près de sa personne aussi longtemps que Chanzy les mêmes lieutenants fidèles et dévoués.

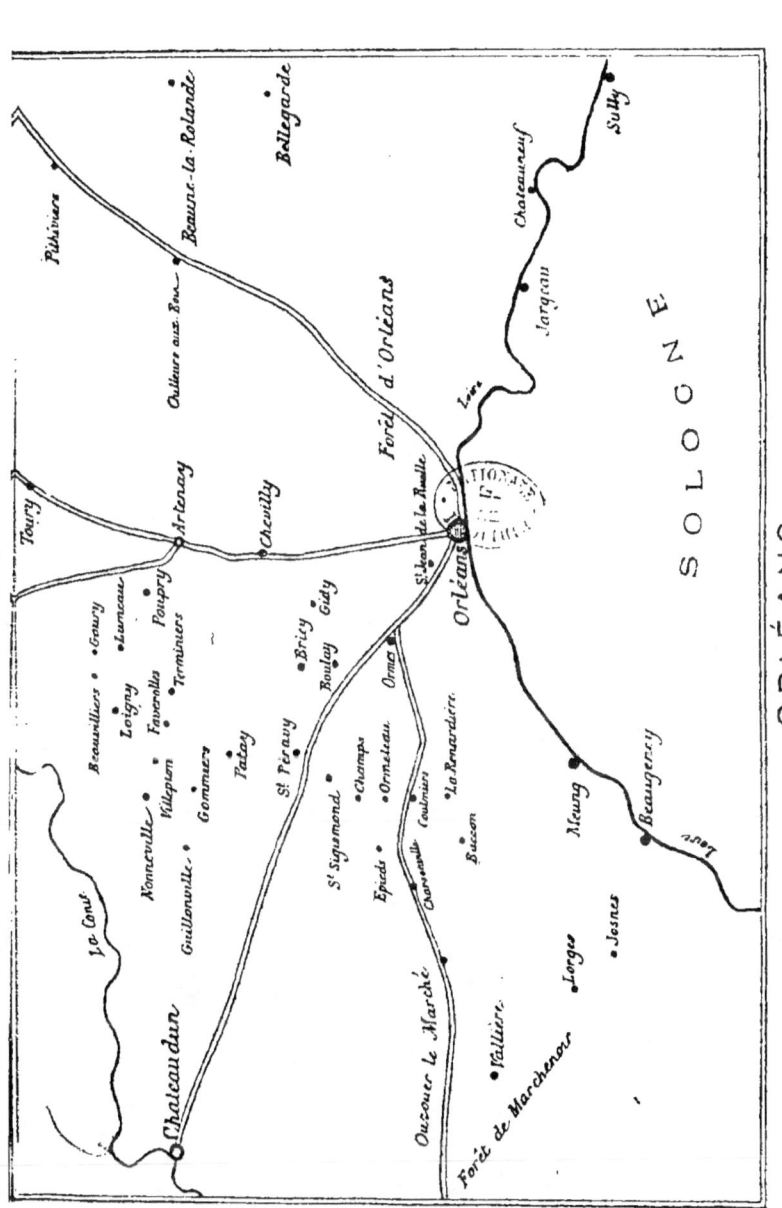

ORLÉANS

Chanzy, un véritable succès; il eut sur nos soldats, qui avaient fait preuve de solidité, une grande influence. C'est ainsi que le général savait, dès les premiers jours, instruire et exercer ses jeunes troupes, entretenir leur ardeur et leur confiance, les préparer par de petites opérations à la grande opération qui préoccupait la délégation, à la reprise d'Orléans, ce brillant succès par lequel débutait brillamment, à l'extrême joie du pays, la première armée de la Loire.

Il avait été résolu dès le 24 octobre que le 16ᵉ corps et deux divisions du 15ᵉ se porteraient de Blois sur Orléans, pendant que la première division du 15ᵉ corps, sous les ordres de Martin des Pallières, partirait de Gien et prendrait les ennemis à revers. Pressé en même temps à l'ouest et à l'est, et mis entre deux feux, attaqué sur son flanc droit par 70,000 hommes et sur son flanc gauche par 15,000, von der Tann se serait trouvé dans une situation fort critique. Mais il est extrêmement rare à la guerre que deux corps d'armée, partis de points éloignés, se rencontrent au jour dit et à heure fixe. D'Aurelle et Chanzy battirent von der Tann à Coulmiers, mais Martin des Pallières arriva trop tard pour achever la victoire. Le mouvement fut d'ailleurs retardé par le mauvais temps, par cette lenteur mortelle qu'on serait tenté d'appeler française et qu'éprouva durant toute la guerre l'exécution des ordres, surtout par la nouvelle de la capitulation de Metz et par les bruits d'armistice. Finalement, le gouvernement et les généraux étaient convenus d'attaquer le 11 novembre ; mais déjà von der Tann, averti par sa cavalerie de la marche des troupes françaises, concentrait son corps d'armée à l'ouest d'Orléans, autour de Coulmiers, dans une position avantageuse qui lui facilitait sa retraite sur Etampes ; la bataille fut livrée le 9 novembre.

III

Le corps de Chanzy s'était porté sur Orléans. Il marchait en bon ordre, précédé par des éclaireurs de la cavalerie légère et par deux lignes de tirailleurs, suivi à deux lieues par les bagages, prêt à combattre l'ennemi, s'il se présentait. On ne pouvait mieux se garder ni surveiller le pays environnant que le faisait Chanzy ; pendant le campement, les grand'gardes étaient à un kilomètre en avant, les avant-postes à 500 mètres plus loin, et sur tous les chemins allaient et venaient des vedettes de cavalerie. La guerre commençait à changer de caractère ; les chefs français savaient ce qui se passait devant eux ; ils se renseignaient sur les mouvements de l'adversaire et faisaient battre la contrée par des reconnaissances ; ils n'allaient plus à l'aventure, et des surprises comme celle de Beaumont étaient désormais impossibles.

Il était difficile d'enlever la position choisie par von der Tann. Le général bavarois s'était établi fortement dans les villages et sur les routes ; partout des travaux de défense, des retranchements, de l'artillerie, et, du haut des clochers et de la tour de Baccon, des officiers en vigie, suivant les mouvements de l'armée française, qui se marquaient nettement dans les vastes plaines de la Beauce.

La veille, Chanzy avait donné au 16e corps des instructions qui sont un modèle de précision et de clarté ; elles furent exécutées presque à la lettre. « Débusquer l'ennemi de Charsonville, Epieds, Coulmiers, Saint-Sigismond, en prononçant sur la gauche un mouvement tournant, de façon à occuper solidement à la fin du jour la route de Chateaudun à Orléans. » A huit heures du matin, l'armée s'ébranla. Le temps était couvert, mais doux ; le sol ferme et sonore ; on s'avançait, dit Chanzy, dans une des plus belles pages de son livre, avec un ordre et une régularité qui donnaient bon espoir pour la fin de la journée ; l'aspect de cette grande ligne de bataille traversant la plaine nue et à peine accidentée, qui la séparait encore de l'ennemi, était des plus imposants[1].

Pendant qu'à droite le 15ᵉ corps enlève Baccon et le château de la Renardière, Chanzy dirige, au centre, l'attaque sur Coulmiers, avec un « coup d'œil » et une « résolution » que d'Aurelle louait le soir même dans son rapport au ministre de la guerre. Le général Barry, commandant de la 2ᵉ division, retardé par l'artillerie allemande, n'engage l'action qu'à midi ; mais, à quatre heures, malgré la violente fusillade des ennemis, il est maître du village et du parc de Coulmiers. Barry, en personne, descend de cheval, se met à la tête de la colonne d'attaque et entraîne ses hommes, en criant : *Vive la France, en avant les mobiles !* Au premier rang combattent les mobiles de la Dordogne, conduits par le vaillant colonel de Chadois. Les Bavarois cèdent à cet « élan irrésistible ». Pendant ce temps, Jauréguiberry engage une lutte très meurtrière sur les positions de Champs. Un instant les troupes de l'amiral reculent sous le feu d'une puissante artillerie et devant de nouvelles colonnes d'infanterie bavaroise qui entrent en ligne. Mais l'énergique Jauréguiberry ramène et entraîne ses jeunes soldats ; il met pied à terre et dirige lui-

---

[1] Chanzy, *Loire*, p. 25.

même avec un admirable sang-froid le feu des pièces qui maîtrisent les batteries allemandes ; à cinq heures, toutes les troupes de la première division s'élancent au pas de charge et enlèvent, pour s'y maintenir cette fois, les villages de Champs et d'Ormeteau.

Malheureusement, à gauche, le général Reyau s'était replié sur ses positions. Il avait pris pour une colonne allemande une troupe signalée au loin et qui n'était autre que le corps des francs-tireurs de Lipowski ; son artillerie, engagée de trop près, avait, sans servir beaucoup, essuyé de grandes pertes. Sa cavalerie n'avait pas rempli sa mission. D'après les instructions que Chanzy avait données la veille et qu'il fit renouveler par ses aides de-camp durant la bataille, le général Reyau devait tourner la droite des ennemis et leur barrer la retraite sur la route de Chartres. Il ne fit qu'exposer inutilement sa cavalerie au feu des batteries de Saint-Sigismond et la reporta en arrière, sur les emplacements qu'il occupait le matin.

Enfin, Martin des Pallières, qui descendait la rive droite de la Loire, n'arrivait pas à temps, malgré la rapidité de sa marche. Il est vrai qu'on avait compté sur une plus longue résistance des ennemis, et Martin des Pallières ne devait déboucher que le 11. Il courut néanmoins dans la direction du canon et ses troupes firent des prodiges de célérité ; mais, lorsque ses têtes de colonnes, épuisées de fatigue, arrivèrent le 10 novembre à Chevilly, sur la route d'Orléans à Paris, pour couper la retraite aux Bavarois, il était trop tard.

Toutefois la bataille de Coulmiers était un grand succès. Elle coûtait aux ennemis 1,200 hommes mis hors de combat et 2,000 prisonniers ; elle forçait von der Tann à quitter Orléans et à se retirer sur Etampes. Le 16e corps avait pris à la victoire une « part large, difficile et glorieuse[1] », et Chanzy reçut du gouvernement des lettres de félicitations exceptionnelles.

---

[1] Chanzy, *Loire*, p. 29. Une grande messe militaire, suivie d'u *Te Deum*, eut lieu à Saint-Péravy-la-Colombe ; à cette occasion un engagé volontaire du 3e *bataillon des mobiles de la Mayenne* (voir l'ouvrage qui porte ce titre Alençon, 1872, p. 88-89) traçait ce portrait de Chanzy : « Le général Chanzy vint en personne à cette cérémonie. Il est jeune encore ; il a perdu ses cheveux de bonne heure, et le sommet de sa tête est complètement chauve. Son front découvert et large est l'indice d'un talent peu commun que tous les tacticiens lui reconnaissent. Ses yeux brillent d'un éclat particulier ; presque toujours il a le sourire aux lèvres, et l'ensemble de son visage est affable et attrayant. Sa taille est un peu au dessus de la moyenne, et l'extérieur de son corps n'indique point la force et l'énergie extraordinaire dont il a fait preuve tant de fois. »

IV

D'Aurelle ne sut pas user de la victoire. Il est vrai — et Chanzy le reconnaît — que le temps devenait mauvais; que la pluie, la neige, la boue ralentissaient la marche; que les troupes souffraient du froid; qu'il fallait renouveler ou compléter l'habillement. D'Aurelle ne croyait pas que son armée fût, selon le mot de Chanzy, assez outillée pour se porter en avant [1]. Il résolut de rester sur la défensive et, avant toutes choses, de faire d'Orléans un camp retranché qui lui servirait de base d'opérations.

Mais Coulmiers avait rompu le charme et ramené le temps du bonheur et de l'audace qu'on croyait passé. Sans imaginer, comme M. de Freycinet, qu'il fallût marcher immédiatement sur Paris et percer les lignes d'investissement, Chanzy pensait qu'il était possible de mettre à profit l'enthousiasme de l'armée, d'atteindre et d'achever les troupes de von der Tann, puis d'attaquer le grand duc de Mecklenbourg, en un mot, de *prendre les Allemands en détail*, avant l'arrivée des renforts

---

[1] CHANZY, *Loire*, p. 35.

amenés par Frédéric-Charles. D'Aurelle disait que ses soldats avaient été admirables d'entrain et d'aplomb et que Coulmiers avait décuplé leur moral. Ne fallait-il pas les jeter aussitôt sur l'armée qu'ils avaient défaite, sans leur laisser le temps de s'attiédir et de perdre l'ardeur que leur inspirait un premier succès ? Le vaincu s'étonnait de n'être pas poursuivi ; on a donc fait une faute en ne le poursuivant pas la baïonnette dans les reins. La victoire de Coulmiers restait incomplète ; elle n'était pas poussée à fond, et il est permis de penser que si Chanzy avait eu ce jour-là le commandement en chef, elle aurait donné des avantages plus solides ; la partie était belle, et Chanzy l'aurait certainement tentée et gagnée [1].

D'Aurelle occupa la forêt d'Orléans, il éleva dans un rayon de deux à trois lieues des fortifications de campagne, il créa deux lignes de redoutes garnies de pièces de marine à longue portée ; il se flattait de tenir dans cette position avec quarante mille

---

[1] « Après ce qui s'était passé à Coulmiers, les armées de province pouvaient avoir l'idée d'aller plus loin, et si l'on n'avait pas attendu que le prince Charles, venant de Metz, se fût réuni avec les Bavarois reconstitués du général de Tann et aux corps que le grand duc de Mecklenbourg avait concentrés aux environs de Chartres, il eût été possible de dépasser Loigny, où nous avons eu à combattre la grande armée prussienne et où nous avons succombé. » (Discours de Chanzy à l'Assemblée nationale, 15 juin 1871.)

hommes contre deux cent mille[1]. Mais il oublia d'assurer la rapidité de ses communications ; il négligea de faire, au milieu de la forêt, une route parallèle à son front de défense ; ses corps ne pouvaient se secourir mutuellement qu'avec une extrême lenteur ; il fallait pour se porter d'un point sur un autre revenir sur Orléans et traverser deux fois la forêt.

Chanzy n'était pas aussi préoccupé que d'Aurelle de la position d'Orléans. On devait, selon lui, élargir le cercle de la défense, donner plus d'étendue à l'aire stratégique, « tenir l'ennemi au loin et se garder à grande distance ». Il y avait, en avant des lignes que fortifiait d'Aurelle, des points qu'il fallait garder quelque temps et ne livrer à l'ennemi qu'après les avoir opiniâtrément disputés. Pourquoi ne pas avancer, par exemple, jusqu'à la hauteur de Patay, inquiéter le grand-duc de Mecklenbourg qui manœuvrait entre Etampes et Chartres, réduire ainsi la zone des réquisitions ennemies, arracher les troupes aux bivouacs qui se changeaient en « véritables bourbiers » et à des cantonnements qui devenaient inhabitables », mener le soldat sur de « plus sains emplacements ? » On finirait néanmoins par se replier sur les lignes d'Orléans ; mais

---

[1] DE FREYCINET, p. 104.

ce mouvement en avant, si restreint qu'il fût, donnerait à l'armée « l'idée d'une offensive » et maintiendrait la confiance qu'avait fait naître la bataille de Coulmiers.

Chanzy proposait donc à d'Aurelle d'occuper, avec son 16e corps, la ligne de la Conie, « la meilleure défense de la contrée », de protéger ainsi la grande route d'Orléans à Châteaudun, de se relier par sa gauche avec le 17e corps qui se formait dans le Perche et de couvrir à la fois Orléans et Vendôme. Sa proposition ne reçut pas de réponse. Il dut se borner à établir ses avant-postes sur ce ruisseau de la Conie dont les marais impraticables offraient pourtant une barrière naturelle et une ligne d'obstacles bien supérieure aux *boqueteaux* de la forêt d'Orléans [1]. Mais ses cavaliers, ses éclaireurs, ses francs-tireurs [2] ne cessaient d'escarmou-

---

[1] Voir p. 49-51, sa lettre à d'Aurelle qui fait le plus grand honneur à son coup d'œil militaire.

[2] Chanzy s'est beaucoup servi des corps-francs. Lipowski, avec les francs-tireurs de Paris, de Foudras avec ceux de la Sarthe, Liénard avec ceux de Saint-Denis, éclairaient les ailes de l'armée de la Loire et protégeaient ses mouvements. Sous le commandement supérieur d'un vigoureux officier, le colonel Barbut, les francs-tireurs firent vaillamment leur service d'avant-postes et enlevèrent plusieurs fois des troupes de cavaliers ennemis. Mais on remarquera qu'ils appartenaient à l'armée régulière; ils n'agissaient pas pour leur compte : ils restaient soumis à l'action du commandant en chef, et Chanzy leur donnait ses ordres comme aux autres corps.

cher, d'exécuter des reconnaissances et des pointes audacieuses, de tenter des coups de main heureux, comme celui de Viabon qui fit connaître un document précieux, l'ordre de mouvement des troupes ennemies que le prince Albrecht, obligé de fuir précipitamment, avait laissé sur sa table.

V

L'armée de la Loire attendait donc l'ennemi devant Orléans ; de jour en jour elle se fortifiait et s'instruisait ; elle grossissait en nombre. Le 15ᵉ corps passait sous les ordres de Martin des Pallières ; le 17ᵉ, le 18ᵉ, le 20ᵉ se formaient ; le 17ᵉ, campé du côté de Marchenoir, était commandé par le général de Sonis ; le 18ᵉ, qu'on venait d'organiser à Nevers, était dirigé provisoirement, pendant l'absence de Bourbaki, par le colonel Billot ; le 20ᵉ, composé des débris de l'armée des Vosges, avait à sa tête le général Crouzat et se concentrait à Gien. Mais ces trois derniers corps, qui faisaient illusion à la délégation de Tours, étaient de création trop récente, et, comme l'avoue M. de Freycinet, on les avait formés à la hâte, dans des conditions difficiles, et pour ainsi dire, en marchant.

Ce n'était pas trop de toute cette armée, dont le

15ᵉ et le 16ᵉ corps faisaient la force véritable et réelle, pour combattre les masses allemandes qui s'avançaient sur Orléans. L'état-major général de Versailles dirigeait sur la Loire deux armées : l'une, sous les ordres du grand-duc de Mecklenbourg, venait de fouiller l'ouest et de pousser sur la route du Mans ; l'autre, la *deuxième armée*, commandée par Frédéric-Charles et composée de la plus grande partie des troupes de Metz, arrivait, après trois semaines de marches forcées, à Pithiviers. Les Allemands, dit Chanzy[1], réunissaient le plus de monde possible pour écraser cette armée de la Loire qui surgissait devant eux, alors qu'ils croyaient la France aux abois... il était hors de doute qu'un grand mouvement de concentration allait s'opérer en vue d'une attaque sur cette armée.

Devant de pareilles forces, il eût fallu demeurer dans ces positions d'Orléans préparées avec tant de soin, et s'y défendre, comme Chanzy se défendait à Josnes quelques jours plus tard, à la stupéfaction de l'adversaire, et dans de plus difficiles conditions. Quitter ses lignes et se hasarder dans « les plaines nues de la Beauce[2] », c'était s'exposer de gaieté de cœur à une grande bataille qui se-

---

[1] Chanzy, *Loire*, p. 40, 55.
[2] Chanzy, *Loire*, p. 37.

rait un désastre. Mais la délégation, fière du succès de Coulmiers, avait résolu de prendre l'offensive. Elle reprochait à d'Aurelle de ne pas agir, de n'avoir aucun plan ; il fallait, disait le ministère, sortir d'Orléans et marcher, par la ligne de Pithiviers et de Montargis, sur Paris, qui réclamait le prompt secours de la France. Le ministère prit lui-même la direction d'une partie des opérations. Il laissa le 15e, le 16e et le 17e corps sous le commandement de d'Aurelle qui restait dans ses positions autour d'Orléans. Mais il lança, de sa propre autorité, le 18e et le 20e corps. Puis, deux jours après, il commandait impérieusement aux 15e, 16e et 17e corps de tenter le même mouvement d'une autre façon et dans des proportions plus vastes. Ainsi l'armée de la Loire ne faisait que des efforts isolés et n'attaquait pas en masse, mais par fractions et d'une manière décousue. Au lieu de se concentrer et de se jeter sur un point des lignes allemandes, elle faisait donner d'abord sa droite, puis sa gauche, sans jamais s'engager tout entière. Que devait-il résulter de cette méthode contraire aux premiers principes de la guerre ? Après la défaite des deux ailes, le centre à son tour était enfoncé, et l'armée de la Loire n'existait plus.

VI

Le 28 novembre, Billot et Crouzat, sur l'ordre de l'administration de la guerre, marchaient sur Pithiviers. Ils menèrent l'attaque avec vigueur ; mais ils ne purent emporter la ville de Beaune-la-Rolande, énergiquement défendue par le commandant du 10e corps prussien, Voigts-Rhetz. Le combat fut sanglant et fort honorable pour des soldats dont la plupart voyaient le feu pour la première fois. Néanmoins le mouvement projeté par la délégation n'avait pas réussi ; le 18e et le 20e corps furent rejetés sur Bellegarde, du côté de Gien.

A ce moment le ministère recevait la nouvelle que le général Ducrot tentait une grande sortie dans la direction de Fontainebleau. Il fallait aller à la rencontre de l'armée de Paris, sur-le-champ et sans hésitation. Un conseil de guerre fut tenu le 30 novembre à Saint-Jean-de-la-Ruelle, entre d'Aurelle, son chef d'état-major, Borel, Chanzy et MM. de Freycinet et de Serres. Les généraux objectaient qu'il valait mieux rester dans les retranchements. Mais M. de Freycinet commanda de livrer combat au prince Frédéric-Charles, de le battre et de donner la main dans la forêt de Fontainebleau à l'armée de Paris. D'Aurelle et Chanzy montraient les périls de ce mouvement. Abandonner leurs lignes pour courir l'aventure d'une grande bataille, mettre aux prises, dans une formidable rencontre, une armée née de la veille avec des troupes aguerries, qui venaient de prendre Metz, aller au-devant de Ducrot dont la sortie était incertaine ! Le ministère donna l'ordre formel de se mettre en marche vers Pithiviers, et les généraux durent accepter le plan que leur dictaient les stratégistes de Tours. Mais, disait Chanzy, était-ce la peine de nous réunir ? Il suffisait au ministère d'envoyer ses instructions par la poste [1].

Comme le prévoyaient d'Aurelle et Chanzy, l'opération ne pouvait réussir. L'armée de la Loire s'étendait sur un espace de plus de vingt lieues ; elle s'éparpillait, se disséminait sur une ligne flottante et démesurée, sans qu'il fût possible aux corps, trop isolés les uns des autres, de se rallier et de se prêter un mutuel concours.

Le 1er décembre, au matin, Chanzy poussa son 16e corps en avant. Il se heurta au 1er corps bavarois ; mais von der Tann ne songeait qu'à « tenir jusqu'à complète obscurité [2] ». La division de Jau-

---

[1] CHANZY, *Loire*, p. 56-57 ; DE MAZADE, *La guerre de France*, I, 384.
[2] HELVIG, *Von der Tann*, p. 193.

réguiberry eut les honneurs de la journée ; elle enleva les villages solidement fortifiés de Gommiers, de Nonneville, de Faverolles et le point central de la résistance, le parc de Villepion. Pendant que le 16ᵉ corps remportait ce brillant succès, le gouvernement répandait la nouvelle que Ducrot était vainqueur à Villiers, qu'il avait rompu les lignes prussiennes, qu'il marchait vers l'armée de la Loire. Cette nouvelle « tellement avantageuse et précise » réveillait les espérances et augmentait la « confiance dans le résultat qu'on cherchait à atteindre ». Chanzy applaudissait à cette *sortie de Par s*. « Mon corps d'armée, écrivait-il au ministre de la guerre, saura répondre à ce que le pays attend de lui ; il vient de l'affirmer par le combat de Villepion. » Par décret, la division de Jauréguiberry fut mise à l'ordre du jour de l'armée, et Chanzy nommé grand officier de la Légion d'honneur [1].

Mais le lendemain (2 décembre), le 16ᵉ corps trouve devant lui un ennemi plus nombreux que la veille ; il lutte contre toute l'armée du grand-duc de Mecklenbourg dont les troupes entrent successivement en ligne durant la journée. Malgré la bravoure de ses jeunes troupes, « que de vieux sol-

---

[1] Chanzy, *Loire*, p. 62-65, 461.

dats n'auraient pu dépasser », malgré la vigueur que déploient Barry et Jauréguiberry, le 16ᵉ corps échoue dans ses attaques contre Lumeau, contre la ferme de Beauvilliers et le château de Goury ; sous un feu épouvantable d'artillerie et de mousqueterie, il recule sur Villepion et sur Loigny. L'intrépide Jauréguiberry qui, selon le mot de ses soldats, navigue sur son petit cheval comme devant la tempête, se maintient derrière les murs crénelés de ce parc de Villepion, qu'il a conquis le jour précédent. Mais la brigade Bourdillon, rejetée sur Loigny, ne peut défendre le village et les gravières qui l'entourent contre une masse considérable d'infanterie et de cavalerie. Il est quatre heures, et la nuit va tomber, lorsqu'arrive le commandant du 17ᵉ corps, l'impétueux général de Sonis. Il accourt de Patay au bruit du canon et sur le pressant appel de Chanzy, avec les troupes capables de le suivre, les zouaves pontificaux de Charette, les mobiles des Côtes-du-Nord, les francs-tireurs de Tours et ceux de Blidah, le 51ᵉ régiment de marche. Sur le plateau de Villepion, au milieu des boulets ennemis, à la lueur des villages qui brûlent, les deux généraux échangent rapidement quelques mots. Il s'agit de gagner la bataille par un suprême effort sur Loigny. De Sonis se charge de tenter cet effort, et, sans perdre un instant, encore plein de sa bouillante ardeur et de l'élan qui le poussaient au secours de Chanzy, se précipite dans le village. Mais il est accueilli par une grêle effroyable d'obus ; le 51e régiment se débande ; Sonis, qui poursuit vaillamment sa marche sous cette pluie de feu, tombe, la cuisse brisée ; Charette, qui « rivalise avec lui d'intrépidité », est grièvement blessé ; décimée par l'écrasante artillerie des Allemands, privée de ses chefs, la petite avant-garde du 17e corps, qui se portait au combat avec tant de courage et de furie française, abandonne Loigny. Seul, le 37e régiment de marche demeure dans le village. Il s'est d'abord retranché dans les maisons et y « soutient une lutte des plus acharnées » ; mais, sous les obus à pétrole, les maisons s'enflamment et s'écroulent. Le régiment se réfugie dans le cimetière, et, abrité par les tombes, ne cesse de tirer sur l'ennemi qui l'enveloppe de toutes parts. Un instant, il espère être dégagé ; il entend au-dehors le bruit de la fusillade et la sonnerie des clairons français ; c'est à ce moment qu'a lieu la charge héroïque de Sonis. Mais bientôt le silence se fait, et, à sept heures du soir, les débris de ce brave régiment se rendent, après avoir brûlé leur dernière cartouche. La nuit, dit Chanzy en quelques lignes saisissantes, était alors très obscure ; le champ de bataille n'était éclairé que par l'incendie de Loigny et de quelques fermes des environs, auxquelles l'ennemi avait mis le feu. Les pièces d'artillerie, en se retirant au galop, produisaient sur le terrain durci par la gelée un bruit qui impressionnait les troupes et contribuait à augmenter le désordre [1].

La bataille était perdue. Mais on peut dire de Chanzy ce qu'il dit de Jauréguiberry, que sa ténacité, son sang-froid étaient au-dessus de tout éloge. Il ralliait sous sa main énergique et ferme le 16e et le 17e corps, que la disparition du général de Sonis plaçait sous son commandement. Il conservait les positions qu'il occupait le matin, il ne perdait pas un pouce de terrain, et il écrivait à d'Aurelle que, s'il recevait du secours, il ferait tout pour reprendre l'offensive. Mais il avait éprouvé de grandes pertes, et l' « état moral » de son 16e corps l'inquiétait. N'avouait-il pas que des désordres s'étaient produits, que des hommes, des corps entiers, cédant à une panique injustifiable, avaient fui dans toutes les directions? De leur côté, les chefs du 17e corps ne lui cachaient pas que leurs troupes étaient à bout d'efforts.

---

[1] Chanzy, *Loire*, p. 76-77.

VI

Pendant que l'aîle gauche de l'armée française était arrêtée à Loigny, que devenait le 15ᵉ corps qui formait le centre ; que devenaient les 18ᵉ et 20ᵉ corps qui composaient l'aîle droite? Le 15ᵉ corps était, après un violent combat à Poupry, rejeté sur Artenay par une seule division du grand-duc de Mecklenbourg, la division Wittich. Le 18ᵉ et le 20ᵉ corps, trop affaiblis d'ailleurs pour prendre une part active à la lutte, restaient immobiles devant la cavalerie de Frédéric-Charles qui les tenait en respect. Le prince allemand frappa le grand coup. Pendant que sa cavalerie empêchait notre droite de bouger et que le grand-duc de Mecklenbourg contenait notre gauche, il se jeta sur notre centre et l'accabla. Il fit ce mouvement concentrique que Chanzy prévoyait, que l'armée de la Loire aurait dû faire depuis plusieurs jours, que la délégation de Tours prescrivait alors, mais trop tard.

Pressés de tous côtés, d'Aurelle et Martin des Pallières reculèrent en désordre sur Orléans. A quoi servaient tant de retranchements élevés à l'avance? Les deux lignes furent forcées l'une après l'autre ; les batteries de marine tiraient sur l'ennemi, mais les intervalles des redoutes n'étaient pas solidement occupés ; les troupes qui s'y précipitaient, battues, poursuivies, démoralisées, n'avaient plus la force de les défendre. D'Aurelle et Martin des Pallières voulurent un instant essayer une résistance aux abords de la ville ; mais ils voyaient tout ce qui les entourait se dissoudre et se fondre. Ils durent, pour éviter un plus grand désastre, évacuer Orléans et mettre en sûreté les débris du 15e corps, au-delà de la Loire, en Sologne. En même temps le 18e et le 20° corps, suivant le mouvement de retraite, repassaient le fleuve à Jargeau et à Sully. La désorganisation, avoue M. de Freycinet, dépassait tout ce qu'on peut imaginer.

Seul Chanzy restait sur la rive droite de la Loire. Tout d'abord, il s'était porté vers Orléans, en assez bon ordre, par des chemins affreux, à la vue de l'ennemi « auquel son attitude imposait ». Il tenta même de secourir le 15e corps. Mais il comprit vite que la défense d'Orléans serait impossible, et il craignait que, si l'armée entière se retirait sur la rive gauche du fleuve, « l'encombrement sur les routes et dans les rues, et l'insuffisance des ponts » n'amenassent une grande catastrophe. Bientôt il se vit débordé ; la cavalerie allemande couvrait la campagne ; des régiments de uhlans et de hussards de la mort assaillaient à diverses reprises ses éclaireurs algériens ; ses communications avec Orléans étaient coupées. Il se dirigea sur Meung et Beaugency, et, tout en se battant à Patay, à Bricy, à Boulay, conduisit la première de ces retraites qui devaient immortaliser son nom. Il n'avait plus avec lui que le 17ᵉ corps et la première division du 16ᵉ, commandée par Jauréguiberry ; les deux autres divisions, la deuxième (Barry) et la troisième (Maurandy) étaient refoulées, non sans désarroi, sur Mer et sur Blois. Il occupa la ligne de Lorges à Beaugency, appuya sa gauche à la forêt de Marchenoir et sa droite à la Loire, et fixa son quartier général à Josnes. C'est là qu'il attendit les nouveaux ordres du gouvernement.

JOSNES

I

La délégation de Tours destitua d'Aurelle et forma deux armées avec les forces éparses sur les deux rives de la Loire. La première, composée des 15e, 18e et 20e corps, était placée sous les ordres de Bourbaki et devint l'armée de l'Est. La seconde comprenait les 16e, 17e et 21e corps, sous le commandement de Chanzy, et reçut le nom de *deuxième armée de la Loire*. « Nous vous félicitons de votre attitude, écrivait M. de Freycinet à Chanzy, et nous n'avons qu'un désir, c'est que vous puissiez la faire partager par tous ceux qui vous entourent. » Le général Vuillemot fut nommé chef d'état-major général de la deuxième armée ; l'amiral Jauréguiberry dirigeait le 16e corps ; le général de Colomb, le 17e, et le capitaine de vaisseau Jaurès, le 21e qui venait d'être organisé au Mans. La délégation ajoutait à ces trois corps une division du 19ᵉ corps en formation, la division Camô.

Une campagne nouvelle allait s'engager. Pendant que les corps passés sur la rive gauche du fleuve achevaient de se désorganiser dans une retraite faite sans ordre et sans ensemble, les corps ralliés par Chanzy et moins éprouvés par la défaite, opposaient aux Allemands une résistance imprévue.

Chanzy avait choisi la seule position défensive que lui offrît l'Orléanais. De Lorges à Beaugency, entre la forêt de Marchenoir et la Loire, s'étend une bande de terrain à peine longue de trois lieues, assez accidentée, semée de fermes et de villages ; c'est « la trouée par laquelle peut passer un ennemi venant d'Orléans et marchant sur Tours ». Dès le 6 décembre, Chanzy faisait élever sur cette ligne des épaulements et dresser des batteries. Il envoyait des pelotons de reconnaissance à six ou sept kilomètres des avant-postes et des éclaireurs à dix ou quinze. Il recommandait de ne faire le jour que les sonneries indispensables et de n'en pas faire la nuit, de dissimuler les feux de cuisine derrière les fossés et les murs. A la fois administrateur et général, il dirigeait avec activité les services de l'intendance et savait faire subsister son armée ; pendant toute la campagne les vivres, distribués aux corps, arrivèrent toujours en quantité suffisante, et les provisions de guerre firent aussi peu défaut que celles de bouche. Enfin, il donnait aux chefs de corps et aux généraux des instructions précises et minutieuses qui ne négligeaient pas le moindre détail. Il y résumait les événements heureux ou malheureux de la journée et y prescrivait ce qu'il fallait faire le lendemain. Il ne se bornait pas à donner la direction générale que l'armée devait suivre ; il traçait d'une main sûre l'itinéraire, indiquait les routes avec le plus grand soin, répartissait ses divisions sur les chemins, déterminait d'après la carte et par des calculs réfléchis les positions que ses troupes devaient prendre chaque jour. Tout était prévu, toutes les dispositions étaient réglées d'avance ; « souhaitons, dit le colonel Lecomte, qu'il y ait dans l'armée française beaucoup d'élèves de Chanzy, s'appliquant à lire, à relire et à méditer les leçons qu'il a laissées et qui se trouvent enregistrées dans le précieux recueil de ses ordres et instructions » [1].

II

Tandis que Frédéric-Charles lançait presque

---

[1] *Nouvelle Revue*, 1er mai 1883, p. 60.

toute son armée sur la rive gauche de la Loire, à la poursuite des vaincus d'Orléans, le grand-duc de Mecklenbourg, chargé des opérations sur la rive droite, marchait par Beaugency et Blois dans la direction de Tours. Il pensait arriver sans grand obstacle jusqu'à la ville où siégeait encore la délégation de la province. Soudain, dès les premiers pas de cette expédition qui ne devait être qu'une promenade militaire [1], les avant-gardes allemandes se repliaient devant des forces françaises considérables. L'ennemi, comme disait Chanzy, s'imaginait n'avoir affaire qu'à des fuyards [2]; il comptait sur une marche facile et prompte, et brusquement il était contraint de s'arrêter devant une véritable armée qu'il croyait entièrement démoralisée et épuisée de fatigue [3], mais qui révélait des ressources singulières de résistance; il se voyait engagé dans une lutte inattendue qui devait durer, non pas quelques jours, mais plus de six semaines, dans une lutte ardente, obstinée, qui finissait par mettre dans ses rangs le trouble et la lassitude.

Ce fut le 7 décembre que cette nouvelle armée de la Loire, que Chanzy avait à peine eu le temps

---

[1] DE MAZADE, I, p. 409.
[2] CHANZY, *Loire*, p. 130.
[3] HELVIG, p. 198, die Hoffnung einen demoralisirten geschlagenen Gegner vollends zu zertrümmern.

de reformer, apprit aux Allemands son existence. Vainement l'ennemi l'attaquait sur toute la ligne longue de vingt kilomètres, depuis Meung jusqu'à Saint-Laurent-des-Bois, à Langlochère, à Messas, à Villechaumont. Il trouvait, dit l'état-major allemand, une résistance acharnée dans ce pays couvert de vignes. La lutte durait jusqu'à la nuit close et restait indécise, assez sérieuse pour convaincre von der Tann et le grand-duc qu'il fallait recourir à la plus énergique offensive. L'armée de Chanzy couchait sur ses positions : « Que chacun, disait le général, s'inspire de ce succès et y puise la confiance ; cette journée fait oublier les mauvais moments de nos dernières affaires [1]. »

Le lendemain (8 décembre) l'ennemi tentait un nouvel effort sur la ligne française. Le grand engagement livré ce jour-là porte le nom de *bataille de Villorceau* ou de *Beaugency-Cravant*. De neuf heures du matin jusqu'à la tombée de la nuit, les Allemands essayèrent de déloger l'armée française de ses positions ; ils s'acharnaient surtout à percer le centre de Chanzy entre Villorceau et Villevert ; presque partout ils furent refoulés et « nos lignes restèrent intactes ». A diverses reprises, nos jeunes

---

[1] On a nommé cette journée le combat de Meung. CHANZY, *Loire*, p. 120; HELVIG, p. 198; *Etat-major allemand*, IV, p. 614.

conscrits firent plier devant eux les vieilles bandes allemandes. Le 17ᵉ corps, qui donna tout entier, marchait sur Cravant, en colonnes profondes, enfonçait les Bavarois qui venaient à sa rencontre, les rejetait sur Beaumont et le Mée, et ne s'arrêtait que devant le tir redoutable de l'artillerie postée sur les hauteurs. Un instant, sous le « feu d'enfer » de nos tirailleurs et de nos mitrailleuses, les Bavarois jugèrent leur situation très critique ; vers la fin de la bataille, von der Tann, qui avait passé toute la journée sous les balles de chassepot qui « crépitaient comme grêle », n'avait plus sous la main d'autre réserve que deux compagnies, et, le soir, lorsqu'il regagna son quartier-général, il disait à demi-voix, en se parlant à lui-même : « Mes pauvres braves soldats [1] ! »

Mais à l'extrême droite de l'armée française, le général Camô dut, après une vive résistance, abandonner Messas, laissa l'ennemi s'emparer de Vernon par une surprise de nuit, et, contrairement aux ordres formels du commandant en chef, évacua Beaugency. Il obéissait, disait-il, à une dépêche télégraphique envoyée du ministère de la guerre et qu'un capitaine du génie, venu tout exprès de Tours, lui avait confirmée verbalement.

---

[1] Helvig, p. 203.

Cet incident, écrivait Chanzy à la délégation, ternit le succès de la journée [1].

III

L'abandon imprévu de Beaugency où les Allemands s'établissaient quelques heures après le départ de Camô, faisait perdre à Chanzy la ligne de bataille qu'il défendait depuis deux jours au prix de si grands sacrifices. Pourtant, il refusait de croire à la nécessité d'une retraite ; il ne cherchait pas de nouvelles positions ; il persistait à demeurer sur les points qu'il avait choisis. Ce fut sa gloire durant toute cette campagne, de donner à la résistance française la suite, la vigueur, l'intensité. Nul ne se raidit plus énergiquement contre ce courant de défaillance qui entraînait presque tout le monde autour de lui ; nul ne sut mieux, après un revers, trouver les éléments de la défense, et, si confus qu'ils étaient, les réunir, les organiser, en former un tout solide et agissant. Après la perte de Beaugency, il ne rétrograda que lentement et à une courte distance. Il rectifia les positions de son aile droite en l'établissant sur les hauteurs qui s'éten-

---

[1] CHANZY, *Loire*, p. 130; DE MAZADE, p. 512.

dent de Toupenay à Poisly et dominent le ruisseau de Tavers. Il fit occuper fortement Tavers et construire en arrière du ravin des ouvrages de défense d'où son artillerie balayait le terrain dans la direction de Beaugency [1].

On se battit encore sur toute la ligne, le 9 décembre. Au premier bruit du canon, von der Tann était monté à cheval, « sans dire un mot, très grave et songeant aux luttes de la veille ». Partout nos troupes firent, malgré leur lassitude, fort bonne contenance. Elles n'abandonnèrent Villorceau, Villejouan et Origny qu'après une lutte opiniâtre. L'effort principal des Allemands se porta sur le ravin de Tavers. Pendant toute la matinée ils avaient attiré l'attention du général sur la gauche. Soudainement, entre trois et quatre heures, Chanzy et Jauréguiberry les virent déboucher en masses profondes et marcher résolument avec le plus grand calme vers le ravin. Chanzy crut un instant que cette forte colonne appartenait à son armée. Mais à 1200 mètres les ennemis ouvrirent un feu terrible. Les balles pleuvaient autour de Chanzy qui restait calme et impassible ; elles volent trop haut, disait-il à l'un de ses officiers d'ordonnance ; pourtant, le soir, à son quartier-général, il avouait qu'il n'avait

---

[1] CHANZY, *Loire*, p. 138.

jamais vu si rude fusillade ni entendu les balles siffler en si grand nombre à son oreille. Les Allemands franchirent le ravin et combattirent jusqu'à l'approche de la nuit ; mais nos tirailleurs les accueillirent par un feu si nourri, notre artillerie leur riposta si vigoureusement, nos mitrailleuses les prirent si bien en écharpe qu'ils repassèrent le ravin. « Les 75e et 76e régiments prussiens qui étaient les plus engagés durent se retirer en désordre et complètement battus, laissant le champ de bataille jonché de leurs morts et de leurs blessés ». Gambetta, arrivé à six heures du soir au quartier général de Josnes, put « se rendre compte de la vigueur avec laquelle l'armée nouvelle résistait à l'ennemi de la France [1] ».

Pendant trois jours de suite (7-9 décembre), comme Chanzy le faisait remarquer dans ses instructions, les Allemands avaient cherché vainement à culbuter son armée. Ce grand avantage, disait-il, démontrait qu'on pouvait leur résister, et il ajoutait avec entrain : « Il faut se préparer à un nouvel effort. » La journée du 10 décembre commença par un succès. Dès l'aube les Français enlevèrent par surprise les villages d'Origny et de Villejouan, et

---

[1] CHANZY, *Loire*, p. 141, 142 ; HELVIG, p. 203 ; récit d'un témoin oculaire.

marchèrent en masses imposantes sur Villermain. Après un combat d'artillerie qui dura jusqu'au soir, ils se retirèrent, mais les Allemands n'osèrent les poursuivre, et ne purent que reprendre Villejouan, où les nôtres se défendirent jusqu'à la nuit avec un courage désespéré, de maison en maison et de ferme en ferme.

Durant quatre jours, les jours de décembre (*die Decembertage*) comme les ont nommés les Allemands, l'armée de la Loire, prenant, perdant, reprenant les villages, avait donc arrêté l'ennemi, inférieur en nombre, mais supérieur par l'artillerie, par la discipline et l'expérience. Le premier corps bavarois seul laissait sur les champs de bataille de Meung et de Beaugency 96 officiers et 2,080 soldats.

IV

Les pertes des Allemands les frappaient de surprise. Il restait donc à la France une armée qui se défendait avec autant d'habileté que de bravoure, qui s'appuyait à de bonnes positions, qui tenait opiniâtrément contre des assauts répétés ! Les Français, disait un correspondant anglais, ont maintenant combattu pendant huit jours sur dix, et des troupes de nouvelle formation qui peuvent atteindre un tel résultat en face de vétérans sans être défaites le dixième jour ont tout droit d'espérer que la chance tournera en leur faveur [1]. Mais, si les choses étaient changées, si l'adversaire trouvait une résistance qui trompait ses prévisions, c'est que l'armée française avait enfin à sa tête un chef digne de la commander, un général actif, résolu, plein de sang-froid et de décision, qui savait par une résistance obstinée arrêter les progrès de ses habiles adversaires et leur faire payer cher chacune de leurs attaques.

Chanzy pensait même qu'il aurait rejeté l'ennemi sur Orléans, si les corps français, établis sur la rive gauche de la Loire, avaient repris les opérations et fait une diversion sérieuse. Mais il avait devant lui des masses de plus en plus considérables. Le grand-duc de Mecklenbourg, désespérant d'avoir raison de son adversaire et de briser cette résistance inopinée, avait appelé le prince Frédéric-Charles à son secours. Le 10 décembre, le vainqueur de Metz arrivait sur le terrain avec deux de ses corps d'armées, le IIIe et le Xe. Que pouvaient les troupes de Chanzy, déjà réduites par une suite de combats meurtriers, épuisées par une lutte

---

[1] Cité par DE FREYCINET et DE MAZADE, p. 415.

qu'elles soutenaient, toutes sans exception, du matin au soir, contre les chocs réitérés d'un ennemi qui disposait de forces toujours fraîches et infatigables, puisqu'il n'engageait chaque jour qu'une partie de son armée et faisait reposer le reste pour le mettre en ligne le lendemain [1] ?

Chanzy résolut de battre en retraite sur Vendôme et de reconstituer son armée derrière le Loir. Ce mouvement découvrait Tours. Mais la délégation venait de se transporter à Bordeaux. D'ailleurs le commandant en chef de la deuxième armée de la Loire craignait avec raison d'être débordé. Des colonnes allemandes, descendant par la rive gauche de la Loire, chassaient du parc de Chambord le général Maurandy et le refoulaient sur Blois. Elles allaient s'emparer de Blois, et cette ville une fois occupée, malgré les glaçons que charriait la Loire, elles rétablissaient ou remplaçaient par un pont de bateaux le pont qu'avait fait sauter le général Barry ; elles passaient sur la rive droite ; elles prenaient à revers l'armée de Chanzy.

Le général commença son mouvement de retraite sur Vendôme (11 décembre [2]), mais, comme

---

[1] Chanzy, *Loire*, p. 142.
[2] Le trait suivant fera juger de sa prévoyance. Dans la nuit du 10 au 11 décembre il envoya ses aides de camp, les capitaines Henry et Marois, à Vendôme, pour avertir les autorités, rassurer

toujours, en bon ordre et « en évitant l'enchevêtrement ». Il recommandait expressément à ses chefs de corps de s'éclairer et de se couvrir par des reconnaissances poussées aussi loin que possible, de se relier les uns aux autres, d'accélérer ou de ralentir leur marche selon le voisinage de l'ennemi. Cette retraite offrait de grandes difficultés ; Chanzy, cessant de s'appuyer à la Loire, s'avançait à travers une plaine où il ne pouvait cacher ses mouvements ni trouver une position propre à la défense. Mais il sut, dès le premier jour, se dérober à l'ennemi ; malgré la pluie qui ne cessait de tomber, malgré le dégel, par des chemins où le pied glissait, à travers les terres où chevaux et voitures s'embourbaient dans le sol détrempé, après une des marches les plus laborieuses et les plus pénibles de la campagne, Chanzy gagna la ligne du Loir (13 décembre).

---

la population et recueillir tous les renseignements nécessaires à l'organisation de sa retraite. Le capitaine Henry (le même qui avait reconnu la ligne de la Conie, et à Loigny couru au-devant de Sonis et pressé sa marche) et le capitaine Marois réquisitionnèrent les cartes du pays qui manquaient au quartier général ; ils s'abouchèrent, avec l'ingénieur en chef des ponts et chaussées, avec les conducteurs et les piqueurs ; ils se firent indiquer exactement les routes et les chemins ; ils s'enquirent avec soin de leur état ; ils les marquèrent sur les cartes avec des crayons de couleurs différentes. C'est grâce à ces précautions de Chanzy et à l'activité déployée par ses aides de camp que la retraite de Josnes sur Vendôme put si rapidement s'exécuter.

Les Allemands auraient pu, soit attaquer son aîle droite, puisqu'ils portaient leur principal effort sur Blois et sur Tours ; soit le devancer sur la grande route d'Orléans au Mans, en traversant au nord la forêt de Marchenoir. Aussi Chanzy jugeait-il sa position des plus critiques. Il télégraphiait et au ministre de la guerre et à Bourbaki qu'il fallait *marcher carrément*, sans perdre une minute, et pousser la première armée par Romorantin sur Blois, afin de dégager et de sauver la deuxième. Pendant que Chanzy exécuterait son mouvement de retraite, Bourbaki ferait une démonstration sur la Loire et attirerait sur lui l'attention de l'adversaire. Mais dans quel état de délabrement et de désordre était l'armée de Bourbaki ! De l'aveu de son chef et du ministre, elle ne pouvait entreprendre encore une opération sérieuse. Si vous lui imposez l'offensive, disait Bourbaki au gouvernement, vous vous exposez à la perdre, et, dans ce cas, je vous prierais de confier la tâche à un autre. « Elle est restée dans tous les souvenirs du Berry, écrit le colonel Fabre, la lamentable image de cette malheureuse armée, manquant de vivres, de vêtements, de chaussures, d'armes mêmes, de ces chevaux étiques et écorchés sur tout le corps, de cette misère profonde qui ne laisse de courage et de dévouement qu'aux hommes les mieux trempés. »

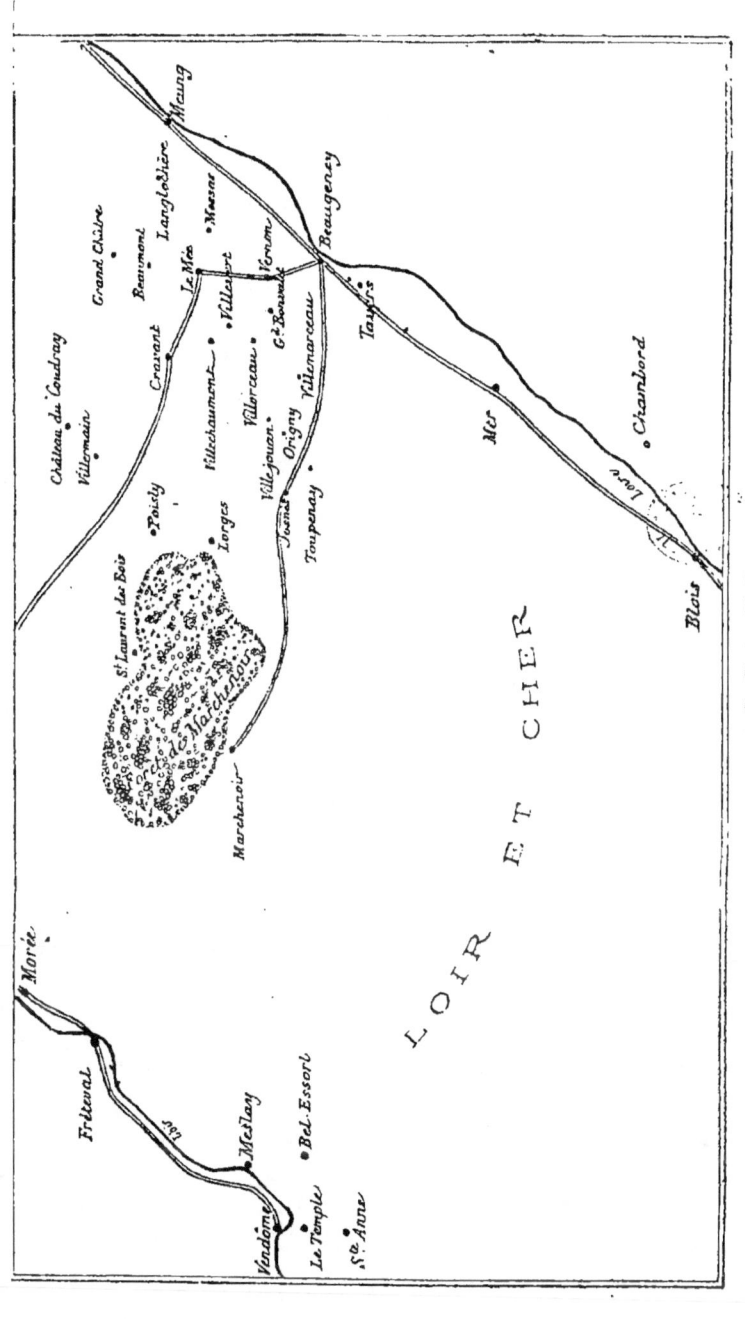

Pourtant, s'il fallait absolument faire la diversion que Chanzy réclamait avec instance, Bourbaki déclarait qu'il n'arriverait devant Blois que dans six jours au plus tôt [1].

Chanzy fit donc sa retraite, seul, réduit à ses propres forces, sans être appuyé par une démonstration de la première armée. Mais il donnait à cette retraite l'allure d'un mouvement stratégique. A le voir cheminer ainsi parmi tant d'obstacles, sans l'embarras et la confusion qui suivent ordinairement une retraite, il semblait plutôt diriger méthodiquement une opération de guerre que ramener en arrière des troupes harassées; après tout, il ne reculait que de six à sept lieues. Tout le matériel et les nombreux approvisionnements amassés à Mer et à Blois refluèrent sur la nouvelle base d'opérations. La retraite, commencée le 11 décembre, fut si prestement faite qu'elle s'achevait le 13 sans être sérieusement inquiétée par l'ennemi. « Dans les conditions de mauvais temps, de fatigue et de dangers où elle s'était effectuée, elle faisait le plus grand honneur à l'armée, que les Allemands auraient pu détruire, s'ils avaient su mettre leurs chances à profit [2]. »

---

[1] CHANZY, *Loire*, p. 163, 504 ; FABRE, *Précis de la guerre franco-allemande*, p. 248.
[2] CHANZY, *Loire*, p. 172.

VENDOME

I

La vallée du Loir où Chanzy venait de se porter avec autant de promptitude que d'habileté est étroite, bordée de mamelons et très propre à la défense. Il valait donc mieux résister le long du Loir que de continuer la retraite et d'attirer aussitôt l'ennemi sur le Mans. « Rien ne m'oblige, écri- » vait Chanzy, à hâter mon mouvement sur la » Sarthe, je reste ici. » De Vendôme, il menaçait le flanc de ses adversaires s'ils descendaient d'Orléans sur Tours, et pouvait gagner Châteaudun et Chartres, s'il fallait tenter une nouvelle pointe sur Paris. Vendôme avait, au reste, une grande importance stratégique ; cette ville est le nœud de plusieurs routes ; le chemin de fer la relie à Tours, et par Châteaudun et Dourdan à Paris. Mais, pour protéger Vendôme contre un ennemi venu de Blois, il faut porter la défense assez loin sur les hauteurs qui dominent la ville, garder par conséquent un vaste périmètre avec des forces considérables, et, si la retraite devient nécessaire, s'engager, non sans de graves dangers, sur les rampes qui mènent à Vendôme, par les ponts jetés sur les deux bras du Loir, dans des rues étroites et tortueuses.

Cependant, ces marches et ces combats incessants avaient épuisé les troupes. Il était temps de leur donner le repos dont elles avaient grand besoin, les vêtements chauds qui leur manquaient au fort de l'hiver, toutes ces ressources matérielles qui leur avaient fait défaut jusque-là; il fallait surtout les reformer et les mettre en ordre. Que de soldats sortaient des rangs ou, après un engagement, ne ralliaient plus leur corps et couraient le pays, exploitant la pitié des habitants par le récit de leurs souffrances ou demandant la charité d'un ton presque menaçant! Que de traînards exténués, et désespérant de retrouver un reste de vigueur, s'arrêtaient dans les fermes ou s'attardaient sur les routes, et se laissaient capturer par des partis de uhlans, sans faire la moindre résistance! Que de fuyards pendant les combats! Chanzy, comme avant lui d'Aurelle, usa d'une implacable sévérité contre les déserteurs de la lutte nationale. Il fit de nombreux exemples. Il traduisit devant des cours martiales quiconque se rendait coupable d'absence illégale ou de refus d'obéissance. Des cavaliers, des gendarmes arrêtèrent les fugitifs derrière les lignes et les amenèrent au grand prévôt. Il faut, disait Chanzy, rétablir dans l'armée la discipline et faire cesser à tout prix ces désordres que rien ne justifie et qui sont la seule cause de nos insuccès [1].

Mais la panique s'étendait jusqu'à Tours, elle envahissait le siège même du gouvernement. Chanzy s'élevait sans ménagement dans une dépêche à Gambetta contre cette « panique des plus intempestives et des plus regrettables ». Pourquoi l'administration du chemin de fer évacuait-elle si vite son matériel ? pourquoi les employés du télégraphe avaient-ils abandonné si promptement leur poste [2] ?

II

Les ennemis n'avaient pas tardé à se rapprocher. Ils s'acharnent à nous, disait Chanzy, parce qu'ils comprennent que nous sommes pour eux l'obstacle et la résistance. Le grand-duc de Mecklenbourg

---

[1] CHANZY, *Loire*, p. 169, 172, 182, 188, 122.
[2] CHANZY, *Loire*, p. 178, 513.

laissait trois brigades bavaroises à Orléans ; mais il s'était renforcé de la V⁰ division de cavalerie et de 4,000 hommes de la landwehr de la garde détachés de l'armée de Paris, et il marchait par le nord de la forêt de Marchenoir sur Morée et Fréteval. Le prince Frédéric-Charles cessait de poursuivre Bourbaki et ne lui opposant qu'un rideau de cavalerie, s'avançait directement sur Vendôme avec les III⁰, IX⁰ et X⁰ corps qui formaient la *deuxième armée* allemande. Chanzy se voyait plus que jamais menacé, attaqué sur son front et ses deux aîles, de Vendôme à Chartres, par les forces du grand-duc de Mecklenbourg et du prince Charles.

Il combattit néanmoins ; il essaya la résistance sur cette ligne qu'il venait de gagner à peine, après une marche fatigante et par les chemins les plus rudes ; il rejeta dans la lutte son armée si profondément ébranlée et qui n'avait pas encore trouvé le temps de se refaire. Il assura sa retraite sur le Mans et fit évacuer soit sur cette ville, soit sur la Loire les blessés et les malades. Le 21ᵉ corps de Jaurès, qui formait la gauche de l'armée, s'établit à Fréteval ; les plus solides bataillons du 16ᵉ et du 17ᵉ corps occupèrent, au centre, en avant de Vendôme, les hauteurs de Bel-Essort et de Sainte-Anne ; à droite, ce qui restait des divisions

Barry et Maurandy, revenues de Blois, gardait la route de Tours à Vendôme et défendait Saint-Amand et Montoire.

Les positions de Vendôme furent défendues pendant deux jours, le 14 et le 15 décembre, dans une suite d'engagements sérieux. Le 14 décembre, après un premier combat à Morée, les troupes du grand-duc de Mecklenbourg s'emparèrent de Fréteval et s'y maintinrent malgré les courageux efforts de nos marins. Mais, écrivait le général Tresckow, l'infanterie n'en peut plus, et je me demande si elle sera demain en état de combattre.

Le 15, au matin, Chanzy adressait un ordre du jour à son armée : « Pour nos nouveaux efforts, il » faut l'ordre, l'obéissance, la discipline : mon » devoir est de l'exiger de tous ; je n'y faillirai pas. » La France compte sur votre patriotisme ; et moi, » qui ai l'insigne honneur de vous commander, je » compte sur votre courage, votre dévouement et » votre persistance. » L'armée se battit jusqu'à la nuit ; elle empêcha l'ennemi de traverser le Loir en détruisant le pont de Fréteval, et refoula les colonnes de Frédéric-Charles qui tentaient de les déloger du plateau de Sainte-Anne et de la rejeter sur Vendôme. Malheureusement les bataillons postés sur les hauteurs de Bel-Essort ne purent les défendre contre une vigoureuse attaque du IIIe corps prussien ; ils se replièrent sur la rive droite du Loir en brûlant derrière eux le pont de Meslay. Mais Bel-Essort était la position la plus importante du nouveau champ de bataille où Chanzy voulait arrêter l'adversaire. De Bel-Essort, l'ennemi dominait Vendôme, envoyait ses projectiles sur la rive droite de la rivière et rendait inutile le feu des batteries françaises.

Pour la troisième fois, il fallait battre en retraite, il fallait s'échapper, ou, pour mieux dire, s'évader. Il était impossible de demander aux troupes de nouveaux efforts ; elles avaient beaucoup fait, mais aussi beaucoup souffert; la résistance qu'elles opposaient aux masses allemandes avait été poussée à ses dernières limites. Les privations et les fatigues, la rigueur extraordinaire du froid, les neiges, la boue des chemins et du bivouac, non moins que cette lutte sans trêve ni répit, tout usait à la longue l'armée de la Loire. Chanzy reconnut qu'elle n'avait pas « la solidité nécessaire pour combattre encore dans de bonnes conditions ». Ses chefs de corps, même les plus tenaces et les plus intrépides, Jauréguiberry, Jaurès, lui confirmaient la démoralisation de leurs soldats. Il résolut de repasser le Loir et de se diriger sur le Mans.

III

Ce nouveau mouvement rétrograde fut encore une de ces belles et savantes retraites, où le général reste maître de ses troupes et qui ne ressemblent pas à une fuite. Ce que Chanzy redoutait surtout et ce qu'il voulait éviter à tout prix, c'était une retraite pressée, exécutée à la hâte, où tout se mêle et se confond, où les soldats éperdus n'écoutent plus leurs chefs, en un mot la débandade avec tout ce qu'elle a de désastreux et d'irréparable.

Aussi, puisqu'il était réduit à cette extrémité, ne voulait-il se replier que de jour, et non la nuit où l'obscurité favorise le désordre et les paniques. Il avait soin de ne laisser « percer aux yeux des soldats aucune idée de retraite » ; il ne leur parlait que de « considérations stratégiques » ; il ne cessait de leur montrer l'importance des positions qu'ils occupaient. Il faisait appel à leur énergie ; il les exhortait à tenir ferme, à « sauver la France », à « venger le pays envahi par des hordes de dévastateurs ». Puis, il donnait l'ordre de reculer, mais avec lenteur, en lignes solides et serrées, et comme il disait, dans une formation qui permet toujours de combattre. « Toute marche de nuit ou forcée, écrivait-il à Gambetta, serait le signal de la débandade. Mieux vaut combattre et nous ferons de notre mieux », et dans ses instructions aux chefs de corps il disait que « la défense consiste surtout dans un bon emploi de l'infanterie se retirant lentement, couverte par des tirailleurs et protégée par quelques batteries d'artillerie bien disposées sur des positions reconnues à l'avance [1] ».

Le 16 décembre, dès l'aube, commençait la retraite sur le Mans. Un brouillard intense masquait à l'ennemi les mouvements de l'armée française. Tous les corps passèrent successivement le Loir, et le génie fit sauter les ponts, tandis qu'un train considérable, chargé de munitions et d'approvisionnements, traîné par deux locomotives, quittait à toute vapeur la gare de Vendôme et disparaissait au loin dans la direction de Tours.

Mais, quelques heures après, les Allemands, voyant la place vide, entraient dans Vendôme, réparaient un des ponts et envoyaient aussitôt des éclaireurs sur les pas de Chanzy. La retraite des Français ne s'opérait que difficilement, par deux routes où les chefs de corps avaient laissé s'accumuler les convois et les bagages, et par des chemins étroits, fangeux, défoncés, où s'embourbait

---

[1] CHANZY, *Loire*, p. 199, 189, 157, 209, 210.

l'artillerie. Les uhlans s'emparèrent de quelques voitures et de plusieurs canons. Il n'est pas admissible, s'écria Chanzy, indigné, que nos cavaliers soient moins audacieux que ces uhlans et ne puissent faire le même service qu'eux !

Le Perche que l'armée traversait dans sa retraite est coupé par de nombreux accidents de terrain. Partout des haies, des talus qui rendaient la marche difficile. On ne pouvait prendre à travers champs ; il fallait suivre les routes tracées, et, les mouvements se faisant avec trop de lenteur, la confusion se mettait dans les rangs. Malgré les efforts de Chanzy, malgré ses proclamations et ses ordres rigoureux, malgré la surveillance active des gendarmes, un grand nombre de soldats de ligne et de mobiles se jetaient dans les sentiers et « tous les petits chemins qui sillonnent le pays ». Beaucoup de jeunes gens, à bout de forces, les souliers déchirés, les pieds endoloris par la neige, retrouvaient un peu d'énergie pour doubler l'étape et arriver au Mans. Le Mans, c'était le salut, c'était la fin de leurs épreuves ou du moins un relâche dans leur misérable existence. Au Mans, ils trouveraient un peu de repos et cesseraient d'entendre le canon qui tonnait constamment depuis le 28 novembre. On voyait les soldats d'une compagnie de marche, chargés d'escorter un convoi, mettre leurs armes

dans les fourgons. Des officiers se prétendaient
malades et se faisaient traîner en voiture, loin
de leurs hommes, sans autorisation de leur chef.
Des régiments, des corps entiers abandonnaient
la direction qu'avait indiquée le commandement
supérieur, et marchaient tout droit sur le Mans,
sans se soucier du gros de l'armée. Bientôt le Mans
fut encombré d'une foule de soldats de toutes
armes, tendant la main pour obtenir un morceau
de pain et offrant, disait amèrement Chanzy, le
spectacle le plus honteux pour une armée [1].

Dans ces moments désespérés, il y eut de grands
actes de dévouement qui consolaient Chanzy et
nous consolent aussi de pareilles scènes de découragement et de lâche épouvante. Au milieu de cette
détresse et de ce commencement de déroute, le
sentiment de l'honneur vivait encore chez beaucoup
de Français et semblait même briller d'une flamme
plus ardente. « De tristes exemples, écrit le général,
ont été trop fréquemment donnés dans cette partie
de la retraite ; mais les gens de cœur, et c'était le
plus grand nombre, cachaient ces défaillances à
l'ennemi par l'ordre dans lequel ils marchaient et
leur vigueur à le repousser. » Les combats de Droué
et d'Epuisay montrèrent qu'il y avait encore dans

---

[1] Chanzy, *Loire*, p. 206, 221.

l'armée de la Loire des hommes d'une trempe énergique, des Français que le courage n'abandonnait pas dans cette terrible épreuve, une élite qui se groupait autour du drapeau. La division du 21º corps que commandait le général Gougeard était, après une marche forcée, arrivée au village de Droué, sur la route de La Ferté-Bernard, à sept heures du matin. Elle fut soudainement attaquée par les Allemands, et quelques bataillons de mobiles prirent la fuite. Mais Gougeard, un des chefs qui déployèrent dans cette campagne le plus de résolution et de constance, ramena ses soldats. Il disposa rapidement les tirailleurs derrière les haies et à toutes les issues, se mit à la tête de quelques compagnies, chassa les Allemands des maisons et des fermes qu'ils occupaient, les rejeta en dehors du village et « les poursuivit en leur faisant beaucoup de mal par l'emploi habile de quelques pièces et de deux mitrailleuses [1]. » Les Allemands, ajoute Chanzy, avaient subi des pertes sérieuses ; parmi les cadavres, abandonnés sur le terrain de la lutte, étaient ceux de deux officiers supérieurs, et 21 prisonniers restaient entre nos mains. Le même jour (17 décembre) l'arrière-garde du 17e corps était atta-

---

[1] On se battit, dit Gougeard, dans les rues, dans les granges, dans les maisons, et, dans ce combat corps à corps, nos soldats avaient retrouvé toute leur énergie, toute leur supériorité.

quée sur la route de Vendôme à Saint-Calais, à la hauteur d'Epuisay ; mais le lieutenant-colonel Koch, avec un bataillon du 51ᵉ de marche et deux pièces d'artillerie qu'il menait avec lui, soutenait vaillamment le choc, et l'ennemi, voyant les Français partout sur leurs gardes, abandonnait, dit Chanzy, le mouvement tournant qu'il voulait essayer sur notre droite. Le jour précédent, sous les ordres du capitaine Joly, 40 sapeurs, dont la plupart ne comptaient pas trois mois de service, luttaient, pour dégager une batterie, dans un chemin étroit et boueux, contre 200 Allemands, leur tuaient ou blessaient cinquante des leurs et leur faisaient quinze prisonniers. Chanzy avait le droit de dire qu'il faisait son mouvement de retraite lentement et « de façon à disputer pied à pied les positions ». Parfois, de petits groupes de cavaliers, guidés par les gens du pays et commandés par des officiers vigoureux qui se chargeaient de l'opération à leurs risques et périls, attaquaient les convois et l'artillerie des Allemands. Malgré tout, l'armée française, en se retirant, faisait encore des prisonniers et détachait de hardies reconnaissances qui tentaient quelques coups de main et rapportaient des renseignements sur les positions et les forces de l'adversaire [1].

---

[1] Chanzy, *Loire*, p. 212, 207, 222.

Les Allemands ne suivaient d'ailleurs l'armée de Chanzy qu'avec mollesse et indécision ; bientôt même ils renoncèrent à la harceler et lâchèrent prise. Eux aussi se ressentaient des intempéries ; ils étaient brisés de fatigue par cette lutte persistante, peu soucieux de s'engager précipitamment dans ces fondrières et ces mauvais chemins aussi difficiles pour eux que pour les Français, et où leur organisation, si solide qu'elle fût, courait risque de se désordonner et de se dissoudre. Ils aimèrent mieux s'arrêter, interrompre leurs opérations pour les reprendre dans quelques jours avec plus de vigueur, préparer à loisir une action prochaine et décisive. Ils se retirèrent sur leurs centres de ravitaillement, le grand-duc de Mecklenbourg sur Chartres, Frédéric-Charles sur Orléans. Le grand-duc occupa fortement tout le pays de Tours à Chartres, dispersa les compagnies franches et détruisit les chemins de fer. Frédéric-Charles se tint à portée de Paris, de Rouen et de Bourges ; il pouvait soit envoyer des renforts à l'armée qui bloquait Paris ou à celle de Manteuffel qui bataillait en Normandie, soit marcher contre les troupes que Bourbaki reformait sur la rive gauche de la Loire. Les mouvements de Bourbaki ne laissaient pas de l'inquiéter. La première armée de la Loire venait enfin de porter son quartier-général à Beaugy, entre Bourges et Nevers (19 décembre). Ses avant-gardes prenaient le contact avec l'ennemi et quatre bataillons chassaient de Gien le détachement bavarois. Le prince craignit un instant pour Orléans où était resté le 1er corps de von der Tann. Mais Bourbaki arrêtait presque aussitôt le mouvement qu'il projetait de faire sur Montargis pour entreprendre la malheureuse expédition de l'Est.

IV

La retraite de Chanzy sur Vendôme et le Mans, dit un de nos historiens militaires, est un des plus beaux exemples de retraites dites *parallèles* parce qu'elles se font parallèlement au front d'opérations. Au début de la campagne une retraite semblable, opérée par l'armée du Rhin, parallèlement à la ligne des Vosges, eût arrêté longtemps la marche des Allemands sur Paris. Elle eut pour résultat d'empêcher l'ennemi de s'étendre au sud de la Loire et d'occuper Bourges [1]. Les troupes de Chanzy

---

[1] BONNET, *Guerre franco-allemande*, II, p. 247. « Chanzy, dit l'*Union* (8 janvier 1883), avait su trouver le mode de formation

étaient, il est vrai, diminuées et découragées. Les routes qu'elles avaient prises se couvraient des cadavres de soldats morts de blessures ou de fatigue. Les uhlans y ramassaient une foule de traînards chez qui l'amour de la vie l'emportait sur le patriotisme et l'honneur. Mais Chanzy pouvait dire avec orgueil que l'ennemi, contenu partout et devenu de moins en moins entreprenant, n'avait pu, lui aussi, résister à la fatigue. Les gens du pays rapportaient que chez les Allemands, aussi bien que chez les Français, les forces du soldat étaient abattues. Un officier d'ordonnance du général, égaré au milieu du brouillard près des ravins d'Azay, avait vu les convois allemands dans le plus grand désordre et les troupes qui les escortaient dans un complet désarroi. Les ennemis mêmes ont avoué leur lassitude et tout le mal que leur avait fait cette lutte violente, meurtrière, acharnée, que Chanzy prolongeait avec une implacable ténacité.

---

qui convient à de jeunes troupes plus courageuses que manœuvrières. Elles étaient toujours en ordre de combat, se portant directement d'une position à l'autre, sans avoir de mouvements à faire, chaque bataillon pour ainsi dire ayant d'avance sa place marquée; par là était évité le désordre; par là aussi, présentant toujours son front de bataille à l'ennemi, il le contraignit à combattre sans lui permettre ces mouvements enveloppants qui nous avaient été si funestes. » Les journaux allemands appelaient, dit-on, la tactique de Chanzy une tactique infernale, *höllische Taktik.*

« La guerre changeait d'aspect, dit le capitaine von der Goltz ; de toute ferme, de tout buisson partaient des coups de feu qui obligeaient nos patrouilles de cavaliers à de continuelles poursuites sans qu'on découvrît rien... Notre armée était forcée de doubler, de tripler ses avant-postes et d'occuper beaucoup plus de terrain que ne le permettaient ses effectifs. Les combats devenaient moins énergiques, ils étaient menés avec moins de vivacité, et, ce qui est caractéristique, la fusillade à grande distance et la canonnade avaient grandi en importance... Des corps d'armée, des bataillons il ne restait plus que le titre, non la force et la valeur. Les meilleurs éléments avaient disparu, enlevés par les balles et les fatigues. Sur les chemins, où devaient passer les batteries, on était obligé d'étendre une couche de branchages, si l'on ne voulait voir la roue des canons s'enfoncer jusqu'au moyeu... Dans l'armée du grand-duc, il y avait des compagnies dans lesquelles quarante hommes et plus n'avaient pas de chaussures. Enfin on n'avait pu compléter les munitions ; il y en avait bien encore pour quelques combats, mais pas assez pour entreprendre une série d'opérations. » Le même officier ajoute qu'il fallait user avec économie et ménagement des troupes allemandes qui avaient passé par des épreuves presque intolérables, que les cadres étaient confondus d'une façon extraordinaire, et qu'il se formait des idées militaires toutes nouvelles [1] !

---

[1] Chanzy, *Loire*, p. 222 ; Von der Goltz, *Eine Skizze aus dem Loirefeldzuge*, traduit et cité par Le Faure, *Histoire de la guerre franco-allemande*, II, p. 227, et *Gambetta und seine Armeen*, p. 122 «... haushälterisch mit den Kräften der deutschen Armee, die fast Unerträgliches durchgemacht » ; Cf : *Etat-major allemand*, IV, p. 656, 660.

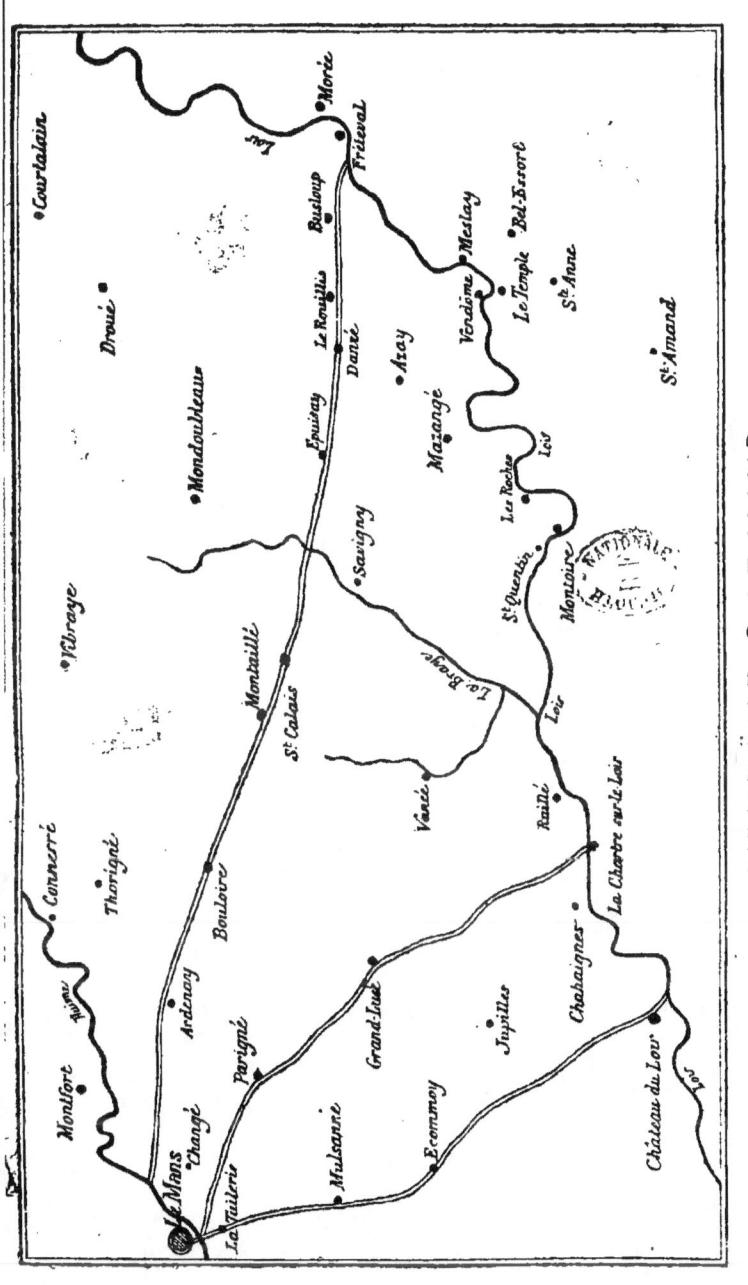

VENDÔME & LE MANS

LE MANS

I

Le 19 décembre Chanzy arrivait au Mans. Son premier soin fut de reconstituer cette armée qu'il avait eu la douleur de voir, durant trois jours, livrée presque tout entière à l'effarement et au désordre. La gendarmerie seule tint garnison au Mans et dirigea les fuyards sur les divisions dont ils faisaient partie. L'armée, reposée, reçut les effets que l'intendance n'avait pu lui distribuer depuis le 30 novembre, durant toutes ces journées de péril et d'aventure. Malgré l'hiver exceptionnellement froid et l'encombrement des lignes du chemin de fer, on pourvut activement aux besoins les plus pressants des troupes, et peu à peu le chaos se débrouilla.

La ville du Mans est le centre de cinq voies ferrées qui rayonnent vers Paris, Cherbourg, Brest, Angers et Tours. Elle est située en grande partie sur la rive gauche de la Sarthe, à l'endroit où cette rivière reçoit l'Huisne, son principal affluent. Trois plateaux, en avant de la ville, offrent de grands avantages à la défense. Au nord s'étend, entre la Sarthe et l'Huisne, le plateau de Sargé. Au centre, le plateau d'Auvours, ce « poste avancé d'où l'on peut surveiller les mouvements de l'ennemi » commence à Champagné pour se terminer à Yvré-l'Evêque et domine à la fois la vallée de l'Huisne, la ligne du chemin de fer de Paris et la route de Saint-Calais. Au sud, un troisième plateau, moins vaste, traversé par les routes de La Flèche, de Tours et de Vendôme qui partent toutes trois du faubourg de Pontlieue, est défendu par les deux positions de la Tuilerie et du Tertre-Rouge. Chanzy distribua la défense de ces trois plateaux entre les trois corps de son armée; Jaurès, avec le 21e corps, occupait le plateau de Sargé ; le général de Colomb avec une partie du 17e corps et la division de Bretagne commandée par Gougeard, défendait le plateau d'Auvours ; Jauréguiberry, avec le reste du 17e et le 16e corps, gardait les hauteurs en avant de Pontlieue.

Dans cette situation, Chanzy, toujours hardi, actif, disposé aux grandes entreprises, ne perdait ni le dessein ni l'espérance de dégager Paris. Il comptait ou bien user les Allemands s'ils l'attaquaient dans ses positions du Mans et les poursuivre ensuite ; ou bien, s'ils ne bougeaient pas, s'ouvrir le chemin de Paris, après avoir solidement assuré ses derrières. Dans cette dernière hypothèse, il aurait remonté l'Huisne et fait semblant de menacer Chartres ; puis, se rabattant sur le Nord, il venait appuyer sa gauche à la Seine, vers Mantes, menacer Versailles, et combiner ses efforts avec ceux de Trochu.

A ce moment — 22 décembre — le général Trochu envoyait par le ballon *le Lavoisier* un émissaire à Chanzy. C'était le capitaine d'état-major de Boisdeffre ; ce vaillant officier, que son attachement pour la personne de Chanzy non moins que le désir d'être utile au pays avait engagé dans cette périlleuse aventure, apportait au général en chef de l'armée de la Loire des communications verbales de Trochu. Le gouverneur de Paris mandait confidentiellement à Chanzy qu'il ne réussirait pas à faire la *trouée;* qu'il était impossible de rompre les lignes d'investissement; que, lors même que la grande sortie n'échouerait pas, ses troupes, arrivées à six ou huit lieues de Paris, manqueraient absolument de munitions. Selon Trochu, Paris ne pouvait être débloqué que par les armées de la province ; il ne tiendrait que jusqu'au 30 janvier ; mais, dès le 20, il capitulerait, car les huit jours suivants suffiraient à peine pour assurer le ravitaillement d'une immense population.

En recevant ces nouvelles si graves, et qui, venant de Trochu, d'un compagnon d'armes, méritaient pleine créance, Chanzy comprenait que la défense nationale devait plus que jamais consacrer toutes ses forces à la délivrance de Paris. Aussi hâtait-il fièvreusement la réorganisation de son armée ; il la « pressait par tous les moyens en son pouvoir » ; il donnait à cette tâche « toute son énergie et toute sa volonté ». Il soumettait au gouvernement le plan qu'il avait conçu. Il voulait forcer le cercle dont les Allemands avaient enveloppé la capitale par une action combinée, et, comme il disait, par le concours immédiat et énergique des trois armées qui tenaient la campagne en province, la sienne, celle de Faidherbe et celle de Bourbaki. Il priait, il conjurait la délégation de donner le même but à ces trois armées et de les diriger dans un commun et suprême effort, chacune sur une route différente.

Tout d'abord il faisait connaître à Gambetta les révélations de Trochu dans une lettre qui résumait éloquemment la situation de Paris (23 décembre). Puis il adressait un télégramme au ministre de la guerre et insistait sur le rôle des armées de province dans la partie décisive qui s'engageait (30 décembre). Enfin il envoyait à Bordeaux M. de Boisdeffre, devenu chef d'escadron et son aide-de-camp, avec des instructions précises et une troisième lettre dans laquelle il développait, franchement et sans crainte de déplaire, ses idées sur « la question des opérations à entreprendre » (2 janvier 1871). Le moment d'agir était venu ; il était temps d'arrêter un plan définitif qui devait être rigoureusement suivi ; il était temps de chercher le succès, non plus dans des entreprises décousues, mais dans la combinaison des mouvements, dans la coopération simultanée des trois armées au même résultat. Il fallait pousser l'armée de la Loire entre Evreux et Chartres, l'armée de Bourbaki entre Nogent-sur-Seine et Château-Thierry, l'armée de Faidherbe entre Compiègne et Beauvais ; toutes trois unissaient leurs efforts pour se rapprocher de Paris, de l'*objectif commun*; elles attaquaient les Allemands retranchés dans leurs lignes, pendant que le gouverneur de Paris faisait des sorties vigoureuses. Qu'une seule de ces « attaques extérieures » réussît ; que la ligne d'investissement fût rompue sur un seul point, et Paris était ravitaillé, l'ennemi refoulé, et, comme disait Chanzy, de nouveaux efforts, combinés entre les armées de l'intérieur et de l'extérieur, pouvaient, dans la lutte suprême, aboutir à la délivrance. « Il me reste, ajoutait Chanzy, à indiquer la marche de l'armée que je commande. Il faut, avec les troupes qui la composent, et en présence des forces qui nous sont opposées, marcher lentement, les corps toujours prêts à combattre et assez rapprochés les uns des autres pour se prêter un mutuel appui, sans accepter les combats partiels que l'ennemi, en manœuvrant, pourrait tenter sur un point de la ligne. C'est grâce à cet ordre de marche et de bataille que la deuxième armée a pu opérer sa retraite le long du Loir et sur le Mans, combattre, sans être entamée, successivement sur les lignes de Josnes et de Vendôme. »

Quatre jours après (6 janvier 1871) le commandant de Boisdeffre revenait au Mans avec la réponse de Gambetta. Le ministre refusait de faire marcher Bourbaki sur Châtillon et Bar-sur-Seine ; il fallait auparavant dégager Belfort ; mais, cette place débloquée, Bourbaki se retournerait vers Paris. Chanzy fut effrayé. Il voyait à l'avance les dangers de cette diversion dans l'Est qui devait aboutir à la plus épouvantable des catastrophes. Il mettait à nu tout ce que cette campagne avait d'aventureux. Entreprendre une si vaste opération au plus fort de l'hiver, avec des troupes novices, dans un pays de montagnes, par les neiges et la pluie ! Mais, avant tout, il s'agissait de faire sur Paris un rapide et dernier effort. Trochu disait qu'il était urgent de le délivrer et que la ville ne pouvait tenir que jusqu'au 20 janvier. Lors même que l'expédition de Bourbaki aurait une heureuse issue, elle ne présentait la réussite qu'*à trop longue échéance* et n'offrait pas un « résultat immédiat pour Paris ».

Chanzy faisait valoir ces objections dans une dépêche chiffrée qu'il se hâtait d'envoyer au gouvernement. « Ces considérations puissantes, disait-il, me font toujours insister pour l'adoption et l'exécution à bref délai du plan que je vous ai proposé. » Mais le ministre de la guerre répliqua que le plan de la campagne de l'Est était le meilleur parce qu'il démoraliserait le plus l'armée allemande. Les ordres étaient formels, écrit Chanzy, et le mouvement simultané sur Paris devenait inexécutable. L'armée de la Loire n'avait plus d'autre devoir à remplir envers la patrie que de se fortifier solidement sur ses positions du Mans pour y recevoir l'ennemi [1].

II

Mais tout en gardant une attitude expectante,

---

[1] Chanzy, *Loire*, p. 234-255.

Chanzy ne voulait pas rester au repos. Il n'était pas homme à limiter le champ de ses opérations, à s'immobiliser autour d'une place, sous le prétexte d'attendre l'adversaire ; ses pensées allaient au-delà. Après avoir donné quelque repos à l'armée dans ses nouveaux cantonnements, il la tenait en haleine ; il envoyait au loin, sur le cours supérieur de l'Huisne et jusqu'aux rives du Loir, aux portes de Vendôme, des détachements prouver que, « malgré ses retraites, la deuxième armée pouvait encore inquiéter les Allemands et leur tenir tête. » A Orléans, sous les ordres de d'Aurelle, il avait instamment réclamé l'occupation de points faciles à défendre et qu'il ne fallait pas livrer à l'ennemi, sans les disputer avec obstination. A cette heure où il commandait en chef, il poussait à de grandes distances des escadrons de cavalerie légère, des troupes de francs-tireurs, des colonnes mobiles qui fouillaient la contrée, soutenaient contre l'ennemi de chauds engagements, retardaient l'investissement du Mans, empêchaient ces réquisitions que les Allemands faisaient dans les villes et les villages et que Chanzy regardait comme un *affront* pour l'armée[1]. Tout en attendant l'adversaire dans ses défenses du Mans, il ne demeurait donc pas inac-

---

[1] CHANZY, *Loire*, p. 267, 346.

tif et donnait partout et sans cesse des *coups de griffe*.

Une de ces colonnes mobiles commandée par le général Rousseau était chargée de s'avancer sur Nogent-le-Rotrou et de nettoyer la vallée de l'Huisne. Une deuxième sous les ordres du général de Jouffroy devait marcher sur Château-Renault, menacer les deux rives du Loir, et s'il était possible, déloger l'ennemi de Vendôme. Une troisième colonne, tout récemment mise à la disposition de Chanzy et dirigée par le général de Curten, venait de Poitiers appuyer les mouvements de Jouffroy et, renforcée de quelques troupes du 16e corps, surveiller la marche des Allemands dans la vallée de la Loire. Tous ces corps battaient le pays dans le vaste rayon du Mans, couvraient les voies ferrées, inquiétaient ou coupaient les communications des ennemis.

Les mouvements des colonnes mobiles commencèrent en même temps. Le général Rousseau, flanqué à droite par Cathelineau et à gauche par Lipowski, enlevait dans la vallée de l'Huisne le village de Courtalain et s'établissait à Nogent-le-Rotrou. Le général de Jouffroy refoulait à Saint-Quentin une forte colonne d'infanterie prussienne, livrait les combats de Belair, de Courtiras, de Danzé et faisait une vigoureuse démonstration sur

Vendôme, pendant que le colonel Goursaud, avec le *goum* des éclaireurs algériens, poussait une pointe audacieuse au-delà du Loir, jusqu'à Varennes. Le général de Curten emportait, après un brillant combat à la baïonnette, le village de Villethion et occupait Saint-Amand ; plus à droite, le général Barry, demeuré vers Jupilles et Chahaignes avec les troupes qui lui restaient, gardait les passages du Loir. Toutes ces opérations d'avant-postes étaient menées avec « beaucoup d'élan » dans les derniers jours de décembre et la première semaine de janvier.

III

Mais bientôt les masses allemandes se montraient plus nombreuses. Ce n'étaient plus de simples reconnaissances ou des colonnes détachées du Xe corps prussien. C'étaient des forces considérables soutenues d'une formidable artillerie; c'était l'armée de Frédéric-Charles qui s'engageait tout entière et marchait contre les divisions Jouffroy, Curten et Barry, pendant que le grand-duc de Mecklenbourg attaquait le général Rousseau à Nogent-le-Rotrou; c'étaient 58,097 fantassins et 16,360 cavaliers, appuyés par 324 pièces de canon, qui se mettaient en mouvement pour en finir avec l'armée de la Loire[1].

Bientôt le général de Jouffroy qui faisait une nouvelle diversion sur Vendôme pour dégager le général de Curten, battait en retraite derrière la Braye, sur Saint-Calais, après avoir combattu à Mazangé et aux Roches. Curten était assailli à Villechauve. Barry abandonnait ses positions sur les rives du Loir. La situation s'aggravait et s'assombrissait d'heure en heure. Chanzy, alarmé, envoya sur le champ l'amiral Jauréguiberry à Château-du-Loir pour conjurer le péril qui grandissait, prendre le commandement des trois colonnes Jouffroy, Curten et Barry et les ramener sans encombre sur les lignes du Mans.

L'arrivée de Jauréguiberry rétablit l'unité d'action indispensable. L'amiral prit de sa main vigoureuse la direction de cette lutte qui s'éparpillait en efforts stériles. La retraite se fit lentement, non sans des chocs répétés, non sans de vifs combats, livrés à tout instant, sur ce sol accidenté du Perche, au milieu des haies, des taillis et des chemins creux, par Barry à Ruillé et à Chahaignes, par Jouffroy à

---

[1] Armée de Frédéric-Charles : IIIe corps (Alvensleben), IXe corps (Manstein), X[e] corps (Voigts-Rhetz), et 3 divisions de cavalerie ; armée du grand-duc de Mecklenbourg : XIIIe corps et 2 divisions de cavalerie.

Vancé et à Brives. Cependant le général Rousseau, que Jaurès rejoignait avec quelques troupes du 21ᵉ corps, se repliait sur le Mans, tout en luttant contre les forces supérieures du grand-duc, à la Fourche, au Theil, à Thorigné, à Connerré.

Ces combats, soutenus sans interruption, fatiguaient les Allemands. Ils n'avançaient que peu à peu ; eux-mêmes reconnaissaient que l'ennemi savait habilement se défendre dans ce pays « découpé et couvert », plein de buissons, de fourrés et d'obstacles de toutes sortes[1]. C'était une guerre de partisans que faisaient les colonnes françaises. On attendait que le brouillard du matin se fût dissipé, et, toute l'après-midi, on se battait ; mais on était en janvier et la nuit arrivait assez vite pour empêcher l'assaillant de profiter pleinement de ses avantages : dès que tombait l'obscurité, les Français se dérobaient à l'adversaire, et la cavalerie allemande, devenant inutile, ne pouvait rendre fructueux le succès de la journée. Les Allemands avouent que cette période de la campagne leur coûta les efforts les plus pénibles, et que d'autres troupes n'auraient

---

[1] « Das Vorrücken wurde ein höchst langsames und sehr beschwerliches. » (von Kleist, *Die Gefechtstage von Le Mans*, p. 49, 50). Le même officier dit que le terrain rappelait aux vieux soldats les champs de bataille du Sleswig, avec cette différence que les Français étaient mieux armés que les Danois.

pas suffi à la tâche. On ne pouvait, disent-ils, employer contre cette énergique défense que des troupes d'élite ayant l'expérience de la guerre[1].

M. von der Goltz a raconté d'une façon saisissante cette lutte incessante des premiers jours de janvier. Il faut lire son livre pour connaître la belle résistance de nos soldats qui se faisaient un abri du moindre obstacle et ne reculaient que pour se mettre à couvert et tirer encore. Le major prussien décrit en traits expressifs, avec la vérité frappante du témoin oculaire, ces marches lentes et difficiles de l'infanterie allemande, contrainte de se frayer un chemin dans la neige, parmi les vignes, les vergers, les jardins enclos de murailles, sans voir les Français qui refusaient tout combat à l'arme blanche et ne trahissaient leur présence que par la fumée de leur fusil. Il retrace ces nuits glaciales que les Allemands passaient autour d'un pauvre feu de bivouac, sur le qui-vive et dans les transes[2].

Cette lutte s'était malheureusement engagée sur une trop longue ligne (plus de dix-huit lieues); les généraux qui la soutenaient n'avaient pas assez com-

---

[1] Voir le *Conversationslexicon*, 1883, article *deutsch-franz. Krieg*, p. 197, col. 2 : *nur kriegsgewohnte Kerntruppen*.
[2] Von der Goltz, *die Sieben Tage vor Le Mans*; *l'Etat-major allemand*, IV, p. 777, 778. Le Faure, II, p. 354, 355.

biné leurs mouvements, et « l'on sentait trop la différence d'aptitude à manœuvrer des deux armées[1] ». Rousseau, Jouffroy, Barry ramenèrent leurs colonnes autour du Mans. Mais Curten, le plus éloigné de tous, ne put rejoindre à temps le quartier général. Il se rejeta sur la Flèche, et n'assista pas à la bataille du 11 janvier. Ce fut un malheur pour l'armée de la Loire ; l'absence de cette division la priva d'un certain nombre de combattants aguerris, et la position de la Tuilerie que Chanzy voulait confier à Curten fut occupée par les mobilisés bretons que le général en chef « croyait alors une force effective et sérieuse », mais qui lâchèrent pied.

IV

Cependant l'ennemi s'approchait du Mans. Les colonnes françaises se retiraient devant lui, sans trop se laisser entamer, et se défendaient de position en position avec une vigueur remarquable. Mais enfin, elles opéraient un mouvement rétrograde, et les deux armées allemandes s'avançaient, quoique avec lenteur, par toutes les routes, par celles de

---

[1] Fabre, p. 275.

Saint-Calais, de Vendôme et de Tours, sous le prince Frédéric-Charles, par la vallée de l'Huisne, sous le grand-duc de Mecklenbourg.

Tout faisait prévoir une attaque générale des ennemis. Chanzy trouvait qu'ils avançaient trop *effrontément* pour ne pas méditer une opération décisive. Vainement Bourbaki marchait sur l'Est pour débloquer Belfort. Cette marche imprévue n'avait pas, comme on l'aurait cru, débarrassé Chanzy de la moitié de ses adversaires. On s'imaginait volontiers que ce mouvement attirerait dans l'Est une partie des forces allemandes de l'Ouest ; que Frédéric-Charles courrait peut-être à la défense des communications que Bourbaki menaçait de couper ; que le grand-duc de Mecklenbourg resterait seul en face de Chanzy « que ce nouveau danger dégagerait d'autant[1]. » Mais l'état-major allemand n'avait pas besoin de dégarnir les deux armées qu'il opposait à Chanzy. Il commandait à Werder de tenir ferme contre Bourbaki jusqu'à l'arrivée d'une nouvelle armée qu'il mettait sous la direction de Manteuffel, et le 1er janvier il donnait l'ordre au prince Frédéric-Charles de reprendre

---

[1] CHANZY, *Loire*, p. 293, 325, 573. « C'est bien le prince Frédéric-Charles que nous avons devant nous et qui n'est nullement parti pour l'Est. »

vigoureusement les opérations, de se lancer à fond contre cette armée « dite de la Loire » qu'il méprisait naguère, mais qui lui semblait assez redoutable pour engager contre elle 80,000 soldats, pris parmi les meilleures troupes de l'invasion.

Frédéric-Charles avait pris immédiatement l'offensive que lui prescrivait M. de Moltke. Tous ses corps marchaient sur le Mans et refoulant les divisions françaises, gagnant sans cesse du terrain, s'approchant malgré tout avec une assurance désespérante, rétrécissaient de jour en jour un demi-cercle menaçant autour de Chanzy. Le 6 janvier, ils étaient (nord-sud) à Nogent-le-Rotrou, à Morée, à Azay, à Montoire ; le 7 janvier, au Theil, à Epuisay, à Savigny ; le 8 janvier, à la Ferté-Bernard, à Saint-Calais, à la Chartre-sur-le-Loir ; le 9 janvier, à Connerré-Thorigné, à Ardenay, à Grand-Lucé et à Parigné-l'Évêque. En dépit de la vive résistance que les Français leur avaient opposée sans relâche, les corps allemands arrivaient en quatre jours près du Mans, et le 9 janvier, le XIIIe corps du grand-duc de Mecklenbourg, formant la droite, délogeait le général Rousseau des villages du Connerré et de Thorigné. Le IIIe corps, centre de l'armée allemande, s'emparait d'Ardenay, rejetait sur le ruisseau du Narais la division Paris que

Chanzy avait envoyée couvrir la route de Saint-Calais et « s'enfonçait en forme de coin dans les positions françaises¹ ». Le IX⁰ corps qui venait derrière le III⁰ était à Bouloire. Quant au X⁰, arrêté dans sa marche par Jouffroy et Barry, il demeurait assez loin en arrière et n'avançait qu'avec peine ; mais le surlendemain, son arrivée sur le champ de bataille à la droite de l'armée française décidait la victoire.

V

Avant de faire rentrer son armée dans les lignes du Mans, dans ces lignes « décisives, assignées à l'avance », Chanzy résolut pourtant de tenter l'offensive, de ramener par un élan hardi, dans toutes les directions et sur tous les points, les corps qui battaient en retraite, de reprendre les positions importantes dont la perte le navrait et l'irritait à la fois. Il était souffrant depuis le 7 janvier, et pendant quelques jours, il dut garder le lit. Une fièvre violente le dévorait ; son état inspirait au médecin de vives inquiétudes, et l'on craignit même un instant qu'il ne fût atteint de la petite vérole qui

---

[1] *Etat-major allemand*, IV, p. 790.

sévissait alors dans l'armée. On ne saurait douter, dit M. de Freycinet, que cette circonstance n'ait exercé sur les événements une certaine influence. Mais son sang-froid restait imperturbable. Il ne voulait pas convenir que les forces ennemies fussent supérieures aux siennes. Il exigeait des chefs de corps une résistance plus sérieuse et plus âpre que jamais.

Les instructions générales qu'il donnait le soir du 9 janvier sont brèves et impérieuses ; la douleur, la colère que lui causent certaines hésitations, se fait jour à travers ses ordres. « La cavalerie a abandonné, sans même avoir reconnu les forces qu'elle croyait avoir devant elle, les points importants de Parigné-l'Évêque et de Grand-Lucé. Le général commandant la cavalerie fera une enquête sur ces faits, et les officiers qui commandaient sur ces points *auront à rendre compte.* » De nombreux fuyards se montraient déjà sur les routes du Mans. « Je rends, disait Chanzy, les généraux et chefs de corps responsables de ces débâcles que rien ne justifie, et que l'énergie et quelques exemples immédiats peuvent arrêter. » Il faisait grouper par les gendarmes du général Bourdillon les hommes et les détachements isolés, et leur assignait un emplacement. Plus le danger grandissait autour de lui, plus s'échauffait et s'élevait son cœur. Les dépêches qu'il envoie de tous côtés, qu'il réitère et multiplie, respirent l'ardeur et la fermeté de son âme ; à cette heure critique, le ton du commandement y semble encore plus net et plus décidé que de coutume ; l'accent est d'un homme qui garde, malgré la souffrance physique, l'esprit calme et résolu, et qui persévère dans le dessein d'une résistance acharnée. « Nul ne doit songer à la retraite sur le Mans, sans avoir tenu jusqu'à la dernière extrémité. La retraite ne mène à rien, elle n'est que le principe d'un désordre que nous devons éviter à tout prix... Il n'y a point à alléguer le mauvais temps ; il est le même pour tous, et les Prussiens ne s'en préoccupent pas[1]. »

Il commandait de prendre « tout ce qu'il faudrait de monde », mais d'assaillir l'ennemi avant qu'il reprît sa marche sur le Mans, de le culbuter par un effort suprême, et de réoccuper les positions abandonnées. Jauréguiberry devait reprendre Parigné ; Colomb, Ardenay ; Jaurès, Thorigné. « Je n'admets la retraite, disait Chanzy, que si vous êtes battus », et aux généraux qui demandaient à ramener sur les plateaux leurs soldats harassés ; « ces positions, répliquait-il, ne sont qu'un dernier refuge ; je maintiens mes ordres ; attaquez vigou-

---

[1] CHANZY, *Loire*, p. 294-296.

reusement, je suis sûr que vous réussirez [1]. »

La journée du 10 janvier fut le prélude de la grande bataille qui devait s'engager le lendemain et qui porte le nom de *bataille du Mans*. La lutte dura jusqu'à la nuit et fut très vive à Parigné, à Changé, à Champagné. Mais les attaques des Allemands étaient si incessantes et si opiniâtres que ces villages devinrent intenables. Chanzy loue surtout la défense de Changé, où la brigade que commandait un officier de marine, le colonel Ribell, combattit durant plus de cinq heures avec une admirable bravoure, et ne céda le terrain que pied à pied; l'ennemi dut enlever les maisons et emporter les barricades l'une après l'autre. « Au Gué La Hart, écrit un officier allemand, la résistance est énergique; il faut enfoncer de vive force portes et fenêtres; de nombreuses victimes tombent... Lorsqu'une maison occupée par les Français est prise,

---

[1] CHANZY, *Loire*, p. 296. On ne peut, en face de cette inébranlable énergie, se défendre d'un rapprochement. Paris aurait-il capitulé si Trochu avait cru fermement, comme Chanzy, que le succès ne manquerait pas à ses efforts, et s'il avait mis dans son armée et les immenses ressources dont il disposait autant de confiance que le tenace Ardennais? « La partie est perdue d'avance » : cette conviction qu'un général ne doit pas connaître et que Chanzy ne connut jamais, Trochu la nourrit en lui dès le début. Chanzy espérait toujours ; Trochu ne se laissait aller que rarement à la fortifiante espérance ; il n'entretenait dans son cœur que de sombres prévisions ; il avait trop de foi en Dieu et pas assez en lui-même ; c'est le Nicias du siège de Paris.

les uns veulent se rendre, les autres, enflammés de rage (*wuthentbrannt*), continuent la lutte. Des soldats demandent quartier et veulent sauter par la fenêtre; leur capitaine transperce de son épée un des fugitifs... c'est un combat homme à homme[1] ».

Il fallait, cette fois, se replier sur les lignes définitives, choisies et préparées en avant de la ville depuis trois semaines. Le choc devait être rude et meurtrier. « Nous sommes, écrivait Chanzy à Gambetta, en présence d'un effort des plus sérieux de l'ennemi et d'une ferme volonté de sa part d'en finir avec la deuxième armée. » Mais l'indomptable général croyait la résistance possible. Il reconnaissait que les combats des jours précédents n'étaient pas tous à son avantage. Pourtant, il lui semblait que les Allemands étaient las de se traîner dans la neige et la boue, qu'ils ne pouvaient se servir utilement de leur artillerie, que les derniers engagements avaient fait dans leurs rangs des vides nombreux, que cette lutte de tous les instants les avait épuisés et découragés. Il ne doutait pas de résister quatre ou cinq jours dans ces *magnifiques* positions et d'y tenir assez longtemps pour lasser le prince Charles et le contraindre à la retraite. Il comptait même, dès que les ennemis se seraient repliés, laisser au

---

[1] Von Kleist, p. 145.

Mans les mobilisés de Bretagne, appeler à lui les 19ᵉ et 20ᵉ corps, dont l'organisation serait achevée, et marcher, sans un jour de retard, sur l'adversaire « affaibli et fatigué ». « Je pouvais, écrivait-il quelques jours plus tard, sans aucune présomption, espérer le succès. »

Il prit toutes ses dispositions de combat. Un autre aurait félicité ses troupes de la vaillance qu'elles avaient déployée la veille. Chanzy *exprima tout son mécontentement* aux généraux qui n'avaient pu, dans la journée du 10, exécuter ses ordres formels et prendre une vigoureuse offensive. Il commanda de résister à outrance, de défendre les positions coûte que coûte sans aucune idée de retraite. Il fallait, disait-il, se battre comme à Josnes et soutenir la lutte qui se préparait, menaçante et inévitable avec le même acharnement que dans les « glorieuses batailles des 7, 8 et 9 décembre ». Il défendit à tous l'accès du Mans. Il déclara que les fuyards seraient maintenus sur la première ligne des tirailleurs et fusillés, s'ils cherchaient à s'échapper de nouveau, qu'il demandait au ministre de la guerre le droit de casser sur l'heure tout officier dont il serait mécontent, et qu'en cas de débandade, il ferait couper les ponts, pour forcer ses troupes à se défendre ! Tout commentaire serait inutile : on ne peut que reprendre le mot *énergie* qu'il faut sans cesse employer en parlant de Chanzy, répéter qu'il montrait dans cette grave situation une énergie extraordinaire, dire enfin qu'il avait de l'énergie à faire peur[1].

VI

Cependant, Chanzy n'était pas encore rétabli ; la fièvre ne le quittait pas, et le soir du 10 janvier, son entourage était en proie à de cruelles anxiétés. Le 11, à sept heures et demie du matin, après une nuit d'angoisse, ses deux aides de camp, MM. de Boisdeffre et Henry, pénètrent dans sa chambre; à leur grande surprise, ils le trouvent debout et prêt à marcher ; par un prodige de volonté et de puissance sur lui-même, Chanzy s'était levé. Il demande son cheval, il se met en selle, il donne avec sa précision habituelle ses instructions aux officiers qu'il laisse dans la ville, à l'intendant général, M. Bouché, au médecin en chef, et, suivi de son état-major et de son escorte de spahis aux longs burnous rouges, il se dirige au galop par le faubourg de Pontlieue et la route de Tours sur la Tuilerie et le Tertre. Il fait ses dernières recommandations au

---

[1] Chanzy, *Loire*, p. 302, 307, 347, 310.

général de Marivault, et engage les mobilisés de Bretagne à défendre vaillamment la position de la Tuilerie. « Mes braves garçons, dit-il, je compte sur vous »; et, se tournant vers un de ses officiers : « Je crois bien, ajoute-t-il, qu'on ne les dérangera pas. » Il longe le Chemin aux Bœufs et parcourt les emplacements de son aîle droite. Les ennemis étaient si près qu'on voyait, à travers les éclaircies des sapinières, leurs sentinelles qui se dissimulaient derrière les arbres et les haies. On les prendrait pour des ombres chinoises, se disaient les officiers. En avant de Changé, à quatre cents mètres des lignes, un spectacle curieux frappe les yeux de l'état-major français; par une de ces gamineries qui ne sont pas rares à la guerre, les Prussiens des avant-postes s'amusent à jeter des boules de neige sur nos tirailleurs. Chanzy en fait la remarque à haute voix, et s'engage avec ses aides de camp sous le bois de sapins pour mieux distinguer les mouvements de l'ennemi. Mais ce groupe d'officiers attire l'attention des Allemands; une vive fusillade part des haies et des buissons; les branches des arbres craquent et se brisent autour du général. Il rebrousse chemin, et, avec cet air calme et presque gai qu'il avait dans les plus graves circonstances, avec l'allure toute française et militaire qu'il donnait naturellement à ses moindres actes : « Allons,

messieurs, dit-il, je crois que l'ennemi est aussi
impatient que nous d'en finir, et ça va chauffer. »
Il rentra dans la ville, à son quartier-général. Cette
chevauchée au grand air et la perspective d'une
bataille imminente semblaient l'avoir transformé ;
son visage ne portait plus trace de la fatigue et de
la maladie ; il avait retrouvé sa belle humeur et sa
tranquillité d'esprit. Au bout de quelques instants,
il remonte à cheval et se rend à Yvré-l'Évêque.
Partout, en passant sur le front des troupes, il
exhorte les officiers et les soldats. Il sentait qu'il
fallait « remonter le moral » et « stimuler le zèle et
l'énergie de tous ». Il fait appel au courage et au
patriotisme de l'armée, et cet appel, dit-il, fut entendu
et compris. Gambetta venait d'envoyer au général
la dépêche suivante : « Nous comptons absolument
sur vous pour résister à ce suprême effort.
Vous pourrez faire toutes les nominations, promotions
et révocations nécessaires, assuré que la ratification
suivra sans retard. » Chanzy annonça qu'il
récompenserait sur le champ de bataille tous les
dévouements et réprimerait toutes les défaillances
avec la dernière rigueur. Il avait instamment
demandé ce droit indispensable pour obtenir résistance
et succès [1].

---

[1] Chanzy, *Loire*, p. 347, 311, 574, 572 ; Mallet, *Bataille du Mans*, p. 119 ; récit d'un témoin oculaire.

Les corps occupaient à peu près les mêmes positions qu'à leur arrivée au Mans : à gauche, au plateau de Sargé, le 21ᵉ corps, commandé par Jaurès ; au centre, au plateau d'Auvours et à Champagné, le 17ᵉ corps, dirigé par le général de Colomb et la division de Bretagne du général Gougeard ; à droite, en avant de Pontlieue, l'amiral Jauréguiberry, qui venait d'arriver dans la nuit avec tout ce qui restait des colonnes mobiles.

La neige, tombée dans les jours précédents à gros flocons, avait couvert le sol d'une couche épaisse et dure ; le temps était froid et clair ; les mouvements de la bataille se dessinaient au loin avec netteté.

A gauche, Jaurès se maintint solidement sur la rive droite de l'Huisne, à Pont-de-Gesnes ; mais ses positions étaient trop étendues, et il fallut, devant les attaques vives et répétées du grand-duc de Mecklenbourg, abandonner la première ligne et reculer sur la seconde, reporter la défense du Chêne et des coteaux de Lombron à Montfort, à Saint-Corneille, à Savigné-l'Évêque. Jaurès perdit près de trois mille hommes atteints ou débandés : mais le grand-duc ne comptait plus que quelques bataillons qui n'eussent pas donné [1].

---

[1] *Etat-major allemand*, IV, p. 836.

Au centre et sur la droite de l'armée française, le IIIe corps prussien était engagé tout entier, mais n'obtenait que de faibles avantages. A droite, de midi à six heures du soir, Jauréguiberry repoussait toutes les attaques autour de Changé, sur la route de Parigné, et gardait ses positions. Au centre, nos mobiles avaient repris Champagné durant la nuit. Mais dans l'après-midi, l'ennemi s'empare de nouveau de Champagné, gravit le plateau l'Auvours et refoule les troupes qui le défendent. Il faut reprendre la position qu'on ne doit, disait Chanzy, céder à aucun prix ; sinon, les Allemands enfoncent le centre des Français, coupent la retraite à leur aîle gauche et descendent sans obstacle sur le Mans, en divisant notre armée en deux tronçons.

Ce fut un des plus saisissants épisodes et des plus beaux faits d'armes de la campagne. Gougeard braque sur les fuyards deux canons chargés à mitraille et menace de faire feu. Il arrête la débandade, il rallie quelques débris, il groupe autour de lui un bataillon d'infanterie, les mobilisés de Rennes et ceux de Nantes, les zouaves pontificaux et lance contre le plateau cette colonne d'attaque, forte de deux mille hommes. Gougeard était à la tête des troupes, et son cheval fut percé de six balles. Il fit sonner la charge, et, se tournant vers les zouaves qui se souvenaient de Loigny, leur cria ces mots de leur devise : « En avant, pour Dieu et la patrie ! » Le feu des Allemands était terrible et une lutte corps à corps suivit la fusillade ; mais les mobilisés et les zouaves se battirent avec tant de résolution et de crânerie que la position d'Auvours fut reconquise par le seul emploi de la baïonnette ; ils se montrèrent héroïques, a dit Chanzy. Les Allemands tenaient encore une partie du plateau, et les Français n'avaient pas regagné tout le terrain perdu ; mais enfin ils occupaient les points les plus élevés. Chanzy nomma Gougeard commandeur de la Légion d'honneur : « Je vous remercie pour aujourd'hui, écrivait-il au vaillant marin, et je compte sur vous pour demain [1]. »

A la nuit, la bataille n'était pas perdue. Les Français avaient sur presque tous les points refoulé l'adversaire et conservaient, après de sanglants efforts, leurs lignes de défense. Nos troupes, dit l'état-major allemand, étaient épuisées, et l'on commençait à se ressentir de la diminution des effectifs et de la pénurie d'officiers [2]. Chanzy se montrait content, et en rentrant à son quartier-général, annonçait hautement que la journée était

---

[1] Gougeard, *La division de Bretagne*, p. 51 et suiv.
[2] IV, p. 836.

bonne. Il félicitait ses troupes de leur vigueur. Le général de Colomb lui mandait qu'il n'avait pu garder que les crêtes du plateau d'Auvours, que tous ses corps étaient mélangés et qu'il « avait peu d'espoir de tenir le lendemain dans les mêmes conditions, à moins de recevoir des renforts sérieux ». Chanzy remerciait Colomb de sa vive résistance : « Vous avez fait beaucoup, lui écrivait-il, demain vous ferez davantage ; là où vous commandez, on peut tout oser. » Il le priait de reprendre Champagné et de confier l'attaque du village à la division Paris, la même qui avait un instant abandonné le plateau d'Auvours et qui devait « racheter son hésitation ». Il lui promettait des renforts qui seraient tirés du 21ᵉ corps de Jaurès. La défense d'Auvours lui tenait à cœur. Auvours était à ses yeux la position la plus importante et la plus précieuse du champ de bataille, la clef du Mans.

Il apprenait qu'à sa gauche, à l'intersection de la route de Tours et du Chemin-aux-Bœufs, les mobilisés d'Ille-et-Vilaine avaient abandonné la Tuilerie sans résistance. Mais il comptait que la Tuilerie serait bientôt reconquise, comme Champagné dans la nuit précédente, comme Auvours dans la journée même, et qu'après un premier moment de trouble, les mobilisés, puissamment soutenus, regagneraient aisément leur position, sur laquelle les Allemands n'étaient pas encore établis en force. Jauréguiberry, écrivait-il au ministre de la guerre, a déjà pris ses dispositions pour s'emparer de la Tuilerie avant le jour[1].

VII

Mais à l'heure où Chanzy envoyait ses ordres à ses chefs de corps et un télégramme au ministre, il ignorait encore tout ce qui se passait à la Tuilerie. Jauréguiberry avait raison de dire que cette aventure extraordinaire compromettait le succès de la journée. C'était, comme Chanzy le reconnut plus tard, le plus inouï, le plus inattendu des incidents ; il déjouait soudainement ses prévisions, il paralysait la résistance victorieuse de ses troupes, il découvrait entièrement la droite de son armée, il faisait de cette bataille, qui passait à bon droit pour un succès ou un demi-succès, un grand désastre.

Les mobilisés bretons, chargés de garder la Tuilerie, venaient de ce camp de Conlie, dont le sol argileux, détrempé par les pluies, était devenu un cloaque ; ils étaient abattus par les privations et par la fièvre ; ils n'avaient dans les mains que du

---

[1] CHANZY, *Loire*, p. 575, 323, 324.

mauvais fusils à percussion, dont ils savaient à peine se servir. On excusera donc ces malheureux d'avoir pris la fuite à la vue de l'ennemi. On reproche quelquefois à Chanzy de leur avoir confié la Tuilerie, et l'on a dit que « la qualité des troupes n'était pas en rapport avec leur mission[1] ». Mais Chanzy ne croyait pas que la Tuilerie serait atteinte par la bataille, et, en réalité, les Allemands n'y parvinrent qu'à la fin de la journée, par surprise et presque par hasard ; ce tragique événement, demeuré longtemps inexplicable, ne fut qu'un coup de main tenté par un officier aventureux.

Sur un pressant appel de Frédéric-Charles, le Xe corps de Voigts-Rhetz, en retard jusque-là, marchait au secours du IIIe, engagé sur la rive gauche de l'Huisne contre Jauréguiberry. Un peu avant la nuit, l'avant-garde de ce X^e corps, sous les ordres du général de Kraatz-Koschlau, débouchait par la route de Tours devant la Tuilerie. Elle fut repoussée ; mais, pendant le combat, une compagnie du 17e régiment, commandée par un lieutenant, s'avance à gauche jusqu'au pied de la hauteur, et, se servant habilement du terrain, arrive peu à peu jusqu'aux mobilisés de Bretagne qui croyaient la bataille terminée et préparaient la

---

[1] DE FREYCINET, 284.

soupe. « *Bas les armes !* » crie le lieutenant avec audace. Frappés d'une folle terreur à la vue de l'ennemi qui surgit devant eux à l'improviste, les mobilisés lâchent pied, et la Tuilerie est prise par une compagnie prussienne qui tentait une reconnaissance ! Le général de Kraatz-Koschlau, averti sur-le-champ et prévoyant un retour offensif des Français, se hâte d'envoyer des renforts. Tout cela était si soudain, si rapide qu'au premier moment personne dans la ville ne croyait à la prise de la Tuilerie ; avait-on entendu le moindre coup de canon et la moindre fusillade ? « Il paraît, écrivait Jauréguiberry à Chanzy, que cela s'est fait si promptement que le général Deplanque (posté tout près, sur le Chemin-aux-Bœufs), ne s'est aperçu de rien. »

« De telles paniques sont une honte », répondait Chanzy, et il prescrivait à l'amiral de faire une enquête sur cet « événement déplorable ». Il ne doutait pas que Jauréguiberry réoccuperait de vive force la position. Mais la fuite des mobilisés avait eu les plus funestes conséquences ; elle donnait, sur la rive gauche de l'Huisne, le signal de la débandade. Vainement, sur l'ordre de Jauréguiberry, le général Le Bouedec réunissait les troupes bivouaquées en avant de Pontlieue et voulait les entraîner vers la Tuilerie. Les hommes, accablés de fatigue, épouvantés par cette attaque dans les ténèbres, se couchaient sur la neige et refusaient d'avancer, de reprendre une position qu'ils avaient eux-mêmes fortifiée ; une fois aux mains des Prussiens, la Tuilerie leur semblait imprenable.

Toute la nuit se passait en efforts infructueux ; ni Le Bouedec, ni le colonel Marty, arrivé vers trois heures du matin, ne réussirent à tirer de la frayeur et de l'inertie cette cohue effarée. A quatre heures et demie, Chanzy télégraphiait à l'amiral : « La situation est grave, nous ne pouvons nous en tirer que par une offensive vigoureuse. Dès ce matin, au jour, vos troupes se reconnaîtront et reprendront confiance ; tout peut être sauvé. »

Mais, au jour, tout était perdu ; l'état-major de Jauréguiberry n'avait pu rallier et réorganiser les fuyards. Les généraux annonçaient que leurs soldats avaient décampé et que ceux qui restaient ne se battraient pas. « Une prompte retraite, écrivait l'amiral à Chanzy, me semble impérieusement commandée ».

C'était la débâcle que Chanzy redoutait et que l'état physique et moral de son armée ne faisait que trop pressentir. Les troupes étaient épuisées par les souffrances de cette lutte prolongée ; l'heure devait venir où, malgré l'énergie de leur chef, elles seraient prises de défaillance. A vrai dire, ce ne fut pas l'incident de la Tuilerie qui causa la défaite du Mans ; si les troupes n'avaient pas plié en cet endroit de la bataille, elles auraient plié dans un autre. Cette malheureuse armée se battait depuis si longtemps qu'elle n'en pouvait plus. Il eût fallu la solidité, la trempe excellente des Allemands pour fournir à la tâche que Chanzy imposait à ses soldats. Le 10 janvier, au soir, quelques chefs n'étaient-ils pas venus au quartier général déclarer que leurs hommes *en avaient assez?* Quoi qu'il fût arrivé, au Mans comme à Josnes et à Vendôme, Chanzy devait tôt ou tard commander la retraite.

Cependant les Allemands profitaient de la confusion causée par la prise de la Tuilerie pour s'emparer du Tertre-Rouge. S'ils poussaient hardiment sur le rond-point de Pontlieue, ils détruisaient tout ce qui restait de l'armée sur la rive gauche de l'Huisne. Les mauvaises nouvelles se succédaient. On apprenait en même temps que Auvours venait d'être occupé par l'ennemi ; encouragés par le succès de la Tuilerie, les Allemands s'étaient portés en force sur les hauteurs du plateau et avaient facilement conquis sur des troupes ébranlées la position si brillamment défendue la veille par Gougeard.

Si je n'avais écouté que mon indignation, disait

Chanzy, j'aurais fait sauter les ponts et lutté quand même. Mais je crus que mieux encore valait conserver cette armée à la France dans l'espoir qu'elle prendrait peut-être sa revanche un jour; et il écrivait à Gougeard : « *Sauvons du moins l'honneur.* » Il donna « en pleurant de rage » l'ordre de la retraite, la troisième qu'il commandait depuis qu'il était général en chef. « Le cœur me saigne, mandait-il à Jauréguiberry, mais vous déclarez la lutte impossible et la retraite indispensable, je cède. Préparez donc tout pour cette retraite; qu'elle se fasse le plus lentement et avec le plus d'ordre possible[1]. »

VIII

Il fallut donc abandonner Le Mans au lendemain de cette nuit « si agitée et si fatale ». Le 16e et le 17e corps traversèrent la ville et passèrent sur la rive droite de la Sarthe. On ne put faire sauter le pont de Pontlieue. Mais une vigoureuse attaque du général de Roquebrune aux abords du Tertre et

---

[1] CHANZY, *Loire*, p. 323, 328 ; GOUGEARD, p. 54 ; LE FAURE, II, p. 350 ; *Etat-major allemand*, p. 834, 849 ; VON KLEIST, p. 206, 207.

contre le château de la Paillerie masqua la retraite de l'armée et contint l'ennemi qui ne put s'ébranler sur Pontlieue que vers deux heures. L'arrière-garde du 16ᵉ corps, commandée par le général Le Bouedec, couvrit le défilé des convois. Le régiment de gendarmes du général Bourdillon tint bon jusqu'au dernier moment, et le soir, dans les rues du Mans, sur la place des Jacobins, sur la place des Halles, des soldats français étaient encore aux prises avec l'infanterie allemande. Chanzy sortit de la ville, un des derniers, à deux heures et demie; du haut d'un mamelon qui domine la Chapelle-Saint-Aubin, il observait, le cœur serré de tristesse, les mouvements de son armée pendant que l'ennemi pénétrait dans la grande rue de Pontlieue et que le dernier train quittait la gare sous une grêle de projectiles.

Malgré la neige épaisse qui couvrait les routes, malgré l'encombrement causé par les voitures qui ne pouvaient prendre les chemins de traverse devenus impraticables, malgré la fatigue excessive, la retraite se fit avec assez de précision, grâce aux « habiles dispositions » du général en chef[1]. Le 16ᵉ corps de Jauréguiberry formait l'aile droite;

---

[1] Von Kleist, es war den geschickten Dispositionen des General Chanzy gelungen..., p. 247.

le 17ᵉ corps de Colomb, le centre; et le 21ᵉ corps de Jaurès, l'aile gauche. Jaurès avait déjà, par sa vaillante résistance au plateau de Sargé, déjoué les calculs du prince Charles qui voulait envelopper l'armée française. Il se chargea de disputer âprement le terrain et d'attirer sur lui l'attention et les forces de l'ennemi, pendant que le gros de l'armée s'écoulerait et se mettrait en lieu sûr. Jusqu'au soir du 12 janvier, à Chanteloup, à Saint-Corneille, à La Croix, il reçut intrépidement le choc des Allemands « sans se laisser intimider par leurs hurrahs » et n'opéra sa retraite qu'à la nuit par la route de Ballon.

La résistance de Jaurès faisait illusion à Frédéric-Charles. Il croyait que Chanzy persistait à lui tenir tête et que la deuxième armée faisait front de toutes parts. Il ne soupçonnait pas l'importance de la Tuilerie. A l'heure où le Xᵉ corps entrait au Mans, il prenait la résolution de faire reposer son armée le lendemain 13 janvier et de n'engager que le 14 l'action décisive. Ce ne fut que le 12, à huit heures du soir, qu'il apprit l'occupation de la ville. Grâce à ces incertitudes de Frédéric-Charles, dont l'esprit était presque entièrement absorbé par l'énergique défense de Jaurès, le 16ᵉ et le 17ᵉ corps de l'armée française firent leurs mouvements de retraite sans être trop inquiétés; l'ennemi ne put que s'emparer de la queue des convois encore engagés dans les rues du Mans.

Chanzy exprima toute sa satisfaction à Jaurès pour cette belle retraite que rendaient difficile « la dispersion de ses divisions, les distances à parcourir et les combats à livrer ». Il rendit un public hommage à la discipline et à la ténacité des troupes du 21e corps qui s'étaient si vaillamment conduites pendant que d'autres portions de l'armée avaient par leurs défaillances causé la perte de la bataille [1].

Chanzy avait d'abord dirigé la retraite sur Alençon. Il pouvait, de là, gagner les lignes de Carentan que Gambetta lui avait indiquées, dans l'entrevue de Josnes, comme le point de direction extrême, comme la dernière et inexpugnable forteresse d'une résistance désespérée. Il restait encore à portée de Paris. « Sa confiance, disait-il, résistait toujours ; il ne se séparait pas de la pensée que Paris était aux abois, et il *se cramponnait* à l'idée d'un mouvement dans cette direction, son but suprême. » Il comptait marcher d'Alençon sur Paris par Dreux et Evreux. En me réunissant au 19e corps [2], écrivait-il à Gambetta, et en ralliant autour de moi tout ce qui avait

---

[1] CHANZY, *Loire*, p. 335, 337, 341.
[2] En formation à Cherbourg.

du cœur dans la deuxième armée, j'aurais marché sur Paris, tous, cette fois, prévenus qu'il fallait arriver ou mourir. La grandeur du but à atteindre me semblait justifier ces risques suprêmes.

Le ministre félicita Chanzy de sa constance : « Quelle que soit la cruauté de la fortune à notre égard, elle est impuissante à lasser des hommes tels que vous qui sont résolus à soutenir jusqu'à épuisement total la guerre sainte contre l'étranger. » Mais, tout en l'assurant de sa confiance, Gambetta commandait à Chanzy d'opérer sa retraite sur Laval. Il lui remontrait, non sans raison, qu'il devait d'abord refaire son armée et qu'en se portant sur Alençon et de là sur Paris, il rencontrerait infailliblement l'armée de Frédéric-Charles : « Parcourant du Mans à Dreux ou à Mantes une corde dont vous-mêmes parcouriez l'arc, elle vous gagnerait nécessairement de vitesse. »

La marche que Chanzy proposait était, de son propre aveu, hasardeuse. Il reconnut la justesse des objections du ministre. Il songeait d'abord à couvrir Cherbourg, mais ne valait-il pas mieux couvrir Rennes, Nantes et toute la région de l'Ouest? *Ce que je vois autour de moi,* ajoutait-il, me décide. Ce qu'il voyait autour de lui, c'était évidemment le découragement et le désordre de ses troupes. Il changea la direction de la retraite et ses trois corps d'armée reçurent l'ordre de prendre pour objectif non plus Alençon, mais Laval[1].

Le froid était intense ; la neige ne cessait de tomber ; les convois n'avançaient qu'avec peine à travers la brume ; de forts détachements ennemis marchaient sur les traces des Français, les suivaient de fort près, inquiétaient et harcelaient sans cesse les derrières de l'armée. Mais ce qu'il y avait de plus désastreux, c'était l'abattement des troupes. Épuisées par tant de marches et de combats, mal équipées, mal chaussées, vêtues d'habits toujours mouillés qui ne séchaient pas et se couvraient d'une croûte de glace, elles étaient presque entièrement *disloquées*. Des soldats du 16e et du 17e corps entraient dans les fermes pour échanger leur uniforme contre une blouse de paysan ; d'autres se couchaient sur le bord du chemin, la tête sur leur sac, et refusaient d'aller plus loin. Jauréguiberry mandait à Chanzy que la plupart de ses régiments se dispersaient, que les fuyards restaient sourds à la voix de leurs officiers et renversaient les cavaliers qui s'opposaient à leur passage : « On a tué deux soldats qui refusaient de s'arrêter, et cet exemple n'a rien fait sur les autres. Depuis trente-neuf ans que je suis au service, je ne me suis jamais trouvé

---

[1] Chanzy, *Loire*, p. 338, 340, 349.

dans une position aussi navrante pour moi¹. »

Il fallait cependant tenir tête à l'ennemi, car la retraite sans combattre, disait Chanzy, c'est la débandade, l'abandon du matériel, la perte de l'armée. Jauréguiberry et surtout Jaurès secondèrent dignement Chanzy dans ce dernier épisode de la campagne. Le 17ᵉ corps précipitait sa marche et abandonnait, sans même la défendre, la forte position de Sainte-Suzanne. Mais le 21ᵉ corps, commandé par Jaurès et le 16ᵉ, réduit à 6,000 hommes et dirigé par le brave Jauréguiberry qui ne se retirait, selon le mot de Chanzy, qu'à contre-cœur, arrêtèrent la marche des Allemands et leur infligèrent des pertes sérieuses dans les deux combats sanglants de Sillé-le-Guillaume et de Saint-Jean-sur-Erve (15 janvier). Jaurès fut le héros de la retraite ; le corps qu'il commandait était le seul qui ne se fût pas débandé, et qui « avait de beaucoup le mieux tenu dans les derniers jours ». Sur la proposition de Chanzy, le gouvernement éleva l'intrépide capitaine de vaisseau au grade de général de division dans l'armée de terre.

Le 17 janvier, l'armée de la Loire était à Laval. Elle se trouvait encore une fois, dit Chanzy, con-

---

¹ CHANZY, *Loire*, p. 351, 353 ; MALLET, *Bataille du Mans*, p. 238, 240.

servée au pays ; elle avait attiré à sa suite et maintenu devant elle la plus importante des armées prussiennes, et si elle n'avait pas réalisé son projet de marcher sur Paris, elle pouvait espérer que cette grande diversion ne serait pas sans avantages pour les efforts que tenteraient les armées de la capitale.

L'échec du Mans était grave; l'armée de la Loire faisait des pertes énormes ; le 16e et le 17e corps se voyaient « réduits au-delà de toute expression » ; le 21e corps, à qui les deux autres devaient leur salut, avait tellement souffert qu'un seul de ses régiments perdait dix capitaines sur treize; 18,000 soldats, 6 machines et plus de 200 wagons tombaient au pouvoir des Allemands[1]. Mais Chanzy avait épuisé l'ennemi ; malgré leur plus grande expérience de la guerre et leur endurance, les vainqueurs s'avouaient *rendus*. Lorsque le Xe corps revint au Mans, après avoir suivi les Français dans leur retraite sur la Mayenne, plusieurs de ses compagnies offraient l'aspect le plus bizarre et le plus bigarré qu'on pût voir : leur uniforme tombant en loques, les soldats avaient pris, pour se vêtir, les habits des Français, et s'étaient chaussés, qui de sabots, qui de jambières

---

[1] Deux drapeaux seulement étaient pris ; les Allemands ne se faisaient plus des trophées de nos étendards.

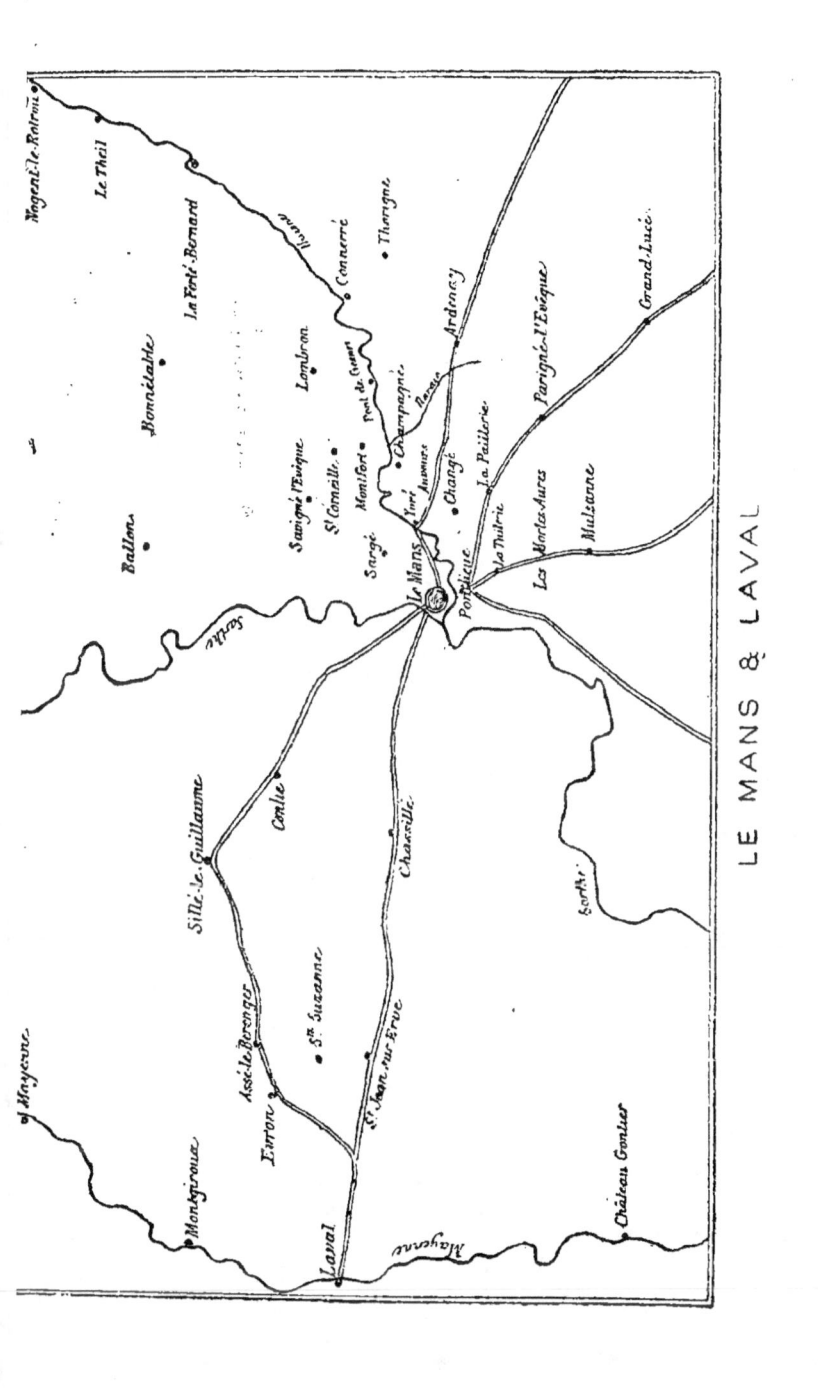

LE MANS & LAVAL

de linge, qui de bottes à l'écuyère. Par un froid excessif, beaucoup s'estimaient heureux d'avoir des pantalons de toile. Les cadres avaient été singulièrement éprouvés : des régiments, qui comptaient 63 officiers au début de la campagne, n'en avaient plus que 15 ou 20 ; des compagnies étaient commandées par un *feldwebel* ou sergent-major ; presque toutes avaient, durant ces terribles « journées du Mans » changé de chef, souvent jusqu'à deux ou trois fois ; des sergents, des volontaires d'un an faisaient le service d'officier [1].

---

[1] *Etat-major allemand*, IV, p. 849 ; VON DER GOLTZ, cité et traduit par LE FAURE, II, p. 354, 355 ; VON KLEIST, p. 213, 253. Ce dernier officier raconte que les soldats prenaient à nos mobiles leurs pantalons bleus, dont ils arrachaient la large bande rouge.

LAVAL ET BORDEAUX

I

A peine arrivé à Laval, Chanzy pressait avec ardeur l'organisation de la défense et prenait ses dispositions pour disputer l'Ouest à l'ennemi victorieux. « La France, disait-il, compte encore sur la deuxième armée... ; l'armée de la Loire doit se reconstituer pour faire oublier les tristes événements de la journée du Mans, *laver sa tache* et reprendre son rôle [1]. » Il établissait ses troupes derrière la Mayenne, large et profonde rivière. La division Curten avait précédé le gros de l'armée à Laval ; elle fut chargée, avec la division Deplanque, de défendre la rive gauche de la Mayenne. Chanzy confia au 16e corps le soin de protéger Laval ; il plaça le 17e, le plus éprouvé de tous, au-delà de la rivière, aux ponts de Saint-Jean et de Mont-

---

[1] Chanzy, *Loire*, p. 349, 328.

giroux, le 21ᵉ corps à Mayenne, la division Gougeard à Saint-Fraimbault où elle reliait le 21ᵉ corps au 19ᵉ. Ce 19ᵉ corps, commandé par le général Dargent, venait de se former entre Carentan et Cherbourg; il passait sous les ordres supérieurs de Chanzy et formait de Briouze à Argentan l'aile gauche de l'armée de la Loire. Il fallait se hâter: Chanzy complétait autant que possible l'outillage et l'armement des divers corps; il reconstituait les services de l'intendance; il détruisait ou minait les ponts; il coupait les routes, élevait des épaulements, installait des batteries; de toutes parts il faisait face aux Allemands. En même temps il s'efforçait, selon son expression, d'infuser la confiance, de réchauffer le cœur de ses hommes hésitants et transis [1].

Ses préoccupations, dit-il, étaient profondes. De quel côté se dirigerait-il, s'il éprouvait un nouvel échec? Se replierait-il sur la Bretagne? Mais s'il perdait la ligne de la Vilaine, l'ennemi marchait sur Nantes et Bordeaux. N'était-il pas préférable de faire derrière les lignes de Carentan une retraite qui couvrirait la Normandie et mettrait à portée de Paris une armée de secours? La Bretagne resterait

---

[1] CHANZY, *Loire*, p. 582. Les Allemands ne se montrèrent que timidement et ne firent plus qu'une tentative sur les lignes françaises en avant de Laval (combat de Sainte-Mélaine).

abandonnée à elle même, mais ne pouvait-elle se défendre seule? Dans ce pays si propre à la guerre de partisans, les forces locales ne suffiraient-elles pas à la résistance? Ces mobilisés bretons dont la panique avait causé le désastre du Mans ne rendraient-ils pas de meilleurs services, lorsqu'il s'agirait de défendre leur pays natal?

Gambetta venait d'arriver à Laval (19 janvier). Chanzy le pria et le « mit en demeure » d'affirmer par des paroles solennelles, qui retentiraient jusqu'au fond de la Bretagne, que le gouvernement n'avait d'autre but que la défense nationale et ne prolongeait la lutte que pour sauver la patrie; la politique, disait le général, doit s'effacer devant la grande œuvre de la résistance. Les chefs de l'armée de la Loire se réunirent dans le salon de la préfecture de Laval, et Gambetta, dans un discours plein « de force et d'éloquence », déclara que la *politique* était entièrement étrangère à la défense et que Charette, Cathelineau, tous les grands noms de la Bretagne recevraient, sans acception de parti, le commandement des forces qui protégeraient la patrie des Duguesclin et des Clisson contre l'envahisseur [1].

Sur la proposition de Chanzy, Lipowski, Cathe-

---

[1] CHANZY, *Loire*, p. 385, 387; discours du 15 juin 1871.

lineau, Charette furent nommés généraux à titre auxiliaire; ils devaient défendre la Bretagne pied à pied, tandis que les généraux Bérenger et Cléret protégeraient le val de la Loire. Ces cinq généraux appartenaient au 17ᵉ corps, qui recevait dans ses rangs tous les mobilisés du camp de Conlie et prenait le nom d'*armée de la Bretagne*. De Colomb était mis à la tête de cette nouvelle armée.

Dès lors Chanzy retrouvait sa liberté d'action; pendant que Colomb couvrirait l'Ouest, il comptait « reprendre les opérations et poursuivre un résultat, se porter avec les 16ᵉ, 19ᵉ et 21ᵉ corps qui formaient l'armée active, dans la direction de la Seine, en avant de Caen » et marcher au secours de Paris. Son but restait le même : aider les défenseurs de la capitale à rompre l'investissement qui les isolait du reste de la France. Cette pensée, dit-il, a pu paraître chimérique, elle n'en avait pas moins sa grandeur, et ce n'est qu'en s'en inspirant que les nouvelles armées pouvaient trouver l'énergie dont elles avaient besoin pour sauver le pays [1].

Le 28 janvier, l'armée de la Loire, « qui, un instant, avait semblé anéantie, se représentait de nou-

---

[1] CHANZY, *Loire*, p. 386, 395.

veau bien reposée, prête à marcher [1] ». Déjà l'amiral Jauréguiberry se préparait à faire passer son 16ᵉ corps sur la rive droite de la Mayenne.

II

Le lendemain (29 janvier) arrivait la nouvelle de l'armistice signé par le gouvernement de Paris. Les hostilités étaient aussitôt suspendues et la ligne de démarcation, fixée, non sans difficultés, entre l'armée de la Loire et celle du prince Frédéric-Charles.

« Quelque pénible que soit pour vous la situation, disait Chanzy dans un ordre du jour à ses troupes, alors que confiants en votre bon droit, animés par votre patriotisme, vous alliez tenter de nouveaux efforts, la parole du gouvernement doit être loyalement respectée. » Mais la paix serait-elle honorable? Laisserait-elle intact le territoire comme l'honneur de la France? Chanzy redoutait les « prétentions orgueilleuses et inadmissibles » de l'Allemagne, et plus disposé que jamais à ne pas reculer devant la guerre, il excitait ses troupes à profiter

---

[1] Von der Goltz, *Gambetta und seine Armeen;* Chanzy stand noch bei Laval und rüstete eifrig, p. 210.

du répit que leur donnait l'armistice pour se mieux préparer à la lutte. N'avoir plus qu'un désir, celui de combattre et qu'un sentiment, celui de prendre sa revanche, lutter à outrance jusqu'au triomphe, tel était le but qu'il proposait à son armée, si l'Allemagne voulait « opprimer et humilier » la France. Il achevait les travaux de défense en avant de ses lignes; il poussait avec la plus grande activité l'instruction des soldats; il exerçait les recrues au tir à la cible. Sans préjuger le sentiment de la France et le verdict de l'Assemblée, mais avec le secret espoir que les représentants du pays « consacreraient l'idée de résistance », il soumettait dès le 2 février au ministre de la guerre un nouveau plan de campagne.

Il ne se dissimulait pas que ses troupes manquaient de cohésion et de solidité, qu'elles n'avaient pas l'habitude de la vie militaire, qu'elles ne pourraient manœuvrer avec « constance et persistance » contre l'ennemi. N'importe. N'écrivait-il pas dès le 23 décembre que « la lutte ne devait pas cesser par suite de la chute de Paris » ? Il fallait combattre encore et toujours, se refuser aux grandes batailles, ne livrer que de petits engagements, mettre à profit le moindre obstacle, faire en un mot la guerre de détail et organiser la défense locale. L'Allemagne, elle aussi, disperserait et disséminerait ses troupes;

elle aussi s'imposerait de grands sacrifices, et, lorsqu'elle serait lasse et prise d'épuisement, les Français, « enfin sortis des embarras et des erreurs d'une défense improvisée, pourraient, par un suprême effort, entreprendre dans de bonnes conditions de refouler l'ennemi de notre territoire ».

Après avoir exposé ces idées générales, Chanzy entrait dans le détail des opérations. L'armée du Nord, fortement épaulée à ces places fortes qui fournissaient à Faidherbe un sûr refuge et un point d'appui, les départements foulés par l'invasion et se soulevant de la Seine aux Vosges, l'armée de Bourbaki et celle de Lyon, les troupes de Normandie et de Bretagne, enfin lui-même avec cette armée de la Loire qui n'était jamais à bout, forçaient l'Allemagne à maintenir en ligne un demi-million d'hommes. Il insistait sur ce qu'il voulait tenter avec ses propres forces qu'il regardait à bon droit comme les plus sérieuses et les seules qui fussent en état de reprendre immédiatement la campagne. La capitulation de Paris et la convention du 28 janvier donnaient malheureusement aux Allemands les départements du Loiret, de Loir-et-Cher, d'Indre-et-Loire ; l'ennemi avait obtenu par l'armistice de meilleures positions que par les armes ; il était maintenant au-delà de la Loire, et maître des lignes du Cher, de l'Indre et de la Vienne, il pouvait descendre à son gré vers Nantes ou vers Bordeaux. Pour ne pas être cernée en Bretagne et isolée, à son tour, du reste de la France, la deuxième armée devait donc passer rapidement sur la rive gauche de la Loire ; elle couvrirait le sud-ouest, et, comme disait Chanzy, tout l'intérieur du pays, tandis que le général de Colomb, dont l'armée se renforçait des deux divisions Saussier et Gougeard, défendrait la Bretagne et la Normandie. « Pressez l'organisation de l'armée, écrivait Chanzy à Colomb; vous êtes chargé du commandement des forces destinées à la défense du pays de la Seine à la Loire... je sais combien votre mission est importante, je connais toutes les difficultés que vous devez rencontrer, je ne me dissimule aucun de vos besoins; mais la situation est grave, impérieuse; il faut faire l'impossible. »

III

Cependant la réponse du gouvernement n'arrivait pas; la politique intérieure, dit Chanzy, semblait faire oublier les préoccupations militaires. Enfin, le 6 février, il reçut l'ordre de se rendre à Bordeaux et de se trouver, le 10, à deux heures de l'après-midi, dans le cabinet de Gambetta, avec les autres commandants de corps d'armée, pour discuter le meilleur emploi des forces qui restaient à la France.

Mais le lendemain (7 février) Chanzy recevait un télégramme du général Le Flô, ministre de la guerre : « Veuillez, écrivait le ministre, venir à Paris dans le plus bref délai, et par la voie la plus rapide. Partez le jour même de la réception de cette dépêche. » L'autorité allemande était prévenue ; elle devait donner au général un sauf-conduit et une escorte à travers les lignes. Chanzy quitta Laval le jour même par un train spécial, et sur la route il put voir de ses yeux le « tableau navrant » des dévastations de l'ennemi. Il ne trouva pas le général Le Flô ; une heure auparavant, à la nouvelle de la démission de Gambetta, le ministre de la guerre était parti pour Bordeaux. Mais durant deux nuits (9 et 10 février) Chanzy conféra avec le gouvernement de la défense nationale. Trochu, Jules Favre, Picard, Magnin, Dorian, Hérold, Cresson, Jules Ferry, Vinoy, Clément Thomas, assistaient à ces deux séances. Chanzy raconta ce qu'il avait fait ; il exposa la situation et le plan qu'il avait soumis à la délégation. Les mesures qu'il avait prises furent approuvées [1]. Dès le 10 février, au soir,

---

[1] « J'ai passé, disait-il plus tard (discours du 15 juin 1871), deux nuits avec les membres du gouvernement, et j'ai pu

Chanzy, de retour à Laval, portait son quartier-général à Poitiers, et commandait aux 16º, 21º et 19º corps de franchir la Loire et de s'établir, le 16º, du Blanc à Châtellerault, le 21º, de Châtellerault à Loudun, le 19º, de Loudun à Saumur. L'armée de la Loire prenait ses cantonnements sur une grande étendue de terrain et dans un pays que l'invasion n'avait pas encore foulé ; elle maintenait ses communications par le cours supérieur de la Loire et la Mayenne avec l'armée de Bretagne ; elle se reliait au 25º corps que le général Pourcet avait ramené sur Bourges, et au 26º corps que le général Billot portait sur Châteauroux pour former l'aile droite de Chanzy. Le commandant en chef se hâtait, pendant l'armistice, de placer son armée le mieux possible en demi-cercle, de Saumur à Nevers. S'il ne pouvait garder cette ligne, il songeait à reculer sur le plateau de la Gâtine, de Saint-Maixent à Confolens, en appuyant sa droite aux montagnes du Limousin et son centre au massif de l'Auvergne. Il jugeait que l'Auvergne devait être le cœur de la résistance [1].

---

m'assurer, dans ces deux nuits où j'étais accablé de questions par tous, qu'aucun d'eux ne savait absolument rien de ce qui s'était passé en province depuis que Paris était investi. »

[1] CHANZY, *Loire*, p. 427, 433, 424, 425. Rossel, partisan comme Chanzy, de la guerre à outrance, disait alors qu'il fallait se retirer dans les Cévennes; « à partir de la Loire, la situation

IV

Le lendemain du jour où il avait pris ses dispositions d'ensemble (11 février) Chanzy apprenait que le département des Ardennes l'avait élu député. Il confia provisoirement le commandement supérieur de toutes les forces de l'Ouest au général de Colomb et se rendit à Bordeaux ; il avait, disait-il, le devoir de porter à l'Assemblée son opinion sur la situation militaire de la France. Mais de Bordeaux il envoyait encore ses instructions et dirigeait le mouvement de concentration de son armée. Il profitait de la prolongation de l'armistice (19-24 février), pour donner aux troupes, alors en marche, un repos momentané. Il terminait l'étude des posi-

---

topographique du pays change complètement ; je crus que dans le pays du Languedoc, pays montueux, la lutte était plus facile à soutenir. On eût ainsi usé la force des Prussiens. » (Voir ses réponses au conseil de guerre). — En 1792, Barbaroux, Roland et Servan, examinant la carte, se disaient que battue sur le Rhin et au-delà, la liberté devait se retirer derrière les Vosges et la Loire ; que, repoussée dans ses retranchements il lui restait encore à l'est, le Doubs, l'Ain, le Rhône ; à l'ouest, la Vienne. la Dordogne ; au centre, les rochers et les rivières du Limousin. Plus loin, ajoute Barbaroux dans ses *Mémoires*, nous avions l'Auvergne, ses buttes escarpées, ses ravins, ses vieilles forêts, et les montagnes du Velay, jadis embrasées par le feu, maintenant couvertes de sapins.

tions et arrêtait définitivement l'emplacement des divers corps.

Cependant, au sein de la commission chargée d'examiner les ressources du pays, parmi les discussions des bureaux de l'Assemblée et dans ses conversations avec ses collègues ou avec les membres du gouvernement, Chanzy se faisait l'avocat infatigable et passionné de la résistance. Il montrait son armée prête à reprendre la campagne, pourvue de vivres et de munitions, suffisamment reposée. Dans les débats des comités, dans ses entretiens avec les représentants, il déclarait les propositions des Allemands inacceptables et soutenait qu'il valait mieux s'opiniâtrer dans une guerre de désespoir que de subir les plus dures et les plus humiliantes conditions.

Il aurait voulu donner à son opinion le retentissement de la tribune et l'affirmer hautement devant le pays. Mais M. Grévy, président de l'Assemblée, lui fit remarquer que tout débat public était suspendu durant l'absence de Thiers et que la question ne pouvait être soulevée qu'après l'issue des négociations ouvertes à Versailles. Le général avait composé son discours à l'avance ; il n'en fit pas mystère à quelques collègues, entre autres à MM. Bethmont et Margaine ; il l'a reproduit dans l'appendice de son récit de la campagne.

Il s'opposait de toutes ses forces à la paix déshonorante qui frapperait la France dans son intégrité et qui ne serait après tout qu'une trêve et un répit, puisqu'elle léguerait aux générations suivantes *tout un avenir de haines à assouvir, de hontes à effacer*. La revanche était possible, et les désastres ne devaient pas ébranler la confiance du pays. Mais il fallait que la nation *voulût sérieusement* la résistance, avec toutes ses conséquences et ses obligations. « Que la France, disait Chanzy, s'habitue à l'idée de nouveaux et cruels sacrifices et s'arme tout entière pour combattre l'invasion. Que la résistance s'organise partout pour la défense du sol pied à pied. Que le vide se fasse devant l'ennemi. Que tous les gens de cœur prennent un fusil... Cette guerre du droit le plus sacré contre la force brutale sauvera le pays. L'ivresse causée à l'Allemagne par son succès inespéré se dissipera, si cette fois elle acquiert la conviction que la nouvelle lutte est celle du désespoir et de la vengeance; si, cédant à la raison, elle arrive à comprendre qu'elle peut compromettre les résultats obtenus dans les chances de nouveaux combats où ses forces finiront par s'épuiser. Le moment n'arrivera-t-il pas où, sortant de leur rôle d'indifférence ou d'ingratitude, les puissances étrangères, menacées à leur tour par les vues ambitieuses de la Prusse, éprouveront fatalement le besoin de mettre un terme à une guerre qui compromet les intérêts de l'Europe, la paix du monde entier?... Ne nous inspirons que du sentiment national... Forçons l'ennemi à nous conserver son estime. Donnons à nos mandataires (la commission des quinze) cet appui moral qui les assurera qu'ils peuvent parler haut et ferme, parce que la France est tout entière derrière eux, unie et prête à continuer la lutte si elle est inévitable. »

Ce discours ne fut pas prononcé, mais il fait le plus grand honneur à Chanzy, à son patriotisme et à l'élévation de son âme. Cet appel aux armes était digne du héros de Coulmiers, de Josnes, de Vendôme et du Mans. Chanzy, selon sa fière expression, conservait la tête haute et n'acceptait en aucune façon le rôle de vaincu. Son épée n'était pas brisée, il ne l'avait ni rendue, ni laissée tomber de défaillance ; il la tenait encore d'une main ferme, et refusait de la remettre au fourreau.

Il comprenait que la paix était « la meilleure solution ». Mais céder la Lorraine et l'Alsace, céder les boulevards de l'Est, Metz et Strasbourg, livrer quinze cent mille compatriotes, qui revendiquaient le droit inviolable de rester Français, qui nommaient Gambetta pour les représenter, qui suppliaient l'Assemblée par la bouche de M. Keller, de M. Bamberger, de Küss déjà mourant, de ne pas les livrer à l'Allemagne! Y a-t-il dans l'histoire un épisode plus tragique? Jamais nation a-t-elle arraché de son corps un de ses membres, le plus vigoureux peut-être et à ce moment le plus cher, le plus précieux de tous, avec autant de désespoir? Jamais peuple, sous le fer d'un impitoyable ennemi lui donnant à choisir entre la ruine totale ou une cession de territoire, a-t-il jeté un cri plus déchirant? Que de Français avec Chanzy refusaient de souscrire aux conditions de cette paix implacable! que de patriotes demandaient avec rage la guerre à outrance! Qu'importait d'exposer la France à de plus grandes détresses? On s'exaltait et l'on disait avec un sombre emportement ce mot du poète : *Imus, imus præcipites.* Devant les cruelles exigences du vainqueur, Thiers n'eut-il pas un instant la pensée de rompre les négociations et de continuer la guerre coûte que coûte? Par moments, la commission des quinze, révoltée, exaspérée, ne se prenait-elle pas à songer que la France avait encore quelques chances et qu'un grand pays, toujours grand malgré ses revers, ne pouvait abandonner ainsi deux de ses plus belles provinces ?

V

Il fallait se rendre pourtant : semblable à ces forteresses qui ne font battre la chamade qu'après avoir épuisé tous leurs moyens de défense, la France devait capituler.

On ne pouvait s'attendre aux protestations des puissances étrangères. Dans le discours qu'il voulait prononcer à l'Assemblée, Chanzy ne comptait pas sur l'action immédiate de la diplomatie ; il pensait que cette action ne s'exercerait que plus tard, si la guerre durait longtemps encore ; avec juste raison il accusait l'Europe d'être indifférente et ingrate. Selon le mot de M. de Beust, il n'y avait pas d'Europe. La Russie ne songeait qu'à profiter du grand ébranlement de la guerre pour abroger l'article le plus important du traité de Paris, et le tsar félicitait chaudement son oncle Guillaume de ses victoires. L'Autriche n'osait bouger depuis le mot de l'empereur Alexandre : « Remuez un régiment et j'en ferai marcher deux. » L'Italie gardait le silence. L'Angleterre craignait les rebuffades, redoutait de fâcher la toute-puissante Allemagne, même par un « avis amical » et par un semblant d'intervention ; son grand historien Carlyle applaudissait à la défaite de la France, pendant que le président Grant et l'ambassadeur Bancroft célébraient le triomphe de la race germanique. Thiers avait frappé à la porte de toutes les chancelleries ; on lui avait ouvert, mais il n'avait trouvé que de bienveillantes paroles et des égards. La France était seule, absolument seule.

Pouvait-elle, avec ses propres ressources, tenter encore la fortune des armes ? Mais le tiers du pays, occupé par les Allemands, ne comptait plus. Accablés de réquisitions et d'amendes, surveillés par leurs garnisons étrangères, et comme mis en séquestre, les départements envahis ne pouvaient fournir de secours en argent. Le reste de la France avait donné des sommes énormes aux souscriptions nationales, et si la guerre se prolongeait, ne serait-il pas, à son tour, pressuré, dévasté, ruiné par les colonnes ennemies ? Déjà pendant ces six mois d'attente fiévreuse, « le commerce et l'industrie s'étaient arrêtés, l'argent avait disparu, il ne fallait plus compter sur la France pour fournir les dix millions nécessaires chaque jour à la défense et l'opération Morgan avait suspendu notre crédit [1] ».

Mais l'armée ? Elle avait des subsistances, des munitions, des armes en grand nombre, une artille-

---

[1] Le Faure, II, p. 439, 440.

rie considérable. Elle comprenait 534,000 hommes. Encore fallait-il en retrancher la masse incohérente des mobilisés impatients de jeter le fusil et de rentrer au foyer, plus indisciplinés que jamais depuis l'armistice, se livrant aux murmures, n'apportant avec eux que la démoralisation et la débandade. On avait vu les mobilisés qui, selon le mot de Chanzy, avaient *lâché* la Tuilerie, s'enfuir sans s'arrêter jusqu'à Evron et, au lieu de garder le camp de Conlie, comme l'ordonnait le général en chef, se retirer sur Assé-le-Bérenger ou sur la Bretagne, après avoir brûlé les fusils, jeté les cartouches au vent et pillé les voitures de vivres. 3,000 mobilisés de la Mayenne avaient refusé d'obéir à leurs officiers et abandonné Beaumont à la vue de quelques uhlans [1]. L'armée de Lyon ne méritait pas le nom d'armée. L'armée de l'Est, à laquelle Chanzy réservait un rôle dans son plan de défense, n'existait plus; on apprenait qu'elle avait passé la frontière de Suisse le 1er février; c'était le dernier coup dont le destin accablait la France. L'armée des Vosges, commandée par Garibaldi, n'était qu'un rassemblement ou plutôt un ramassis. La seule force du pays efficace et agissante ne consistait plus que dans les armées de Bretagne, de la Loire et du

---

[1] CHANZY, *Loire*, p. 350, 582.

Nord. Encore cette dernière était-elle coupée de ses communications avec le reste de la France, et pour conférer avec Faidherbe, Gambetta avait dû s'embarquer à Saint-Malo. La défense ne pouvait donc compter que sur 250,000 hommes. Et Chanzy n'avouait-il pas que ces hommes, quel que fût leur nombre, ne pouvaient affronter l'adversaire en rase campagne, qu'ils n'étaient pas organisés avec assez de solidité pour livrer de grands engagements et ne devaient pendant quelque temps que reculer de position en position jusqu'en Auvergne?

Il est vrai que, dans le plan de Chanzy, la résistance de l'armée devait s'appuyer sur la « résistance locale », sur tous les hommes valides « groupés autour de personnalités influentes »; les troupes régulières ne servaient que de « point d'appui » et Chanzy appelait autour du gouvernement, qui devenait plus que jamais le gouvernement de la défense nationale, quiconque savait manier un fusil. Cette pensée venait d'un grand cœur, d'un des plus grands cœurs qui aient jamais battu pour la France. Mais était-il possible que tous les Français en état de porter les armes se répandissent sur le pays par bandes isolées et en guerilleros? Le Français n'a pas l'énergie sauvage qu'il aurait fallu déployer dans cette lutte désespérée. Les Espagnols firent sous le premier Empire la guerre que proposait Chanzy ; mais leur résistance contre laquelle s'est brisée la fortune de Napoléon était secondée par la nature de leur sol et par leur caractère.

Toutes les villes auraient-elles imité Châteaudun et Saint-Quentin? Après le Mans, lorsque l'armée de la Loire arrivait à Laval, le conseil municipal accourait au-devant de Chanzy pour le supplier de ne pas faire sauter les ponts. A peine le général mettait-il pied à terre que les notables le conjuraient de ne pas défendre leur ville. Vainement Chanzy leur rappelait les nécessités de la situation, leur disait en termes élevés que le devoir de tout Français était de mettre au-dessus des intérêts particuliers le salut de la patrie [1]. Ce qui se passait à Laval se passait presque partout ; la France, longtemps comprimée par l'Empire, énervée dans son patriotisme, abaissée dans ses mœurs, n'était pas capable d'une résistance à l'espagnole, furieuse, acharnée, se produisant sur tous les points à la fois, se retranchant derrière tous les obstacles.

En réalité, la population était consternée par les « scènes de dévastation » et par « cette hécatombe de tant de victimes » dont Chanzy parle dans son projet de discours. Elle était lasse de cette lutte malheureuse, lasse de tant de victoires vainement

---

[1] CHANZY, *Loire*, p. 376.

promises et de tant de revers qui se suivaient et s'enchaînaient avec une inexorable fatalité, lasse, dans les pays occupés, de loger, de nourrir et de payer ses envahisseurs, lasse, dans les contrées où l'ennemi n'avait pas encore pénétré, de vivre dans l'anxiété. Le tiers de la France gémissait sous l'étreinte des Allemands ; les deux autres tiers tremblaient au bruit de leur approche et craignaient de subir à leur tour les lois brutales de la guerre. La nation entière, meurtrie, affaissée, atterrée, comme dit Chanzy, par tant de catastrophes successives, désirait la paix, la paix quelle qu'elle fût, une paix qui mît terme à son extrême misère. Elle se refusait à faire plus longtemps ce sacrifice que lui demandait Chanzy, « le sacrifice des intérêts matériels du moment ».

VI

La majorité de l'Assemblée vota la paix que demandait la France, et il faut dire que ceux qui dirent « oui » montrèrent autant de patriotisme que ceux qui dirent « non ». Les préliminaires, arrêtés le 26 février entre Thiers et M. de Bismarck, furent adoptés le 1er mars dans la séance dramatique où l'Assemblée confirma la déchéance de Napoléon III et le déclara responsable de l'invasion et du démembrement de la France. Chanzy était allé quelques jours auparavant à son quartier général de Poitiers pour mieux assurer l'exécution de ses ordres. Il revint à Bordeaux et assista aux grands débats du 1er mars. Il ne monta pas à la tribune. Quinet, Louis Blanc, Victor Hugo, parlèrent contre le traité qui mutilait la France. Mais Thiers répliqua qu'on ne pouvait résister à une armée de 500,000 hommes et qu'en rejetant le pays dans la guerre, on le privait de ses dernières ressources et lui ravissait l'avenir. Il éprouvait, en acceptant les préliminaires de paix, le même sentiment de douleur et d'indignation que d'autres en les repoussant. Mais il était plus sage; il sentait que la mesure était comble, que la France accueillerait le traité comme un soulagement et une délivrance, qu'il fallait se hâter de réorganiser l'administration dans toutes ses branches et de faire renaître par la paix un monde que la guerre avait plongé dans le chaos.

Chanzy vota contre le traité. Son *cœur de soldat* refusait de plier sous la nécessité et de s'avouer qu'il fût impossible de lutter encore. Il avait la conviction et il la garda jusqu'à la fin de sa vie que la France aurait fini par vaincre, à force de combattre. Coulmiers, Josnes et Vendôme, disait-il, Pont-Noyelles, Villersexel, ces véritables batailles ne montraient-elles pas que la France pouvait prendre sa revanche? Si quelqu'un dans l'Assemblée avait le droit de déclarer la résistance possible, c'était Chanzy, c'était le chef de l'indestructible armée de la Loire, c'était le général qui, depuis trois mois, combattait l'ennemi sans se lasser, résistait à tous les chocs, soutenait résolument, malgré la saison et l'inexpérience des troupes, une lutte que les Allemands croyaient insoutenable. Plus que tout autre, Chanzy pouvait espérer que la fortune tournerait encore et que la victoire, après avoir longtemps tardé, finirait par venir; s'il comptait sur les chances de la guerre, il était de ceux qui savent les mériter.

Le 7 mars, l'armée de la Loire fut licenciée. Le ministre de la guerre, général Le Flô, releva Chanzy de son commandement et lui « offrit toutes ses félicitations pour l'honneur qu'il s'était fait et les brillants services qu'il avait rendus ». Dites, ajoutait le ministre, dites à votre brave armée que je la remercie au nom de notre pays tout entier, de son courage et de son patriotisme. Chanzy citait ces paroles du général Le Flô dans l'adieu qu'il adressait à ses soldats : « Vous pouvez être fiers, disait-il, d'avoir fait partie de la deuxième armée. Vos efforts n'ont pas abouti au succès que vous avez poursuivi avec tant d'opiniâtreté; mais ils ne resteront pas sans gloire pour le pays dont ils ont sauvé l'honneur. Vous avez tenu tête aux armées les plus nombreuses et les mieux commandées de l'Allemagne. L'histoire racontera ce que vous avez fait ; l'ennemi s'honorera lui-même en vous rendant justice [1]. »

VII

La campagne de la deuxième année de la Loire demeure, en effet, un des plus grands exemples de la résistance patriotique en face de l'envahisseur étranger. Elle est un des plus beaux titres de la défense nationale. Elle nous honore, comme disait Chanzy en parlant des efforts du gouvernement, aux yeux du monde entier [2]. Mais la plus grande part de cet honneur revient à Chanzy. Dès qu'il est mis à la tête du 16° corps, il donne à ses jeunes troupes la vigueur et « l'aplomb » ; il les accoutume a se garder des surprises, à fatiguer l'ennemi par de

---

[1] CHANZY, *Loire*, p. 443. L'armée de la Loire devait rendre encore des services à la France ; deux mois après, elle prouvait une fois de plus, écrit Chanzy, son dévouement à la patrie et à l'ordre ; elle se trouvait réunie en grande partie sous les murs de Paris pour combattre la Commune ; elle fournissait à l'armée de Versailles 3 bataillons de chasseurs à pied et 4 bataillons de marins, 21 régiments d'infanterie de marche et 9 régiments de cavalerie, enfin 14 batteries d'artillerie.

[2] Discours du 19 mai 1871.

petits combats ; il leur inspire par des sévérités opportunes le respect de la discipline ; il les forme, il leur montre par son exemple qu'il ne faut pas désespérer et qu'on peut vaincre si l'on a confiance et fermeté. A Coulmiers, il lutte victorieusement contre la plus grande partie de l'armée de von der Tann ; à Villepion et à Loigny, il combat avec acharnement; partout, durant la campagne de la première armée de la Loire, le 16e corps qu'il dirige et auquel il joint bientôt le 17e, garde une attitude fière, et sa conduite, dit le général, sa constance au milieu des privations prouvent de quel patriotisme il était animé.

Après le désastre d'Orléans et la violente dislocation des troupes que d'Aurelle commandait en chef, Chanzy est mis à la tête de la deuxième armée de la Loire. Alors commence cette série de beaux efforts par lesquels ce capitaine à la fois ardent et ferme, entreprenant et solide, impétueux et prudent fait de son armée une *menace qui rend l'ennemi hésitant* [1] et la préserve d'une pleine dissolution, sans cesser, malgré la situation redoutable où il se trouve quelquefois, de tourner son attention du côté de Paris et de se rapprocher par le côté le plus accessible de la capitale assiégée. Il s'arrête d'abord

---

[1] CHANZY, *Loire*, p. 177.

sur les lignes de Josnes ; la prise de Beaugency le contraint de se replier sur Tavers ; mais il ne cède le terrain que pied à pied, sans se laisser entamer et en faisant toujours entendre son canon. Il sait que la retraite sans combat est pire que la défaite et devient facilement une déroute : *persister* est son mot de prédilection, et « résister le plus possible » le mot d'ordre qu'il donne à tout son monde. A chaque instant, dans ses instructions aux chefs de corps, il recommande de *tenir*, de n'abandonner les positions qu'à la dernière extrémité, de ne se replier qu'en faisant tête à l'ennemi.

Cependant, menacé par des forces supérieures, il conduit en deux jours ses troupes de Josnes à Vendôme, derrière le Loir, et s'établit sur une ligne nouvelle. Les Allemands veulent en finir avec cette armée qu'ils croyaient balayer comme de la paille et qu'ils trouvent toujours devant eux ; ils se promettent d'écraser Chanzy et envoient Frédéric-Charles contre l'héroïque général. Chanzy bat en retraite, mais il contient son adversaire et mène son armée en bon ordre sur la ligne de la Sarthe.

C'est au Mans qu'a lieu le dernier choc, et déjà l'infatigable commandant en chef a reformé son armée, il a lancé quelques-uns de ses généraux vers les rives du Loir. Mais devant l'approche d'un ennemi trop fort et après des combats réitérés, il les rappelle et livre une grande bataille aux masses allemandes. La perte de la Tuilerie nécessite une quatrième retraite plus difficile encore que les précédentes, mais qui s'exécute malgré le mal croissant et presque inguérissable de l'indiscipline et du découragement.

A la conclusion de l'armistice, Chanzy s'est établi dans une nouvelle position défensive, derrière la Mayenne. Il a reculé de ville en ville et de rivière en rivière, d'Orléans à Josnes, de Josnes à Vendôme, de Vendôme au Mans, du Mans à Laval, de la Loire au Loir, du Loir à la Sarthe, de la Sarthe à la Mayenne, sans que ses soldats, toujours ralliés, toujours rassemblés en faisceau, aient jamais subi la honte et l'épouvantable désarroi de la déroute. Chaque fois il s'est dégagé de l'étreinte dont un adversaire, sinon plus nombreux, du moins plus aguerri, plus expérimenté, menaçait de l'enlacer. Chaque fois il a sauvé son armée, comme dit Voltaire de Schulenbourg, par une retraite glorieuse devant un ennemi avec lequel on ne pouvait guère acquérir que cette espèce de gloire. Après une lutte acharnée, il restait debout, et, comme il l'écrivait au commandant prussien de Vendôme dans cette belle lettre où il protestait avec indignation contre les violences exercées sur la population de Saint-Calais, il était prêt à lutter encore avec la cons--

cience du droit et la volonté du triomphe, et à combattre sans relâche l'ennemi qui voulait ravir à la nation l'honneur et l'indépendance [1].

Le général insiste souvent dans son récit sur les conditions dans lesquelles luttait son armée [2]. Elle souffrait presque autant qu'elle combattait. Qu'on songe à l'état désastreux des routes qu'une couche de verglas rendait si difficilement praticables, aux fatigues de la marche, aux bivacs sur un sol humide et boueux. Qu'on pense que cette campagne était entreprise au cœur de l'hiver, par un froid terrible, par des brumes épaisses et des pluies continuelles, en une saison extraordinairement rude et rigoureuse qui, dans les guerres d'autrefois, interrompait la lutte et forçait les armées, quelle que fût leur ardeur, à rentrer dans leurs cantonnements et à s'accorder tacitement une suspension d'armes. Qu'on se rappelle que ces jeunes troupes combattaient, non seulement l'ennemi, mais la nature, mais un temps que Chanzy déclarait *exé-*

---

[1] CHANZY, *Loire*, p. 259.

[2] Vous avez supporté, disait le grand-duc de Mecklenbourg à son XIIIe corps, des fatigues qui réclamaient le plus grand effort, dont un homme est capable : Beschwerden, die oft die höchste Anspannung, deren ein Mann fähig ist, verlangten. (*Public. offic. des opérat. des troupes du grand-duc*, p. 183.) Ces paroles s'appliquent tout autant à l'armée de Chanzy qu'à celles du grand-duc.

crable; qu'elles devaient déployer toutes les vertus militaires, et joindre à la bravoure la patience et la résignation ; qu'elles ne pouvaient se consoler de leurs souffrances par l'idée d'une victoire remportée ou soutenir leur courage par l'espérance d'un succès qu'il semblait impossible d'arracher à l'adversaire. On reconnaîtra que l'énergique général qui maintenait son armée dans de telles conditions déployait la plus incroyable ténacité. Cette force de résistance, on l'a vu, arrachait à l'ennemi un cri d'admiration [1].

VIII

Quelle fut dans cette résistance la part de la délégation? Chanzy eut presque toujours la liberté de ses mouvements et il agit à peu près constamment avec une entière indépendance. Le ministère lui laissa d'autant plus la responsabilité de ses actions qu'il avait pris sa mesure. Il avait vu de suite que Chanzy possédait toutes les qualités du grand capitaine et que ce génie plein de ressources, à la

---

[1] Je ne sache pas de mots qui rendent mieux l'énergie de Chanzy que ces deux mots allemands *zähe Widerstandskraft* (HELVIG, *von der Tann*). M. de Kleist l'appelle *beharrlich*, p. 121.

fois audacieux et avisé, connaissait l'art de commander une armée et de mouvoir les masses. Il savait que Chanzy, si l'on nous passe l'expression, se débrouillerait tout seul. *Guerre* et *intérieur* « comptaient absolument » sur le commandant en chef de l'armée de la Loire. Gambetta félicitait le général de porter si vigoureusement le poids de la lutte ; il ne cessait de louer la fermeté de son attitude et cette ténacité que Chanzy regardait comme sa meilleure chance ; avant la bataille du Mans il armait Chanzy du pouvoir de faire toutes les nominations, promotions et révocations qui lui plairaient[1].

Pourtant Gambetta voulut donner à l'armée de la Loire un commissaire civil. Il y envoya le journaliste et futur adhérent de la Commune Lissagaray, sous l'uniforme de chef d'escadron. Mais Chanzy refusa d'accepter un commissaire civil dans son armée et d'admettre Lissagaray dans son état-major. Je n'ai jamais consenti, disait-il devant la commission d'enquête, à recevoir un envoyé de ce genre, et, si l'on avait voulu me l'imposer, j'aurais demandé à être relevé de mon commandement.

D'autres dissentiments s'élevèrent encore entre le gouvernement et Chanzy. Le général avait auto-

---

[1] CHANZY, *Loire*, p. 492, 493, 574, 617.

risé le prince de Joinville à servir comme volontaire dans l'armée de la Loire. Je ne voyais, dans le prince, a-t-il écrit depuis, qu'un soldat, un homme de cœur aimant la France et mettant franchement de côté toute idée autre que celle de se dévouer pour elle ; pourquoi lui aurais-je refusé ce que le gouvernement de la République accordait à tous les Français ? Il demanda néanmoins les instructions du ministre. Gambetta répondit que la présence du prince de Joinville aux armées serait un élément de désordre. Le prince qui prenait le nom de colonel Lutherod fut arrêté par un commissaire de police, conduit à la préfecture du Mans et au bout de cinq jours embarqué à Saint-Malo pour l'Angleterre. Avant de partir, le prince « arraché de l'armée française à la veille d'une bataille » remercia Chanzy : « Votre loyauté de soldat avait compris qu'on peut vouloir servir son pays uniquement parce qu'on l'aime. Vous aviez compris la douleur de quelqu'un qui a porté l'épée, de rester seul oisif dans la crise terrible que nous traversons. Tous mes vœux les plus ardents accompagnent vous et votre armée. » Chanzy fut froissé de l'expulsion brutale du prince de Joinville. Aussi, lorsqu'on lui dit que le duc de Chartres servait dans son armée sous un nom d'emprunt, il ne voulut pas « approfondir cette question ». Le bruit de la présence du prince courait vaguement parmi les troupes. Beaucoup d'officiers croyaient même le reconnaître dans le commandant américain Schönfsky. Personne ne le soupçonnait dans la personne de Robert Le Fort, chef d'escadron auxiliaire attaché à l'état-major du général Dargent, qui fut chargé pendant l'armistice, à cause de sa connaissance de la langue allemande, de fixer les lignes de démarcation entre les deux armées, et que Chanzy proposait pour la croix de la Légion d'honneur comme un officier « des plus méritants et des plus distingués ». Mais Chanzy crut inutile de prévenir le gouvernement. Sa mission, dit-il, lui paraissait trop élevée pour qu'il pût songer à autre chose qu'à la défense du pays. Il savait d'ailleurs que le duc de Chartres, une fois découvert, aurait été, comme le prince de Joinville, renvoyé de France et probablement « accompagné des mêmes procédés ». Il préféra se taire. Pas d'esprit de parti, s'écriait-il dans le discours qu'il voulait prononcer à Bordeaux ; que la France imite l'armée et reste, comme elle, sur le champ de bataille où viennent de succomber pour la cause sacrée de la patrie les hommes de toutes les croyances et de toutes les opinions. Il se glorifiait d'avoir eu sous ses ordres une armée qui ne connaissait d'autre sentiment que le patriotisme et qui combattait, sans arrière-pensée, sans préoccupation politique, pour le salut de la France. « N'ai-je pas vu, disait-il à l'Assemblée de Versailles, arriver à mon armée des noms illustres de tous les partis, les Charette, les Cathelineau, et des princes de la famille d'Orléans ? Tous venaient là pour se battre et se sont battus bravement en ne songeant qu'au pays. Croyez-vous que si on avait voulu faire prévaloir une idée politique dans mes troupes, je m'y serais prêté ? Non ; il y avait un sentiment très élevé, et c'est celui dans lequel je puisais ma confiance qu'aucun de nos désastres n'a pu abattre [1]. »

Ce qu'on peut encore reprocher à la délégation, c'est d'avoir pris certaines mesures sans prévenir le général ou sans tenir compte de ses avis. Lorsque M. de Freycinet vint à Saint-Jean-de-la-Ruelle porter l'ordre de marcher sur Pithiviers et de là sur Fontainebleau, pourquoi ne faisait-il aucun cas des représentations de d'Aurelle, de Borel, de Chanzy exposant le danger de cette opération précipitée ? Pourquoi gardait-il la direction des 18e et 20e corps ?

A Josnes, lorsque Chanzy défendait vaillamment ses positions, l'intervention du ministère faisait tout à coup découvrir sa droite : sur un ordre parti

---

[1] *Discours du 15 juin 1871, Loire,* p. 528, 630, 634.

de Tours, le général Camo évacuait Beaugency. On a prétendu que cet ordre n'avait pas été donné. Mais Chanzy affirme le fait, et l'affirme deux fois, et dans son livre, et dans une lettre à un historien de la guerre franco-allemande [1].

Mais la délégation eut raison de prescrire à Chanzy, après la bataille du Mans, la retraite sur Laval. Le général voulait se replier vers Alençon ; il courait à un désastre ; il menait ses troupes dans un pays où les Allemands auraient profité de tous les avantages de leur cavalerie et de leur artillerie ; en se retirant derrière la Mayenne, sur l'ordre du ministre, il sauva son armée [2].

Ce qui mérite un blâme rigoureux, c'est que la délégation laissait Chanzy dans l'ignorance des mouvements des autres armées et ne lui répondait que par des considérations générales lorsqu'il réclamait des renseignements formels. Vainement Chanzy se plaignait de ne trouver dans les dépêches du gouvernement que des informations complètement insuffisantes ; vainement il demandait avec instance qu'on le tînt sans cesse au courant des opérations militaires de Paris et de la province [3]. Le

---

[1] De Mazade, *La Guerre de France*, I, p. 412 ; Chanzy, *Loire*, p. 129.

[2] *Etat-major allemand*, IV, p. 851 ; Chanzy, *Loire*, p. 339.

[3] Chanzy, *Loire*, p. 239, *Etat-major allemand*, IV, p. 755.

ministre promettait des explications détaillées qu'il n'envoyait pas. Un jour, M. de Boisdeffre apportait à Chanzy, de la part de Trochu, six pigeons destinés au service de communication entre l'armée de Paris et celle de la Loire. Aussitôt, sur la réquisition du gouvernement, le préfet de Maine-et-Loire saisissait les pigeons. Chanzy priait le ministre de lui en laisser quatre ; mais le ministre répondait gravement que les pigeons ne pouvaient être gardés et lancés que par des hommes spéciaux : « Expédiez vos dépêches à Bordeaux, disait-il à Chanzy ; on les préparera sur un papier spécial selon la réduction photographique d'Agron ; on les enverra à Poitiers et, s'il y a lieu, un pigeonnier se rendra auprès de vous, pour les lancer. » Que de complications, quelle perte de temps ! Mais la délégation voulait savoir ce que Chanzy disait à Trochu [1].

Cet incident n'était que puéril. Chanzy souriait peut-être et répondait avec résignation qu'il demanderait plus tard, dans sa marche sur Paris, ce fameux pigeonnier. Mais quelle faute ce fut de mépriser les conseils de Chanzy proposant, dans ses lettres du 30 décembre et du 2 janvier, de concentrer les forces de la province éparpillées jusque là et de les faire concourir à un seul but, et d'après un plan

---

[1] CHANZY, *Loire*, p. 242.

défini ! On a vu que Chanzy n'approuvait pas les opérations de Bourbaki dans l'Est ; il demandait qu'elles fussent restreintes au plus tôt, que cette précieuse armée fût ramenée vers la Seine et qu'on fît un prompt effort pour dégager Paris où les vivres allaient manquer. Mais le ministère lui répondit que le mouvement de Bourbaki produirait de grands résultats et que Paris pouvait attendre. « Ne vous laissez pas affecter par les dépêches du général Trochu, écrivait-on de Bordeaux à Chanzy, et ouvrez votre âme à l'espoir que doit faire naître un plan d'ensemble bien conçu et bien coordonné. » La délégation ne croyait donc pas à la vérité des renseignements confidentiels qu'avait transmis à Chanzy le président du gouvernement de la défense ! Trochu qui connaissait mieux que personne sa propre situation, fixait l'échéance fatale au 20 janvier, et le ministère déclarait avec assurance, d'après ses informations particulières, qu'elle devait être reportée à une date plus reculée !

Et pourtant, la délégation de province, trop exaltée par les uns, trop abaissée par les autres, avait rendu de grands services. Elle a, dit Chanzy, fait surgir des armées avec une *volonté* et un *patriotisme* que les menées politiques qu'on lui reproche ne peuvent faire oublier. Plus d'une fois, le général loue dans son livre les talents et l'infatigable activité que déploya la délégation ; plus d'une fois il admire la rapidité et l'énergie des mesures qu'elle sut prendre pour renforcer les effectifs et pourvoir, malgré la saison, l'état des magasins et l encombrement des voies ferrées, à tous les besoins de l'armée de la Loire[1]. Si Gambetta commit des fautes, n'était-il pas, selon une autre expression de Chanzy, « animé des sentiments les plus patriotiques? » Il est aisé de critiquer ses méprises, les exagérations de ses bulletins, son intervention parfois téméraire dans les opérations de la guerre. Mais il organisa la résistance de la province, il donna l'impulsion, il sonna le tocsin. Il vint dire aux départements en un langage plein d'éclat, de passion et de feu, qu'il ne fallait pas désespérer ; que, malgré Sedan et Metz, rien n'était perdu ; qu'un grand peuple ne cède jamais deux provinces sans avoir lutté jusqu'aux limites du possible ; que l'honneur défendait de se résigner à la défaite subie par l'Empire et d'accepter la honte du démembrement ; que le pays devait se lever pour montrer à l'Allemagne et à l'Europe par un « combat à outrance » que la fierté, la bravoure et le patriotisme vivaient encore sur la vieille terre de France.

---

[1] P. 10, 235, 397, 387.

Il fut parfois plus préoccupé de la République que de la patrie ; il s'agita plus qu'il n'agit ; il ne sut pas lier et rassembler tous les efforts épars en un effort puissant et décisif ; il ne mit pas dans la direction de la guerre l'unité nécessaire, et l'on a pu, non sans justesse, accuser son administration d'incohérence et de confusion. Il eut une partie de ce qu'il avait promis en arrivant à Tours et de ce qui faisait défaut jusque là, résolution et décision ; il n'eut pas la suite dans l'exécution des projets. Enfin, dans ses rapports avec les généraux, il oublia trop souvent que les choses, selon le mot de Commynes, ne tiennent pas aux champs comme elles sont ordonnées en chambre. Néanmoins, il gouverna ; il utilisa toutes les ressources du pays ; il leva de nouvelles armées [1], les équipa, les fournit de munitions et de canons, leur donna de bons généraux. C'était avoir la main heureuse que de choisir Faidherbe et Chanzy. « Il faut être équitable, a dit le général en chef de l'armée de la Loire, et se rappeler la situation du pays et l'impression que causèrent en Europe ces *créations incroyables*. Les armées de la province, s'écriait-il devant l'As-

---

[1] Un Allemand, von der Goltz, a pu composer un livre intitulé *Gambetta et ses armées*, et le « journal militaire autrichien de Streffleur » publiait récemment un article sur *Moltke et Gambetta*.

semblée nationale, aux applaudissements de la gauche républicaine, ont existé, et c'est une justice à rendre à la délégation, c'est elle qui les a créées. Elle ne les a pas créées insignifiantes ; elle les a, par de grands efforts, créées et organisées aussi complètement et aussi solidement que possible ; elle ne les a pas créées et organisées impuissantes ; elle les a créées assez puissantes pour battre l'ennemi dans vingt combats, au Nord, à l'Est et sur la Loire[1]. »

Chanzy s'est exprimé sur ce grave sujet, ainsi que sur l'ensemble des opérations militaires devant la commission parlementaire chargée d'examiner les actes du gouvernement de la défense nationale et dans son discours du 15 juin 1871 à l'Assemblée. Le gouvernement de la défense, disait Chanzy, était le gouvernement de la défense, non seulement de Paris, mais de la France. Que faisaient à Paris le ministre de la guerre, le ministre des affaires étrangères et tous ces membres du gouvernement qui eussent été si utiles en province? Le gouvernement commit une faute énorme en restant à Paris et en y gardant un trop grand nombre de soldats. Il eût fallu ne laisser dans la capitale que les forces nécessaires et envoyer en province, non pas Cré-

---

[1] Discours du 15 juin 1871.

mieux et Glais-Bizoin, qui n'avaient aucune des qualités nécessaires à la conduite et à l'organisation des armées, mais des hommes du métier, capables de former et de diriger la résistance. Gambetta, il est vrai, apporta l'énergie, la confiance de la jeunesse, tout ce qui manquait aux deux autres, à Glais-Bizoin et à Crémieux. Il aimait sa patrie, et il voulait la tirer d'affaire. Il était le mandataire du gouvernement et il le résumait; il devait tout tenter pour sauver la France, et il l'a fait; je le voyais à l'œuvre; il déploya des qualités admirables, il courut le pays, il créa des armées, il chercha à ranimer tout le monde. Mais le gouvernement de Paris avait eu tort de lui donner pleins pouvoirs; Gambetta, ministre de l'intérieur et de la guerre, s'occupait surtout de l'intérieur et abandonnait trop souvent la guerre à des gens qui voulaient prendre à tout prix la direction des opérations militaires et imposer des plans de campagne. Quand, à Laval, ajoutait Chanzy, j'exposais de nouveau à Gambetta le plan que j'avais conçu, je le rencontrai disposé à faire ce qu'on lui proposait; mais, dès qu'il se trouvait dans un autre milieu, les considérations que faisaient valoir ses stratégistes reprenaient le dessus. Aussi les troupes furent maladroitement conduites; les efforts furent combinés, désunis, décousus, au lieu d'être simultanés. Nous avions, disait encore Chanzy des armées dans le Nord, dans l'Est et sur chacune des rives de la Loire. Mais ces armées, d'ailleurs improvisées, trop nouvelles pour présenter une cohésion suffisante, et commandées par des généraux qui changeaient trop souvent, manœuvraient isolément et sans nul plan d'ensemble ; elles ne se prêtaient mutuellement aucun appui ; elles ne purent lutter séparément contre les armées allemandes du reste solides et groupées ; au lieu de concourir toutes à un même but, elles se présentaient successivement à l'ennemi et se faisaient battre. En un mot, selon Chanzy, la France fit plus d'efforts qu'il n'en fallait pour vaincre, mais ces efforts furent faits en temps inopportun et mal dirigés. La défense fut belle, mais menée sans ordre et sans méthode.

IX

Il faut dire que malgré l'habileté militaire de Chanzy et la fébrile activité de Gambetta, l'issue de la guerre n'était plus douteuse après la chute de Metz. Comme Thiers l'a dit, il n'y avait pas d'espérance raisonnable de former au-delà de la Loire des armées capables de dégager Paris. L'armement et l'organisation rendaient la défaite de la France presque inévitable.

L'armement des Français était très inférieur à celui des Allemands. Il aurait fallu pourvoir tous les soldats du chassepot, qui vaut mieux que le fusil à aiguille. Un correspondant anglais raconte que dans les plaines de la Beauce le chassepot était « particulièrement dangereux et destructif, et tuait à des distances incroyables ». A Villorceau, écrit Chanzy, toutes les fois que nous étions parvenus à portée de mousqueterie des Allemands, ils avaient été obligés de reculer devant la vigueur de nos fantassins et la supériorité du chassepot. Malheureusement tous les chassepots fabriqués sous l'Empire étaient à Paris ou dans les villes tombées au pouvoir des Allemands, à Strasbourg, à Sedan, à Metz. Malgré le plus actif labeur, on ne parvint à fabriquer que quinze mille chassepots par mois. On acheta donc sur tous les marchés et l'on distribua parmi les troupes des fusils de toute espèce, transformés ou non transformés, se chargeant par la bouche ou par la culasse, remington, snider, springfield. Mais cette confusion de types ne pouvait produire que de mauvais résultats. L'armement, dit Chanzy, avait le défaut de compter trop de modèles différents ; et plus la guerre durait, plus augmentait cette diversité des armes, plus on mettait entre les mains des soldats des fusils de provenance étrangère, de modèles anciens et arriérés, et par suite, d'une qualité fort inférieure aux fusils de l'ennemi. A Coulmiers, Chanzy commandait de n'engager qu'à toute extrémité les régiments de mobiles armés de remingtons et dont quelques-uns n'avaient pas encore reçu de baïonnettes. Au Mans, une des causes de la panique des mobilisés bretons fut leur méfiance dans leurs armes [1].

L'artillerie faisait la principale infériorité de l'armement français. Elle mérita de grands éloges à la bataille de Coulmiers où on la vit se porter en avant sur les points les plus favorables, manœuvrer avec précision sous une pluie épaisse de projectiles, et réduire au silence les batteries allemandes par la supériorité de ses feux. Mais l'artillerie de nos adversaires était infiniment plus nombreuse, et la portée moyenne de leurs pièces beaucoup plus considérable que celle des pièces françaises. A Loigny, nos troupes, dit Chanzy, furent décimées par un feu d'artillerie quatre ou cinq fois supérieur au leur. Il est vrai que les Allemands souffrirent durant toute la campagne (principalement à Villorceau) du tir de nos mitrailleuses; néanmoins Chanzy

---

[1] CHANZY, *Loire*, p. 128, 19, 24; DE FREYCINET, p. 55-56, 161, 332.

jugeait leur artillerie *formidable* et reconnaît qu'elle fut leur « grand élément de succès »[1].

Mais, comme Chanzy l'a dit encore, « la faiblesse et l'insuffisance » de l'organisation militaire expliquent assez l'insuccès de la résistance. A mesure que durait la guerre, l'avantage du nombre passait de notre côté. La délégation finit donc par assurer à la France cette supériorité sur les ennemis. Mais, si l'armée française l'emportait par la *quantité*, elle était inférieure par la *qualité*. On ne put jamais façonner des troupes égales aux troupes allemandes. Il leur manqua toujours la solidité que le temps seul peut donner. Le temps, voilà ce qui faisait défaut ; jamais nos soldats n'eurent le temps d'achever leur instruction imparfaite ; il fallait les jeter de suite sur l'ennemi, les exposer sans préparation aux fatigues de la guerre — et de quelle guerre ! — les lancer à corps perdu dans les labeurs et les périls d'un métier dont ils n'avaient pas fait l'apprentissage. Les officiers étaient, pour la plupart, inexpérimentés, impuissants à remonter le moral de leurs hommes. Le 26 janvier 1871, paraissait un décret de la délégation qui reprochait à l'officier de n'être pas l'ami et le tuteur de ses

---

[1] CHANZY, *Loire*, p. 30, 119, 120 ; DE FREYCINET, p. 333, « les Allemands disposaient de 3 à 4 pièces par 1,000 hommes et les Français de 2 ».

soldats, de n'avoir avec eux que peu de contact, de loger en ville pendant qu'ils vivaient au camp sous la tente[1]. Ce décret arrivait tard ; mais fût-il arrivé plus tôt, les officiers auraient toujours manqué d'ascendant sur leurs soldats. Eux aussi étaient improvisés ; eux aussi se laissaient démoraliser par le spectacle de nos revers ; la fortune s'éloignant de nos drapeaux, l'hiver redoublant ses rigueurs, les privations devenues plus nombreuses et plus dures, tout abattait leur première ardeur et les dégoûtait de la guerre. La discipline, établie d'abord par d'Aurelle, ensuite par Chanzy, finissait par se relâcher. On connaît ces attristants détails[2]. A tout instant Chanzy recommande dans ses instructions de faire empoigner par les gendarmes les hommes isolés ; il multiplie dans ses ordres du jour les mâles et réchauffantes exhortations ; il menace, il punit, il fait fusiller, pour l'exemple, des traînards et des lâches. Mais il exige trop des forces de ces jeunes gens : les uns inventent d'indignes prétextes pour se soustraire à la bataille ; d'autres gaspillent leur ration, abandonnent au bivouac des monceaux de viande et de biscuit pour ne pas les transporter, ou bien, au moindre

---

[1] DE FREYCINET, p. 431.
[2] Voir plus haut, p. 92 et 98.

revers, jettent leur sac et leurs armes pour fuir plus vite ; d'autres se laissent enlever par les cavaliers allemands et préfèrent une captivité qui leur sauve la vie aux hasards du combat, aux souffrances de la retraite, à la persistance de cette lutte, qui, selon le mot de Chanzy, se reproduisait constamment alors qu'on la croyait terminée [1]. Après Vendôme et dans la marche sur Le Mans quel désarroi parmi ces troupes qui tenaient tête à l'ennemi quelques jours auparavant, non sans vaillance et fermeté ! Le général Gougeard arrive près de Saint-Calais et fait camper son armée sur les hauteurs de Montaillé [2] : mais soldats et officiers refusent, après les fatigues de la journée, de rester exposés au froid et à la neige ; ils quittent le camp et se réfugient à Saint-Calais où ils passent la nuit. Seuls, les marins, qui dans toute cette guerre furent l'élite des armées, demeurent sur les positions assignées par le général. Le lendemain matin, lorsque la division se remet en marche, elle est ébranlée, disloquée, amoindrie ; des soldats, des officiers ont déserté ! Quoi d'étonnant qu'à peine arrivé sur la Sarthe, Chanzy mande douloureusement au ministre qu'il trouve un encombrement e

---

[1] CHANZY, Loire, p. 222.
[2] GOUGEARD, p. 29.

corps de toute sorte sans direction aucune? Déjà, au mois de novembre, le général de Sonis, arrivé d'Afrique, comme Chanzy, pour prendre le commandement d'un corps d'armée, s'avoue qu'il « a sous ses ordres des chefs qui connaissent bien peu leur affaire, des officiers qui ne savent pas du tout les manœuvres et des soldats qui ne savent pas les exécuter ». L'armée était à peine en mouvement, disait de Sonis, et déjà je m'apercevais que j'avais entre les mains un instrument peu sûr qui ne pouvait guère m'inspirer confiance.

C'était beaucoup de tenir l'adversaire en échec avec de pareilles troupes, de lutter avec un peu de discipline et d'organisation improvisées contre la ferme discipline inhérente aux Allemands, contre l'organisation régulière et méthodique d'un ennemi d'ailleurs animé par la certitude de vaincre. Mais vainement on se battait sans cesse; pour la première fois peut-être, et au rebours de ce qui se produit ordinairement, une armée ne s'aguerrissait pas en faisant la guerre. On a souvent observé que le Français, si prompt à l'espérance, s'abandonne aisément dans la mauvaise fortune; la victoire lui fait oublier ses souffrances et l'encourage à porter gaiement de nouvelles épreuves; la défaite au contraire le rend incapable d'efforts et de sacrifices. Mais un seul mot explique tout : *pas de cadres,* c'est-à-dire pas de cohésion.; on ne se sentait pas les coudes, on ne s'appuyait pas les uns sur les autres, on ne s'excitait pas mutuellement à la résistance, on ne luttait le plus souvent qu'avec une morne résignation, et, selon l'expression de Chanzy, avec force *doléances*[1], en maudissant la fatalité, parfois en criant à la trahison. Si les soldats avaient eu à leur tête un corps d'officiers expérimentés qui les eût soutenus et réconfortés par ses paroles, par son exemple, ils auraient eu cette solidité ou mieux cette solidarité, cette confiance réciproque sans laquelle, dit Chanzy, il n'est point de succès[2].

Telle est la cause essentielle des désastres éprouvés pendant la deuxième période de la guerre et notamment durant la campagne de l'armée de la Loire. Il n'y pas une bataille livrée par Chanzy dans laquelle cette armée valeureuse et pleine de bonne volonté, mais où les vétérans ne comptaient pas six mois de services, n'ait soudainement faibli. En vain Chanzy calcule ses mouvements et choisit ses positions avec habileté. Un des mouvements qu'il projette s'interrompt brusquement, une des positions qu'il veut tenir est tout-à-coup abandonnée. Les résultats, obtenus la veille, sont le lende-

---

[1] Chanzy, *Loire*, p. 347.
[2] Discours à la séance d'inauguration de l'Académie militaire d'Alger.

main remis en question ; la victoire, gagnée sur la gauche, est perdue sur la droite ou réciproquement. La ligne française n'est pas solide sur tous les points ; les ennemis y découvrent toujours un point faible, trop aisément vulnérable, sur lequel ils appuient, et la ligne, entamée, recule tout entière. A Josnes, la déroute de la colonne Camo et à Vendôme, la prise de Bel-Essort compromettent le succès presque incontesté de la journée. Au Mans, la défaillance d'une seule division entraîne la retraite de toute l'armée. La France n'eut pas et ne pouvait avoir ce qu'avait l'Allemagne, l'organisation et l'ensemble.

X

La gloire de Chanzy n'en est pas diminuée, puisqu'il luttait à la fois contre l'ennemi et contre la démoralisation de ses propres soldats. Que n'eût-il pas fait, a-t-on dit [1], à Rezonville et à Saint-Privat,

---

[1] LE FAURE, II, p. 339. Les journaux ont publié cette anecdote que nous donnons sous toutes réserves Le prince Frédéric-Charles disait aux délégués de la municipalité de Berlin : « Vous me félicitez, mais je suis sûr que vous me trouviez bien lent à la besogne Mon fils m'écrivait : « Papa, remporte donc vite une victoire ; tout le monde dit que tu ne t'es pas battu depuis longtemps. » C'est que nous avions affaire à forte partie. *S'ils avaient eu Chanzy à Metz*, mon fils m'aurait écrit de plus verte façon. »

un tel homme de guerre, avec les héroïques troupes de Metz! Sans lui, sans sa puissante fermeté, sans sa constance inouïe, l'armée de la Loire n'aurait pas subsisté. Ce fut Chanzy qui, par sa volonté de fer, la maintint et la fit durer, qui lui donna la consistance et la vie, qui la rappela, comme il put, au sentiment de la discipline si rudement ébranlé par tant de revers. Grâce à lui, cette armée, malgré les furieux assauts que lui donnait l'ennemi, ne put être domptée et infligea jusqu'à la fin à ceux qui la suivaient, mais ne la poursuivaient pas, les pertes les plus graves. Après les batailles de la Beauce, disait un officier supérieur allemand, la campagne de 1866 n'est qu'un jeu d'enfants (*Kinderspiel*) [1].

Ceux d'entre nous qui suivaient de près les péripéties de la lutte se rappellent encore l'émotion qu'excitait dans le pays la résistance de ce général alerte et toujours prêt au combat. La France admirait par quels prodiges d'énergie et de tactique il tenait contre l'effort des masses allemandes. Cette grande voix de l'opinion qui se faisait entendre après chaque désastre, pour condamner Napoléon III après Sedan et pour flétrir Bazaine après Metz, ne prononçait le nom de Chanzy

---

[1] CHANZY, *Loire*, p. 447.

qu'avec sympathie et gratitude. Chanzy, comme Gambetta l'écrivait au gouvernement de Paris, était « le véritable homme de guerre révélé par les évènements ». L'habile et opiniâtre défense du général en chef de l'armée de la Loire relevait les courages tout autant qu'elle réconforte encore aujourd'hui le Français qui lit un récit de cette malheureuse époque. A la nouvelle des succès de Coulmiers, de Josnes, de Vendôme, la France frémissait d'espoir et avait foi dans la délivrance.

Cet espoir fut trompé ; mais l'héroïsme de Chanzy méritait la reconnaissance du pays, et le pays ne la lui marchanda pas. Chanzy devint député, sénateur, gouverneur général de l'Algérie, ambassadeur en Russie, et, lorsqu'une mort soudaine l'eut enlevé à ses concitoyens, la France ne crut pas avoir entièrement acquitté sa dette. Trois statues de Chanzy, élevées par souscription publique, à Nouart où il est né, à Buzancy où s'écoulèrent les loisirs de ses dernières années, au Mans où il livra sa suprême bataille, consacreront le souvenir de sa glorieuse résistance et apprendront aux générations futures comment un Français doit défendre et le sol et l'honneur de la patrie.

# LA COMMUNE

LA COMMUNE

La Commune grondait au moment où se signaient les préliminaires de paix ; bientôt elle éclatait, et la guerre civile s'allumait après la guerre étrangère. Chanzy fut indigné de cette « insurrection néfaste qui mettait le comble aux malheurs de la France », et il flétrit à la tribune de l'Assemblée, avec l'énergie d'un brûlant patriotisme, cette « révolte insensée et infâme de quelques misérables que la France renie, que la société rejette et que la justice devait atteindre bientôt ». La Commune, disait-il à la réunion du centre gauche, est *notre plus grande honte*[1].

Il avait vu de près la sédition ; lui aussi avait été le prisonnier, et failli être la victime de la populace ; couvert d'ignobles outrages, traîné en prison

---

[1] CHANZY, *Loire*, p. 445 ; discours du 19 mai 1871 et du 8 mai 1872.

au milieu de sauvages huées et de cris de mort, il n'échappa qu'avec peine au destin de Clément Thomas et de Lecomte. Sans quelques gens de la Commune qui gardaient encore des sentiments français, Chanzy tombait sous les coups d'une tourbe stupide et furieuse dans l'avenue d'Italie ou la rue de la Santé, pendant qu'avait lieu, à l'autre bout de Paris, le drame sanglant de la rue des Rosiers[1].

Depuis quelques jours, la révolte se rendait maîtresse de Paris; déjà les fédérés s'emparaient des gares, désarmaient les soldats isolés, arrêtaient et fouillaient les voyageurs. Chanzy venait de Bordeaux et se dirigeait sur Versailles. Le vendredi 18 mars, à cinq heures du soir, le train où il avait pris place entrait dans la gare du chemin de fer d'Orléans. L'arrivée du général avait été signalée, on ne sait comment, et des gardes nationaux armés stationnaient sur le quai. Ils envahirent le wagon-salon que M. Turquet, député de l'Aisne, occupait avec sa famille, et demandèrent impérieusement où était Chanzy. — Chanzy n'est pas ici, répond M. Turquet. — « Vous vous trompez; il est là, vous

---

[1] Voir pour tout ce chapitre le discours de M. Turquet à l'Assemblée nationale, le récit de M. Maxime Du Camp dans les *Convulsions de Paris,* tome I, pp. 237 255 ; et l'article anonyme (M. Sarrazin ?) du *Temps*. Quelques détails inédits m'ont été donnés par un ami du général.

êtes son aide-de-camp. » Malgré les dénégations de M. Turquet, les gardes nationaux fouillèrent à coups de crosse et de baïonnette le wagon jusque dans ses coins et recoins. Enfin, convaincus que celui qu'ils cherchaient n'était pas dans le compartiment, ils se retirèrent et pénétrèrent successivement dans tous les wagons ; arrivés au dernier, ils y trouvèrent Chanzy. Le général ne se cachait pas, car il avait la tenue de campagne et portait sur la poitrine la plaque de la Légion d'honneur. « Au nom de la loi, je vous arrête », dit un garde national. — « Au nom de quelle loi ? » demanda Chanzy. — « Au nom du Comité de la garde nationale. » — « Je m'incline devant la force », répondit le général. Il descendit de wagon et les gardes nationaux l'entraînèrent. M. Turquet assistait à la scène ; il s'approcha, se fit connaître et pria Chanzy de lui permettre de l'accompagner. Chanzy refusait d'associer M. Turquet à ses périls ; mais le député de l'Aisne insista : « Acceptez, vous pouvez être en danger de mort, il est bon qu'un représentant de l'Assemblée nationale reste à côté de vous. On n'osera peut-être pas tuer deux représentants à la fois. » Le général ne fit plus aucune objection et se laissa conduire avec M. Turquet à la mairie du XIII° arrondissement. La foule s'amassait ; elle prenait Chanzy pour Ducrot et criait : « A mort Ducrot, à mort le traître ! »

Chanzy et M. Turquet montèrent au premier étage de la mairie[1]. Ils y trouvèrent Léo Meillet, le futur membre de la Commune. Ce fut Meillet qui sauva Chanzy et M. Turquet, et ceux-ci le sauvèrent à leur tour, après la répression du mouvement communaliste. Meillet assura ses deux prisonniers qu'il les délivrerait au péril de sa vie. Mais, à cet instant, arrivait Duval, ou, comme on le nommait, le général Duval, ancien blanquiste et ouvrier fondeur, que le Comité central avait nommé délégué militaire à la préfecture de police. « Citoyen général, dit-il à Chanzy, au nom des lois de la guerre, je vous fais mon prisonnier. » — « Je suis à vos ordres », répondit Chanzy. M. Turquet intervint et dit qu'il ne quitterait pas le général. — « Qu'à cela ne tienne, repartit Duval, je vous fais mon prisonnier ; mais qui êtes-vous ? — Je suis M. Turquet, député de l'Aisne. — Alors, je ne peux pas vous

---

[1] « J'ai entendu, a écrit M. Claretie, le général Chanzy raconter ces souvenirs lugubres ; il le faisait avec un demi-sourire, sans phrases, sans exagérer les dangers courus, et en homme qui, selon le principe de Pibrac ne redoute ni ne souhaite la mort. La façon dont le général contait qu'étant entouré par la foule, dans une petite salle de la mairie où on l'avait conduit, il était couché en joue toutes les deux minutes par des furieux, cette façon calme était charmante. Il disait qu'un gamin de dix-huit ans, armé d'une baïonnette, cherchait à lui porter des coups. Un des interlocuteurs du général s'écria : « Mais c'était un scélérat, ce garçon-là. — Pas du tout, fit Chanzy, c'était un imbécile ; sa baïonnette n'avait aucun sens. »

arrêter. — Mais je veux être arrêté. — Je vous arrêterai donc, puisque vous le voulez, non comme député, mais comme aide-de-camp du général Chanzy. Vous êtes militaire, car vous portez le ruban de la Légion d'honneur [1]. — Oui, mais si vous voulez m'arrêter comme militaire, arrêtez-moi comme sergent-major. » Et l'ordre d'écrou fut ainsi libellé : « Le citoyen Gourdin, chef de la maison militaire du 9° secteur, écrouera le citoyen général Chanzy et le sergent qui l'accompagne. »

Léo Meillet mena Chanzy et M. Turquet, non pas à la prison du secteur, qui n'avait ni grilles ni murailles, mais dans son propre appartement. Par une singulière coïncidence, il demeurait en face de la chapelle élevée à l'endroit même où le général Bréa fut assassiné par les insurgés de juin 1848. Meillet installa les deux représentants dans son salon et les fit garder par cinq officiers de la garde nationale. Mais la foule s'était assemblée autour de la maison. Au bout d'un quart d'heure, elle demandait que le général et son aide-de-camp fussent jetés par la fenêtre. Quelques gardes nationaux voulurent même pénétrer dans l'appartement. Meil-

---

[1] M. Turquet s'était engagé pendant la guerre dans les éclaireurs de la Seine ; il fut blessé trois fois, cité à l'ordre du jour de l'armée et décoré de la Légion d'honneur après le combat de la Malmaison.

let déclara qu'il répondait de la vie des deux députés et ne laisserait pas violer son domicile. Les gardes nationaux se retirèrent, mais bientôt ils revinrent en plus grand nombre. Meillet crut qu'il fallait donner à la foule une légère satisfaction, et à la prière même de Chanzy, il plaça deux factionnaires près d'une croisée restée ouverte, afin que le peuple pût, de la rue, voir et surveiller ses prisonniers.

Mais, un quart d'heure après, les gardes nationaux tentent, pour la troisième fois, de faire irruption dans le salon. Ils crient qu'il faut conduire Chanzy en prison, ou, ce qui est plus simple, le *coller* à la muraille de la chapelle Bréa et le fusiller sur le champ. Meillet, le pistolet au poing, et les officiers de la garde nationale, le sabre à la main, défendaient l'entrée de l'appartement. Mais la partie n'était pas égale; Chanzy s'interposa. « Ma vie, dit-il à Meillet, peut être sacrifiée ; je l'abandonne au peuple, s'il la veut, pour se calmer ; mais je tiens à sauver la vôtre. »

Meillet se résigna à mener les deux prisonniers à la geôle du 9ᵉ secteur et parvint à les y conduire sans trop de difficultés. Ils furent assez doucement traités pendant deux jours, et les gardes nationaux présentaient les armes à Chanzy lorsqu'il passait devant eux. Mais après ces deux jours de tranquillité relative[1], la foule s'amassa de nouveau, tumultueuse, menaçante, devant la geôle du secteur. Meillet craignit pour la vie du général et donna l'ordre de le transférer à la prison de la Santé ; pour mieux le protéger, il fit venir une voiture.

Quant à M. Turquet, il avait été mis en liberté. Il ne voulait pas abandonner Chanzy. Mais on avait fini par s'assurer qu'il était représentant du peuple, et non pas officier d'ordonnance du général. Léo Meillet conduisit lui-même M. Turquet à la gare Saint-Lazare et l'accompagna jusqu'à Versailles.

Au moment où Chanzy quittait la prison du 9e secteur pour être transféré à la Santé, arrivaient de nouveaux prisonniers, arrêtés, comme lui, à la gare du chemin de fer d'Orléans. C'étaient le général de Langourian et MM. Ducauzé de Nazelles, capitaine au 5e lanciers, et Gaudin de Villaine, lieutenant au 75e de marche. Meillet les fit monter avec Chanzy dans la même voiture. Mais une populace, mélangée d'ouvriers et de fédérés, de femmes et d'enfants, cerne la voiture et dételle le cheval ; les généraux sont jetés à terre et maltraités ; les aides de camp, injuriés, frappés à coup

---

[1] L'expression est de M. Turquet.

de crosse. Léo Meillet se jette au devant de la foule : « Il faut le fusiller », criait-on autour de Chanzy. « Eh bien, dit Meillet, fusillez-le, mais que le premier qui l'ose, s'avance. » La foule s'écarte un instant, et les gardes nationaux profitent de ce répit pour entraîner les officiers dans la rue de la Santé. Mais bientôt cette masse de peuple presse de nouveau les prisonniers et leur escorte ; elle pousse des cris de colère et de haine aveugle : « *à mort les traîtres et les vendus, à mort les capitulards !* » En vain, Léo Meillet, son adjoint Combes et le commandant du 101ᵉ bataillon, l'ancien corroyeur Sérizier, s'efforcent de prouver à ces énergumènes qu'ils s'attaquent au plus glorieux général de la France. « C'est Chanzy, tant mieux ; à mort Chanzy ! », et ces frénétiques insultent et frappent lâchement le général, qui demeure impassible sous les outrages et les coups. Lorsque le héros de la Loire parvient à la grille de la prison, nu tête, le visage ensanglanté, les habits déchirés, ses épaulettes et sa croix arrachées, il n'est plus reconnaissable. Il faillit périr avant de passer le seuil. A la porte d'entrée, on se précipite sur lui ; on le terrasse ; il aurait été foulé sous les pieds de ces forcenés, mais le gardien-concierge Villemain le relève rapidement, et tout en parant un coup de crosse, le jette dans l'intérieur de sa loge. « Il faut pardonner à ces malheureux, disait Chanzy, ils ne savent ce qu'ils font. »

Cependant la multitude force la porte, se répand dans la prison, inonde la cour, le rond point, le greffe, les guichets ; mais elle s'arrête devant les surveillants qui se sont groupés, leurs clefs au poing, autour des officiers et leur font un rempart de leur corps. Le directeur de la prison, M. Lefébure, est accouru. Il demande l'ordre d'incarcération ; on lui remet quatre papiers ; celui qui concernait Chanzy, était ainsi conçu :

« Ordre au directeur de la prison de Santé de recevoir en dépôt le général Chanzy jusqu'à ce qu'il en soit autrement ordonné. Le directeur répond sur sa tête de la garde de ses prisonniers. — Pour E. Duval : Cazol. »

Le directeur eût pu dire que cet ordre était illégal, mais aurait-il sauvé les officiers qu'on venait remettre à sa garde ? Ne valait-il pas mieux obéir pour l'instant à la volonté du plus fort, et dérober au plus tôt les prisonniers aux yeux de la foule ? M. Lefébure fait un signe au brigadier Adam ; les gardiens s'emparent brusquement de Chanzy et de ses compagnons, les poussent vers la porte d'entrée des galeries cellulaires ; immédiatement la porte se referme. Mais vainement Sérizier, sur les instances de M. Lefébure, exhorta les fédérés à s'éloigner.

Il ne put les empêcher de mettre des sentinelles à la porte des cellules.

Cependant, les amis, les parents du général faisaient d'actives et périlleuses démarches pour obtenir sa mise en liberté. Le 20 mars, la belle-sœur de Chanzy, Mme Thévenet, accompagnée du capitaine Henry, se rendit à l'Hôtel de Ville où siégeait le comité central et fit une visite à Bergeret [1]. Quelques jours après, les deux aides-de-camp du général, MM. de Boisdeffre et Henry essayaient de pénétrer dans la prison de la Santé; ils furent arrêtés par les fédérés du poste et conduits au secteur. Relâché par l'entremise de Duval, le capitaine Henry alla trouver Lullier, et l'ancien lieutenant de vaisseau, devenu pour quelques jours général en chef de la garde nationale, promit de faire tout son possible pour mettre Chanzy en liberté. Mais Lullier était déjà suspect aux hommes de la Commune, et les généreux efforts, les démarches répétées que tentaient des officiers de l'armée ne pouvaient avoir de succès. Il fallait faire agir en faveur de Chanzy des personnages d'opi-

---

[1] Les détails comiques se mêlent toujours aux choses les plus graves. Lorsque Bergeret *lui-même* reçut Mme Thévenet et M. Henry, il n'avait d'autre chaussure que des bas; pourtant il fut assez poli pour s'excuser : il avait tant couru, depuis l'affaire de la butte Montmartre, qui lui avait valu le titre de général, que ses pieds étaient enflés!

nions très avancées, que le Comité central voulait ménager ou qu'il espérait rallier à la cause de la Commune. Ce furent l'ingénieur civil Aronssohn et le général Camille Cremer, cet ancien capitaine d'état-major et aide-de-camp du général Clinchant, qui s'était échappé de Metz et avait pris une part importante à la campagne de l'Est. Le comité central comptait faire de Cremer le commandant en chef de son armée.

Cremer et Aronssohn obtinrent un ordre d'élargissement signé de Lullier et le portèrent à M. Lefébure. Mais le directeur de la Santé fit observer que les fédérés du 9ᵉ secteur, restés dans la prison, guettaient et voulaient leur proie. Le chef du bataillon déclarait que ses hommes regardaient Chanzy comme un capitulard et qu'ils fusilleraient le général, dès qu'il serait relâché. Dans leur perplexité, Cremer et M. Aronssohn se résolurent à intercéder le soir même en faveur de Chanzy auprès du « général » Duval, très connu dans le XIIᵉ arrondissement, où il avait été chef de Légion et commandant du secteur. Mais Duval déchira l'ordre signé de Lullier et refusa de mettre Chanzy en liberté. Une autre démarche près de Raoul Rigault eut le même résultat. Nous n'en voulons pas au général, disait le futur procureur de la Commune, nous ne l'avons arrêté que par précaution. Il donna pourtant au vieux Charles Beslay la permission de visiter Chanzy.

Les amis du général tremblaient pour sa vie. Ils redoutaient fort justement les prochaines élections de la Commune et l'avénement d'un gouvernement froidement résolu au terrorisme. M. Lefébure était remplacé à la direction de la Santé par un nommé Caullet, parent de Duval et portier de la maison Cail. Le secteur envoyait quatre délégués à la Santé pour « exercer une surveillance spéciale sur les deux généraux et autres officiers enfermés dans ladite maison ». Les fédérés qui gardaient le poste, étaient si peu dociles aux ordres de leur gouvernement, si défiants et tellement hantés par la pensée d'une évasion qu'ils ne laissaient entrer dans la cellule de Chanzy les personnes munies d'une autorisation du Comité central qu'après de longs pourparlers et de très vives discussions. Un des détenus étant mort, ils firent déclouer son cercueil pour constater le décès. Ils craignaient que Chanzy, comme le Valjean des *Misérables*, ne se fût caché dans la bière, et le corbillard fut suivi jusqu'au cimetière d'Ivry par un peloton de fédérés soupçonneux.

Chanzy montra durant sa captivité son énergie coutumière. Il ne pouvait se promener dans le préau qu'entre deux fédérés qui ne le quittaient pas d'une semelle. Il ne communiquait avec le dehors que par le vieux Beslay, quelquefois par le général Cremer et l'avocat Sarrazin. « On lui avait fait, dit ce dernier, l'honneur d'une double cellule. Je le trouvai là assis devant une table et lisant. Au premier moment, sa vue me fit presque oublier la condition dans laquelle il se trouvait. C'était la première fois que je le revoyais depuis la bataille de Vendôme. Mais les portes ouvertes et la présence de deux fédérés qui écoutaient en dehors me rappelèrent bientôt à la réalité. Ce qui me frappa surtout, ce fut le calme, la sérénité absolue du général, après de pareilles épreuves... Il avait sur le visage les traces encore vives des coups qui lui avaient été portés. Il me raconta son arrestation simplement, sans ombre de colère, de fiel ou de dépit, mais plutôt avec cette netteté et cette précision qui sont propres aux hommes supérieurs, habitués à voir les faits en eux-mêmes, dans leurs causes et dans leur enchaînement, et sachant les dégager des impressions ou des préoccupations personnelles : qualité suprême chez un chef d'armée. On eût dit qu'il racontait un fait de guerre... Ils m'ont pris pour un autre, disait-il, et ne savaient pas ce qu'ils faisaient. Et puis, il y a toujours des honnêtes gens dans ces sortes de cohues, car je me suis aperçu que ceux qui me serraient de plus près s'étaient emparés de moi pour me sauver, et recevaient eux-mêmes des coups qui m'étaient destinés. »

Enfin, le 25 mars, Cremer obtint du Comité central un ordre ainsi rédigé : « Le citoyen Duval mettra immédiatement le général Chanzy en liberté ». Duval, à son tour, signa un « ordre de mettre immédiatement le général Chanzy en liberté ». A minuit, Cremer, accompagné d'un membre du Comité central, Babick, arrivait à la Santé; les fédérés du poste dormaient, et l'on n'eut garde de les réveiller. Le délégué du secteur signa le certificat d'élargissement. Chanzy, ainsi que Langourian et Ducauzé de Nazelles[1] revêtirent des habits bourgeois et sortirent, sous ce déguisement, de la prison. Mais les tribulations du général n'étaient pas terminées. Il devait comparaître, avec Cremer, devant le Comité central. Il monta le grand escalier de l'Hôtel de Ville où gîtaient et gisaient pêle-mêle des hommes et des femmes toujours pris de vin. Il fut admis dans la salle où siégeait le Comité. Il assista, non sans dégoût, à l'une des séances de cette singulière assemblée dont les membres ne parlaient que pour se menacer et s'invectiver les

---

[1] Gaudin de Villaine avait été relaxé dès le 21 mars, sur l'intercession de Beslay.

uns les autres dans le langage le plus cynique. Le Comité central confirma sa décision. Mais à peine Chanzy était-il parti que l'assemblée se repentit de sa clémence et jugea qu'elle aurait mieux fait de garder ce précieux otage. Heureusement, il était trop tard ; Babick, qui seul connaissait la retraite du général à Paris, courut lui dire qu'il fallait fuir sur-le-champ. Chanzy partit à pied et arriva à Versailles le matin même du jour où Paris élisait la Commune.

Ses collègues de l'Assemblée Nationale l'accueillirent avec joie. Dans la séance du 27 mars, l'amiral Jauréguiberry montait à la tribune et prononçait les paroles suivantes :

« Je prie l'Assemblée de me permettre d'être l'interprète de la satisfaction qu'elle éprouve sans aucun doute en apprenant la délivrance du général Chanzy et son retour au milieu de nous (vives marques de satisfaction, applaudissements prolongés). La joie que cette assemblée vient de témoigner, sera partagée par la France entière (oui, oui !) et, je dois l'ajouter, par l'Europe tout entière qui, pendant cinq mois, a suivi avec une profonde sympathie et une très grande estime les nobles efforts du brave commandant en chef de l'armée de la Loire (très bien, très bien. Nouveaux et très vifs applaudissements).

M. DAGUENET. — Nobles efforts, dans lesquels vous l'avez si bien secondé (c'est vrai, c'est vrai).

M. Vast-Vimeux. — Oui, oui, très vrai.

M. le président Grévy. — Je crois devoir ajouter que l'honorable amiral vient de se rendre l'interprète fidèle des sentiments de l'Assemblée. »

CHANZY

A L'ASSEMBLÉE NATIONALE ET AU SÉNAT

CHANZY A L'ASSEMBLÉE NATIONALE ET AU SÉNAT

I

Après avoir défendu le pays à la guerre, Chanzy allait prendre part à ses affaires et à ses délibérations pendant la paix ; le soldat se produisit sans trop de désavantage sous un aspect nouveau, celui de l'homme politique.

Aux élections générales du 8 février 1871, il obtenait à Paris, sans être élu, 60,760 suffrages. Mais les Ardennes le nommaient leur représentant, le deuxième sur six, par 44,225 voix [1]. Le choix des électeurs de son pays natal avait été « tout spontané ». Le général en chef de l'armée de la Loire délivrait des permissions à des officiers de tout grade qui couraient dans leur département briguer

---

[1] M. Toupet des Vignes venait en tête de la liste.

les suffrages de leurs compatriotes [1]. Mais il restait à son poste et ne pensait nullement à la députation ; il n'avait d'autre souci que de donner à son armée assez d'énergie et de vitalité pour reprendre la campagne.

On a donc pu dire qu'il entra dans la vie politique à son insu et qu'il apprit son élection avant même de savoir qu'il était candidat. L'Ardenne, comme l'a remarqué un de ses collègues à l'Assemblée nationale [2], l'Ardenne où le choc de l'ennemi s'était fait si rudement sentir, où l'invasion étrangère avait apporté tant de souffrances et de malheurs, choisit pour la représenter au Parlement celui des généraux qui avait le mieux mérité de la patrie. Mézières bombardé et portant sur presque toutes ses maisons la trace des obus allemands, Sedan, ce dernier champ de bataille de l'armée impériale, Bazeilles, qui n'était plus qu'un monceau de ruines, Rouvroy et Voncq livrés aux flammes, toutes ces villes et ces villages encore sous la pression de l'ennemi élurent pour député le plus énergique de nos soldats et le partisan le plus résolu de la guerre à outrance.

On a vu l'attitude de Chanzy à Bordeaux, et

---

[1] CHANZY, *Loire*, p. 619.
[2] M. Philippoteaux, discours prononcé aux funérailles de Chanzy.

les efforts qu'il fit dans les comités pour obtenir la prolongation de la résistance. C'est à Versailles qu'il aborda la tribune.

Les préliminaires de paix acceptés à Bordeaux avaient été convertis en un traité définitif sur lequel l'Assemblée dut se prononcer le 19 mai 1871. Thiers accueillait un échange proposé par l'Allemagne : une portion de territoire autour de Belfort contre une rectification de frontière sur les limites occidentales des cantons de Cattenom et de Thionville. Mais l'Assemblée devait résoudre la question qui se posait ainsi : « Fallait-il reporter la frontière française jusqu'à la ligne des Vosges, vers le ballon d'Alsace et, garder sur ce point avec 6,000 hectares, 27,000 Français de plus, ou céder sur les confins du Luxembourg un territoire de huit à dix kilomètres renfermant 10,000 hectares et 7,000 Français ? » Chanzy s'opposait à cet article du traité. Il ne pensait pas qu'il fallût acheter l'extension du rayon militaire de Belfort par l'abandon d'une nouvelle parcelle, si petite qu'elle fût, de notre frontière du Nord-Est. Il montrait que le territoire demandé par l'Allemagne était riche en gîtes de minerais de fer et que sur la possession de ces gîtes reposait l'avenir de l'industrie métallurgique de Longwy ; que le territoire d'Aumetz, en particulier, contenait des gisements de minerais d'alluvion, dits de fer fonte, indispensables pour les industries ferronnières du Nord et des Ardennes. Il trouvait que cette bande de terrain avait une valeur autrement stratégique que la zone de Belfort. « La cession de ce territoire rapprochait les Allemands de Longwy, leur donnait les bois et les plateaux et complétait presque la ceinture qu'ils voulaient établir entre nous et ce pays de Luxembourg dont le cœur bat comme celui de la France et qui est pour eux un de leurs regrets les plus vifs, une de leurs convoitises les plus dissimulées. » Le général Chareton se joignit à Chanzy pour demander le maintien des premières conditions du traité. Mais Thiers représenta que la place de Belfort avait besoin d'un rayon étendu qui fit d'elle un immense camp retranché. Ducrot et Chabaud-Latour se rallièrent au projet du gouvernement, et le rapporteur lut une lettre du colonel Denfert qui déclarait que la défense de la forteresse ne pouvait être assurée que par la possession des cantons de Belfort, de Delle, de Giromagny et de la route de Remiremont par le ballon d'Alsace. Le traité fut ratifié.

Quelques jours plus tard (14 juin), après que le général Trochu avait rendu compte de ses actes pendant le siège de Paris, Chanzy défendait vigoureusement à la tribune l'honneur des armées de la province. Il exposait « des faits et des appréciations que le gouverneur de Paris n'avait pu exposer parce qu'il avait complètement ignoré pendant le siège de cette ville ce qui se passait dans les départements ». Chanzy montrait qu'il fallait, dans un sincère examen des actes du gouvernement de la défense nationale, ne pas séparer Paris de la province ; il dénonçait les fautes commises : le ministre de la guerre devait-il être à Paris ? La délégation de la province n'avait-elle pas « péché par la direction générale des opérations [1] ? »

Président de la commission d'enquête chargée d'examiner la proposition Bamberger relative à la publication des travaux du conseil d'enquête sur les capitulations, Chanzy intervint, au nom de l'opinion et du sentiment publics, dans une circonstance assez mémorable. Le ministre de la guerre, général de Cissey, venait de déposer un projet de loi sur la formation du conseil de guerre qui devait juger le maréchal Bazaine. Mais l'exposé des motifs ne mentionnait que la lettre écrite par l'ancien commandant de l'armée du Rhin au président de la République pour demander des juges. La décision du conseil d'enquête et le blâme sévère qu'elle exprimait contre Bazaine étaient passés sous silence, et le maréchal semblait n'être traduit devant

---

[1] Cp. plus haut, p. 190.

un conseil de guerre que sur sa demande. Chanzy pria l'Assemblée de renvoyer le projet de loi à la commission des capitulations. Nous avons, disait-il, éprouvé à la lecture des considérants de ce projet une émotion que la Chambre aura sans doute partagée [1]. (Séance du 8 mai 1872.)

II

Chanzy prit une part importante aux débats sur

---

[1] Chanzy et Bazaine : quel rapprochement ! L'un a fait tout ce qu'il a pu : il a lutté autant que le permettent les forces humaines ; il n'a jamais perdu un instant ni une occasion ; il n'a pas cessé de porter à l'ennemi les coups les plus rudes ; il a cru jusqu'au bout qu'il arriverait, à force d'énergie et de constance, à vaincre l'adversaire et il n'a pas eu une seule pensée qui ne fût tournée vers le salut de la France. L'autre, quoi qu'il dise dans son récent ouvrage, n'a pas fait tout ce qu'il aurait pu faire ; il a perdu comme à plaisir les plus belles occasions ; il a laissé s'épuiser et se fondre dans l'inaction une armée qui s'était vaillamment battue et qui voulait se battre encore ; il n'a rien su prévoir ; il a oublié la France pour ne penser qu'à la dynastie, comme si l'on pouvait jamais hésiter entre le pays et un parti ; il a fait de la politique devant et avec l'ennemi ; il n'a pas trahi, au sens propre du mot, mais il a sacrifié sa patrie à des calculs personnels. Au reste, Chanzy était un véritable homme de guerre, Bazaine ne fut qu'un général médiocre. Citer ces deux noms, c'est évoquer, d'une part, hardiesse, décision, fermeté, activité, et, d'autre part, imprévoyance, indécision, inertie. Chanzy connaissait non seulement la « partie terrestre », mais la « partie divine » de son art. Bazaine resta un soldat de fortune ; il ne savait de son métier que les petits détails et n'avait pas la moindre notion des devoirs d'un général en chef. Un seul mot suffit ; qu'a fait Bazaine de l'armée la plus solide de la France ? Qu'a fait Chanzy de ses troupes incohérentes de conscrits ?

la dissolution des gardes nationales et sur la loi militaire.

Il fut rapporteur de la commission nommée par l'Assemblée pour examiner la proposition de loi relative à la dissolution et au désarmement immédiat des gardes nationales. Son rapport, très vigoureux, très patriotique, et qui ne fut pas accueilli sans murmures par l'extrême gauche (20 août 1871) démontrait la vérité de cette définition de la garde nationale qu'avait donnée Mirabeau : « Elle est trop nombreuse pour prendre un esprit de corps, trop unie aux citoyens pour oser jamais leur résister, trop forte pour laisser la moindre latitude au pouvoir exécutif, trop faible pour s'opposer à une insurrection, trop facile à corrompre individuellement pour n'être pas toujours un instrument prêt à servir les factieux. » Chanzy faisait l'histoire de l'institution. Il rappelait que les législateurs n'avaient jamais su assurer efficacement la discipline et l'obéissance de la garde nationale. Le principe des lois de 1831, de 1851 et de 1870 était grand et respectable ; mais la garde nationale avait-elle cette connaissance et ce respect des règlements militaires, cette discipline rigide que doit avoir toute force armée ? Etait-elle réellement soumise à ce précepte sévère, étroit, absolu, de l'obéissance ? Une fois sous l'uniforme, le citoyen avait-il jamais compris qu'il était tenu de remplir un devoir rigoureux, qu'il ne pouvait plus discuter? La guerre de 1870 était venue ; il avait fallu armer tout le monde, et, la lutte terminée, les gardes nationaux de Paris étaient devenus les soldats de l'insurrection. L'ordre matériel avait été rétabli dans Paris ; mais « il restait encore dans les grands centres de population des chefs à l'émeute et des égarés qui pouvaient trouver dans leurs armes une tentation à laquelle on devait les soustraire. »

« La garde nationale, disait Chanzy, a eu ses moments d'utilité incontestable, d'abnégation et de véritable patriotisme ; mais il faut, pour être équitable, dire aussi les complications qu'elles a créées, l'impuissance dans laquelle elle s'est trop souvent trouvée de contenir ou de réprimer les agitations nées dans son sein et près d'elle, et reconnaître qu'elle n'a jamais été pour le maintien de l'ordre un moyen efficace et suffisant... Il est essentiel, alors que le suffrage universel donne à tout citoyen le droit d'émettre par son bulletin de vote son opinion sur les affaires du pays, qu'une institution qui devient inutile ne lui laisse pas sous la main un fusil auquel il sera tenté de recourir pour la faire triompher, si elle n'est pas celle de la majorité. Le nouveau projet de loi vous demandera d'ôter le vote à l'armée active. Ne donnons pas dès lors des armes aux électeurs, et arrivons par la persuasion et l'habitude à faire comprendre à tous que la force armée ne doit servir qu'à garantir au pays la tranquillité à l'intérieur, le respect au dehors, et que le devoir strict de tout bon citoyen est d'exécuter fidèlement les lois que le pays s'est librement données. »

Chanzy défendit à la tribune les conclusions de son rapport (25 août 1871). Il posait à l'Assemblée ces deux questions : La garde nationale est-elle inutile ? La garde nationale est-elle un danger ? « Que chacun de nous, ajoutait Chanzy, puise dans sa conscience la réponse à ces deux questions ; nous sommes assez éclairés pour nous prononcer en connaissance de cause », et il demandait la dissolution immédiate d'une armée qui n'était, en somme, que celle du désordre.

Thiers aurait voulu réorganiser, et non supprimer la garde nationale. Il prétendait savoir par une expérience de trente ans que la défense de la cité ne doit être attribuée qu'à la cité, et que l'armée ne suffit pas à garder toutes les villes de France. Il reprochait à la majorité « d'imaginer et de poursuivre un système d'alarmes ». Il répondait sur son honneur que l'ordre matériel n'était pas en danger, mais il affirmait qu'il existait un « désordre moral » dont il fallait chercher la cause dans les dissensions et les passions de l'Assemblée. Enfin, si la majorité voulait dissoudre les gardes nationales, Thiers entendait rester juge du moment où se ferait cette dissolution. Il voulait opérer le désarmement, non pas immédiatement et sur tous les points du territoire, par une action trop brusque et trop hardie, mais successivement et lorsqu'il lui plairait. Le discours qu'il prononça fut vif, violent, plein de reproches contre la droite.

Mais Chanzy déclara que la majorité de la commission avait pleine confiance en M. Thiers et lui laissait le « temps moral et nécessaire » pour exécuter la loi. Il vota l'amendement Ducrot qui fut adopté par l'Assemblée et qui remettait au pouvoir exécutif le soin de désarmer et de dissoudre les gardes nationales en temps utile avec de grands ménagements, « à mesure que le permettraient les progrès de la réorganisation de l'armée ».

III

A la fin du mois de mai 1872, l'Assemblée avait abordé la discussion de la loi militaire. Le moment n'était pas très opportun. Les Allemands occupaient encore une partie du territoire ; il fallait prendre garde d'exciter leurs défiances, ne pas exprimer des craintes trop explicites. Comme disait Chanzy, « il y avait un devoir national à restreindre le débat, et un intérêt très grand à ne pas discuter à la tribune certaines questions, alors que l'Europe écoutait et pouvait se méprendre » (27 mai). Chanzy demandait à l'Assemblée de tenir compte des circonstances, d'éviter une longue et brûlante discussion, de voter en hâte une loi mûrement étudiée par les hommes les plus compétents et entièrement approuvée par M. Thiers, d'accepter immédiatement avec pleine confiance le rapport de la commission qui, selon lui, ne laissait aucune prise à la critique. L'Assemblée discuta la loi pendant huit jours.

Chanzy prit deux fois la parole durant les débats, la première fois pour soutenir les sursis d'appel (article 23), la seconde fois pour défendre le service militaire de cinq ans (article 27).

« Rappelons-nous, disait-il à propos des sursis d'appel, ce qui s'est passé en 1868, lorsque le maréchal Niel est venu proposer à l'Assemblée un projet de loi militaire. Ce projet de loi si sérieusement étudié, si bien adapté aux nécessités du moment, a été successivement combattu, amoindri, et vous savez ce qu'il a produit. Acceptez l'article 23 ; si plus tard vous reconnaissez des abus, la loi est perfectible et vous pourrez y remédier... M. Gambetta craint qu'il ne se trouve pas en France des gens susceptibles d'apporter dans l'examen des sursis toute la loyauté et la justice désirables. Comment ! Nous ne trouverions pas dans cette série d'administrateurs, depuis le maire jusqu'au préfet, des gens n'obéissant qu'à leur conscience et présentant autant de garanties qu'un major prussien ! Nous valons mieux que cela... »

L'Assemblée adopta l'article 23, mais corrigé par un sage amendement de Jean Brunet, qui rendait au mot *sursis* son acception vraie et remplaçait le sursis d'appel par un simple transfert dans la classe d'une année postérieure.

L'article le plus important de la loi était l'article 37, et l'objet principal de l'article 37, la durée du service actif; il fallait opter entre cinq ans ou trois ans. Chanzy monta à la tribune, dans la séance du 7 juin 1872 et pria, « supplia » l'Assemblée d'admettre le chiffre de cinq ans. « Il y avait, disait-il, une extrême imprudence à commencer les réformes militaires par une réduction de la durée du service... En votant les cinq ans, vous êtes sûrs de faire une bonne armée, et cela vous serait impossible, si, au bout de trois ans, tout le monde pouvait quitter le drapeau. Croyez-le, il y a dans cette durée du service une grande nécessité. » Chanzy ne niait pas qu'il fût possible de faire un soldat de toutes armes en trois ans; il avait l'espoir et la conviction qu'on y arriverait par la préparation, par le travail, par la force des institutions. Mais il faisait observer à l'Assemblée que l'outillage qui « donnerait la possibilité d'obtenir des soldats instruits et éduqués en trois ans » n'existait pas encore. Sa grande préoccupation, c'était l'organisation des cadres. On promettait une loi sur l'état des sous-officiers, on annonçait qu'en leur assurant ces privilèges on était certain de l'entretien des cadres ; mais cette loi, elle était encore à faire ; mais ces privilèges, ils étaient encore à trouver ; « c'étaient là de pures hypothèses, et, ajoutait-il, vous ne savez pas où tout cela vous conduira ». Chanzy rappelait que la loi de réorganisation de l'armée, proposée en 1868, avait été discutée avec passion et qu'elle avait provoqué les « théories les plus généreuses, mais aussi les plus dangereuses » :

« Les uns voulaient une nation armée, mais une nation armée n'est pas une armée de soldats ; les autres voulaient une armée complètement démocratique, mais on ne fait pas de démocratie à propos de l'organisation de l'armée ! D'autres voulaient une armée aussi restreinte que possible, coûtant le moins possible, et ajoutaient que, si le danger surgissait, on aurait toujours le temps de faire appel au patriotisme et d'en tirer des réserves. Nous avons vu ce que ce système a produit. La loi de 1832 qui nous a donné les admirables armées d'Afrique, de Crimée et d'Italie, est arrivée à nous être fatale dans la guerre de 1870, parce qu'elle ne nous a pas donné le nombre et que, quand cette belle armée restreinte est tombée héroïquement à Wissembourg, à Frœschwiller, à Gravelotte, à Sedan, il n'est plus resté derrière elle que les armées improvisées qui, malgré leur patriotisme, leur persévérance, leur courage, n'ont rien su réparer. »

Le général Trochu avait, dans la séance précédente, demandé le service de trois ans; dans la première année du service, disait-il, le soldat se défend contre les difficultés et les dégoûts du noviciat; pendant la deuxième, il s'équilibre; à la fin de la troisième il s'ennuie et se déforme; le soldat de trois ans est le soldat par excellence. Mais le général Trochu avait noyé ce bref et vigoureux passage dans le flot d'un verbiage facile; il avait, selon le mot un peu ironique de Chanzy, fait une *brillante conférence* sur l'armée du passé et celle de l'avenir. Chanzy ne voulait « examiner que *l'armée du présent* »; « c'est l'armée du présent, disait-il, que je veux organiser avec l'armée ancienne et avec les ressources que va vous donner votre loi de recrutement. Le système de trois ans ne vous donnera pas l'armée du présent qui doit parer à tous les dangers ». Il demandait à l'Assemblée de descendre des régions élevées où le général Trochu l'avait conduite, pour se « replacer en face de la réalité ». L'ancien gouverneur de Paris avait, dans une des digressions qui lui étaient familières, proclamé la *fatalité de nos légendes* comme la cause de nos désastres : « Non, s'écriait éloquemment Chanzy, ce ne sont pas nos légendes qui nous ont perdus ; nos légendes sont nos gloires, et c'est encore dans ces légendes que nous puisons les grands exemples, les grandes pensées, les grandes convictions qui, sur le champ de bataille, nous inspirent et nous montrent comment on fait son devoir. N'accusons pas les légendes, mais bien les traditions aveugles. »

Chanzy sentait qu'en face des Allemands encore menaçants et maîtres d'une partie de notre territoire, la France devait se tenir prête à tout événement et disposer d'une armée solide et bien encadrée. Il craignait qu'une trop courte durée du service actif ne désorganisât les cadres, et par suite, les troupes qui restaient au pays et qui seraient peut-être appelées, d'un jour à l'autre, à le défendre. Pour tous ceux qui ont souci de la France, disait-il, la prévoyance est un devoir. Son discours fit une profonde impression sur l'Assemblée. Il avait parlé, dans cette question toute militaire, le langage concis et nerveux du militaire. Ses paroles furent mieux accueillies que le discours plus littéraire, mais un peu vague et diffus, du général Trochu. D'ailleurs Chanzy avait eu soin de déclarer que la « loi de cinq ans » ne serait, à certains égards, que transitoire, et qu'on pourrait abréger la durée du service, le jour où les cadres seraient devenus plus solides.

Thiers partageait l'opinion de Chanzy. Il défendit « les cinq ans » avec chaleur, et posa même la question de gouvernement ; si l'Assemblée ne votait pas le service de cinq ans, il était convaincu de l'insuffisance de l'outil qu'on lui mettait dans la main et ne pourrait plus assurer la sécurité tant au dedans qu'au dehors.

IV

« Parler pour soi n'est rien, disait alors le *Temps*, ce qui distingue un homme. c'est d'être autorisé à parler pour d'autres, et c'est par quoi s'est distingué M. Chanzy qui devient décidément un politique. »

Quelles étaient les opinions du général ? Il n'était pas arrivé à l'Assemblée avec une « politique toute faite ». A Bordeaux et, dans les premiers jours à Versailles, il n'avait d'attache avec aucun parti. Il avoue même que son attitude fut d'abord hésitante, quoique « l'hésitation ne fit pas le fond de son caractère ». Enfin, il se fit inscrire au centre gauche. Ce groupe, disait-il, était la réunion des conservateurs libéraux, de ceux qui mettaient le pays au-dessus de leurs aspirations personnelles et voulaient travailler en commun au salut et à la régénération de la France, en faisant *l'essai loyal et complet* de la République.

Chanzy se déclarait donc partisan de cette politique de modération et de bon sens, ennemie de l'absolu, attachée au gouvernement régulier qu'elle voulait fonder et qu'elle fonda, soucieuse de l'intérêt de la France plutôt que de l'intérêt de parti, préoccupée avant tout de poursuivre et d'obtenir des résultats sérieux, et non de se jeter dans des luttes passionnées et des conflits stériles, opposée à la fois aux ultras de gauche et à ceux de droite, parce qu'elle sait qu'un gouvernement ne tombe jamais que par les ultras.

Le général ne séparait pas la République du pays ; elle existait, cette République tant assaillie par les journaux de droite ; elle était le gouvernement légal ; elle réparait les maux de la guerre, elle libérait la France de l'occupation allemande, elle écrasait la Commune, elle relevait le crédit et la fortune d'une nation qui semblait ruinée. La réorganisation de l'armée, le rétablissement des finances, le développement du commerce, tout cela, la République l'avait fait. Pourquoi la renverser ? Etait-il équitable de laisser la République assumer la responsabilité de toutes les résolutions, de tous les efforts, de tous les sacrifices, et lorsqu'elle aurait accompli la mission qu'elle seule avait osé accepter, de l'arrêter, de nier ses services, et de mettre à sa place, par une nouvelle révolution, une autre forme de gouvernement? Pourquoi, parmi les partis qui rêvaient la restauration du passé, aucun n'avait-il à Bordeaux réclamé le pouvoir? Aucun n'était donc assez sûr de lui-même, assez sûr de l'assentiment de la nation pour demander et prendre la direction du pays?

C'est dans le discours du 9 mai 1872 qu'il faut chercher le programme politique de Chanzy. Ce discours fit événement. Il venait du plus marquant parmi ces nobles vaincus que le suffrage universel était allé chercher sur les champs de bataille et qu'on ne pouvait regarder, disait un membre de l'Assemblée[1], sans saluer en eux l'image de la France elle-même. C'était le manifeste des « gens sensés »; il exprimait l'opinion de tous ceux à qui la République n'inspirait plus, comme autrefois, le trouble et l'inquiétude; il répondait aux sentiments de la classe moyenne, aux impressions de cette foule de citoyens qui voyaient dans une République sage et modérée le gouvernement nécessaire.

Le jeudi 2 mai 1872 le centre gauche, réuni à

---

[1] VACHEROT, *Revue des Deux-Mondes*, 1876, p. 735.

l'Hôtel des Réservoirs, avait, par 40 voix sur 78, nommé Chanzy président du groupe[1]. Le nouveau bureau fut installé le 9 mai, et en prenant possession du fauteuil de la présidence, Chanzy prononça son allocution. Il définissait nettement le programme du groupe. Faisons franchement, disait-il, l'essai de la République ; puisqu'on laisse à la République le soin d'effacer les traces de nos désastres, conservons-la, soutenons-la ; qui nous dit qu'elle n'est pas le salut ? Mais il y a République et République. Pas de République où dominent les envieux, les énergumènes, les déclassés qui ne se laissent guider que par la convoitise, par les utopies insensées, par la haine de la religion et de la société. Il faut ne songer qu'à la France, ne pas se parquer dans sa foi politique, ne s'inspirer que de son patriotisme. Mettons nos préférences de côté pour travailler en commun à l'œuvre de régénération que le pays attend de nous ; sortons des discussions énervantes pour arriver à la solution prompte et complète des questions que nous avons à traiter. Consolidons le gouvernement actuel, la République qu'on ne saurait discuter et amoindrir

---

[1] Furent, sous l'Assemblée nationale, présidents du centre gauche : MM. Feray, Rampont, Cordier, Chanzy, Gauthier de Rumilly, Léon Say, Berthauld, Christophle, Léon de Maleville, Ricard, Cotne, Laboulaye et Bardoux.

sans livrer le pays à de nouvelles secousses. La France a confiance dans la République et tous les gens sensés savent qu'il serait impossible de songer à autre chose. « Disons-le hautement, s'écriait Chanzy, nous acceptons franchement dans la forme et le fond la République puisqu'elle existe de fait ; dans les conditions où se trouve la France, c'est la seule forme de gouvernement possible », et il énonçait dans les termes suivants la formule du programme du centre gauche : « Notre réunion a pour but la réorganisation du pays par des institutions libérales et l'essai loyal de la République conservatrice. »

Le discours de Chanzy fut couvert d'applaudissements. M. de Marcère demanda qu'on fît mention expresse de ces applaudissements au procès-verbal et qu'il fût stipulé que le centre gauche entier acceptait la solidarité des idées exprimées par le général. M. Ricard appuya cette demande, et, sur la proposition de l'amiral Saisset, le groupe décida à l'unanimité que le discours serait imprimé et distribué à tous les députés.

Ce discours eut pour effet de reconstituer le centre gauche qui affirmait son existence propre et indépendante des autres fractions de l'Assemblée. Les réunions du centre gauche étaient peu suivies jusque là ; Chanzy avoue dans son discours qu'il m'avait pas encore assisté aux séances, et, le jour de l'élection du nouveau bureau, le groupe qui comptait près de cent cinquante membres n'était représenté que par une soixantaine de votants. On crut même un instant que le centre gauche allait se dissoudre. L'élection de Chanzy à la présidence et le discours-programme qu'il avait prononcé donnèrent au groupe plus de cohésion et de force ; le centre gauche allait prendre aux événements une part plus active, occuper avec éclat la scène politique, jouer dans les années suivantes un rôle prépondérant.

Le programme de Chanzy fut confirmé par le message du 12 novembre 1872 où Thiers conviait l'Assemblée à donner au gouvernement de la République l'existence légale. « La République sera conservatrice, disait Thiers, ou elle ne sera pas. » Cette politique, comme le faisait remarquer M. Christophle, n'était autre que celle du centre gauche ; elle empruntait au centre gauche jusqu'à sa formule, et le groupe auquel appartenait Chanzy avait « le droit et l'orgueil légitime de voir dans cette déclaration l'expression même de son programme dans son intégrité [1] ».

---

[1] Discours de M. Christophle, 16 janvier 1873.

V

Cependant, malgré les déclarations si nettes de Chanzy et un discours que M. de Marcère prononçait à Lille, le centre droit ne perdait pas l'espoir d'attirer le centre gauche au nom du « grand parti conservateur », dans sa campagne contre la République. Mais le centre gauche refusait de se scandaliser des élections républicaines du 9 juin 1872. Il entraînait M. Thiers qui devenait pour longtemps, disait l'*Avenir national*, au-dessus même de Chanzy, le chef illustre du centre gauche, de ce grand et patriotique centre gauche, comme l'appelait encore la *République française*, où les conservateurs qui voulaient se rallier à M. Thiers allaient faire leur apprentissage républicain. Vainement la droite, voyant l'opinion lui échapper, craignant une dissolution prochaine de l'Assemblée, redoutant de ne posséder aucun moyen d'action sur le pays, faisait un effort pour reprendre la direction des affaires et soustraire les élections aux influences républicaines. La manifestation des *bonnets à poil*, comme on a nommé spirituellement la démarche du « comité des neuf » auprès de M. Thiers, échouait assez ridiculement. Quelques indécis se détachaient, il est vrai, du centre gauche et formaient pour quelque temps une réunion de cinquante membres qu'on nommait ironiquement le *grand central*. Mais le centre gauche tenait bon et refusait tout pacte avec le centre droit ; il se faisait représenter dans l'entrevue des deux bureaux par Chanzy, Jaurès, Philippoteaux, qui soutenaient la nécessité de la République ; les négociations étaient rompues.

Le discours prononcé le 16 janvier de l'année suivante par un nouveau président du centre gauche, M. Albert Christophle, ne fut, comme l'observait M. Ricard, que le complément du programme développé le 8 mai 1872 par le général Chanzy. M. Christophle rappelait dans son discours avec quelle fermeté le centre gauche avait, dès les premiers instants de son existence, fermé l'oreille aux suggestions monarchiques, parce qu'il ne voyait dans la monarchie, quelle qu'elle fût, ni sécurité pour le présent, ni garantie pour l'avenir. « Nous fîmes ici de nombreux prosélytes, disait M. Christophle, et lorsque, dans la séance du 8 mai 1872, celui qui, à cette place même, précisa le mieux notre programme politique, lorsque le général Chanzy nous dit que la République était la seule forme de gouvernement possible, cette parole ferme et loyale fut saluée par d'unanimes applaudissements. » M. Christophle remerciait ses prédécesseurs au fauteuil, et parmi eux Chanzy, qui l'avaient soutenu de leurs conseils et qui restaient les guides et les chefs du centre gauche « dans le combat éternel de la modération contre les passions violentes, de la raison contre les entraînements irréfléchis ». Chanzy n'assistait pas à cette séance ; mais M. Philippoteaux donna lecture d'une lettre où le général affirmait son adhésion inébranlable au centre gauche, maintenait le programme qu'il avait tracé l'année précédente et déclarait qu'une récente scission ne devait porter aucune atteinte à l'union de tous ceux qui voulaient sincèrement la République conservatrice. Dans la séance suivante (18 janvier 1873), M. Philippoteaux déposa la lettre de Chanzy sur le bureau et le groupe décida qu'elle resterait aux archives.

On a faussement prétendu que Chanzy parut depuis s'attacher à la cause de la monarchie. Le général resta dévoué aux idées libérales et républicaines avec cette fidélité qu'il gardait toujours à la parole jurée. J'ai été, disait-il, en 1878, au milieu des applaudissements de la gauche du Sénat, appelé à l'honneur de présider un groupe important de l'Assemblée, et je suis de ceux qui, après s'être ralliés franchement à la République, entendent la servir avec dévouement et la consolider [1]. On ne

---

[1] Discours du 19 mars 1878.

sait pas assez toute la valeur et l'autorité qu'acquit le centre gauche en faisant une pareille recrue et en inscrivant sur la liste de ses membres le nom de Chanzy. On ne sait pas assez que le général fut un de ceux qui mirent un terme aux hésitations de M. Thiers, qui le soutinrent et le fortifièrent dans ses résolutions républicaines, qui lui forcèrent, pour ainsi dire, la main. M. Thiers tardait encore à se déclarer. Le centre gauche eut l'idée de fonder une correspondance politique, le *Bulletin conservateur républicain*, qui devait être envoyée gratuitement à tous les journaux. Ce *Bulletin*, rédigé par M. Hector Pessard, devait ôter à M. Thiers ses derniers scrupules, lui montrer qu'il n'y avait d'autre issue et d'autre voie de salut que dans la République pratiquée loyalement et avec modération, lui prouver qu'il fallait donner satisfaction aux tendances invinciblement républicaines du pays et rassurer la France en proclamant le gouvernement le plus conforme à sa pensée et le seul qui pût réussir. Le comité de direction du *Bulletin* se composait de MM. Ricard, de Marcère, Bardoux, Francisque Rive, Bertauld, Gailly et Chanzy. Le premier numéro fit grand bruit ; il affirmait la nécessité de fonder la République et démontrait qu'elle seule avait des chances de stabilité et de durée. L'éclat fut si grand que M. Bertauld prit peur et désavoua ses collègues dans un journal du Calvados. Le bruit courait que Chanzy allait aussi protester. M. Pessard partit sur le champ pour Mézières où Chanzy présidait le conseil général ; bien loin de protester, Chanzy déclara qu'il approuvait entièrement les opinions du *Bulletin* et qu'il acceptait d'avance tout ce qui paraîtrait dans cette correspondance sous la responsabilité de ses amis du centre gauche ; son nom demeura en tête du journal [1].

Quelques jours après (6 octobre 1872), Chanzy écrivait à M. Pessard une lettre remarquable: « Les évènements, disait-il, n'ont fait que m'affermir dans mes convictions... Nous suivons la bonne voie... Le calme se fait de plus en plus dans les esprits. On veut l'ordre avant tout, et les partis qui par leurs agissements provoquent de l'agitation commettent une faute politique et une mauvaise action. Le pays n'arrivera à la République que si on ne l'effraie pas ; il ne verra de sécurité dans cette forme de gouvernement que si les hommes qui cherchent à l'établir sont les plus calmes, les plus sages, les moins impatients et les plus conservateurs, dans le sens réel de ce mot. Les partis monarchiques se divisent chaque jour, et une restau-

---

[1] *National* du 7 janvier 1883.

ration du passé n'est pas possible. Le pays a confiance dans le gouvernement ; il lui est reconnaissant des grands services qu'il a rendus ; il admet la forme qu'il a prise, que les circonstances ont conservée et qu'il ne s'agit plus de contester. Soutenons donc ce gouvernement de toutes nos forces.» Et il proposait de fixer au pouvoir de M. Thiers une durée, la plus longue possible ; de nommer un vice-président de la République et de décider que, le cas échéant, le président de l'Assemblée succéderait à M. Thiers ; de créer une seconde Chambre ; de renouveler celle qui existait par tiers ou par quart ; d'affermir le gouvernement, de telle façon que ceux qui cherchaient à le changer ou à le renverser ne fussent plus que des *conspirateurs*.

Les conseils que Chanzy donnait au pays et au Parlement sont encore bons à méditer et à suivre. Aujourd'hui, comme alors, il ne faut avoir, selon les expressions du général, ni défaillance, ni impatience ; le gouvernement doit être énergique, sans violences inutiles, et impartial, sans craindre de déplaire à ceux qui veulent l'entraver ; il doit se consolider, sans secousse, naturellement, en se tenant aussi loin du radicalisme que de la réaction [1].

---

[1] Voir encore le *National* du 7 janvier 1883, avec la belle lettre de Chanzy à M. Pessard et l'article de M. Hippolyte Gautier.

VI

Mais Chanzy n'a fait que traverser le monde ardent des assemblées. Les devoirs du soldat, de l'administrateur, du diplomate, l'enlevèrent bientôt à la politique parlementaire. Un décret du 1er septembre 1872 l'avait déjà nommé au commandement du 7e corps d'armée à Tours. Neuf mois plus tard (11 juin 1873), le maréchal de Mac-Mahon, président de la République, lui confiait le gouvernement général de l'Algérie. Chanzy ne reparut à l'Assemblée nationale qu'à de fort rares intervalles et on ne trouve plus son nom dans le compte-rendu des séances que parmi les *absents pour congé*.

Sa situation fut un instant fort délicate. Il n'approuvait pas la politique de combat; mais le gouverneur général de l'Algérie, l'un des plus hauts fonctionnaires de l'Etat, pouvait-il faire acte d'opposition, soit au 24 mai, soit au 16 mai, et s'allier ouvertement par ses votes à la politique des gauches? Il ne signa donc pas le manifeste rédigé par Lanfrey et délibéré dans une réunion des anciens présidents, vice-présidents et secrétaires du centre gauche (décembre 1875). Il demeurait à son poste, en Algérie, et maintenait, comme il dit, les fonctionnaires de tout rang en dehors des luttes politiques[1]. Mais ses sentiments républicains étaient si peu contestés qu'il ne fut pas inscrit sur la liste des 75 sénateurs inamovibles dressée par la droite. De longue date, les gauches le regardaient comme un de leurs candidats : « Dès le mois de mars 1875, disait le questeur de l'Assemblée, M. Toupet des Vignes, en se présentant dans les Ardennes aux électeurs sénatoriaux, nous avions décidé avec plusieurs de nos collègues que nous proposerions à nos amis politiques le nom du général Chanzy qui honore si glorieusement dans l'armée le département, et qu'aucune autre candidature de la députation ardennaise ne se produirait[2]. » Chanzy fut élu sénateur inamovible au deuxième tour de scrutin, le dix-huitième sur dix-neuf, par 345 voix sur 690 votants ; il figurait sur la même liste que MM. Duclerc, Corne, Pothuau, Laboulaye, Roger du Nord, Barthélemy Saint-Hilaire, Picard, Casimir Périer, Fourichon, Cordier, tous républicains et appartenant, comme le remarquait le *Journal des Débats*, non pas seulement à un parti, mais à la France[3].

---

[1] Discours du 19 mai 1878.
[2] *Union libérale*, de Charleville, 11 janvier 1876.
[3] Au premier vote il venait le trente-troisième avec 330 voix (majorité absolue, 344) ; MM. d'Audiffret-Pasquier et Martel furent seuls élus à ce premier scrutin.

Chanzy ne prit qu'une faible part aux débats de la Chambre haute. En 1876, il vint dans une mémorable circonstance donner sa voix au ministère centre gauche qu'avait formé M. Dufaure. Le ministre de l'instruction publique, M. Waddington, avait fait adopter par la Chambre des députés un projet de loi qui restituait à l'État la collation des grades. Mais le cabinet craignait que ce projet ne fût rejeté par le Sénat. Chanzy, mandé par dépêche, partit aussitôt (19 juillet); il arriva trop tard ; le projet avait été repoussé la veille, à cinq voix de majorité, par 144 suffrages contre 139 (21 juillet). Néanmoins, Chanzy monta à la tribune et déclara qu'il aurait voté pour le ministère :

« Messieurs, dit-il, en partant d'Alger, mercredi dernier, j'avais l'espoir d'être ici assez à temps pour prendre part au vote sur la collation des grades. Je ne suis arrivé que samedi matin, mais je désire qu'il n'y ait aucune espèce d'incertitude sur ce que j'aurais fait. Je tiens à déclarer que, trouvant qu'il était de mon devoir d'appuyer le gouvernement dans cette circonstance, j'aurais voté, si j'eusse été présent, pour le projet de M. le ministre de l'Instruction publique. » (Très bien à gauche[1].)

En 1878, il parut deux fois à la tribune, la première fois, pour déclarer qu'il acceptait le texte

---

[1] Séance du 25 juillet 1876.

d'un amendement proposé par M. Lucet et qu'il fit rédiger ainsi : « Si les communications étaient interrompues entre la France et l'Algérie, le gouverneur général pourrait, en cas de guerre, déclarer toute ou une partie de l'Algérie en état de siège » ; la seconde fois, pour entretenir le Sénat de la situation de la colonie (19 mars 1878). On lui reprochait d'avoir modifié par des décrets la direction centrale des affaires de l'Algérie, et le crédit que nécessitaient ces changements lui était refusé. Chanzy fit un long exposé des ressources et des progrès de la colonie, sans ménager les détails techniques et les chiffres ; il s'attacha à justifier les mesures qu'il avait prises en montrant qu'elles n'excédaient pas ses pouvoirs et ne touchaient pas à la loi ; il n'avait en vue, disait-il, que l'intérêt du pays et la bonne expédition des affaires. Toutefois, il ne demanda pas le rétablissement du crédit et déclara qu'il attendrait la loi qui sanctionnerait les décrets.

A la réunion de la Chambre et du Sénat en Congrès pour l'élection du président de la République (30 janvier 1879), les monarchistes imaginèrent de se compter sur le nom de Chanzy et donnèrent 99 suffrages au général [1]. Chanzy fut vivement sur-

---

[1] Votants, 713 ; bulletins blancs ou nuls, 43 ; M. Grévy, 563 voix ; Chanzy, 99 ; Gambetta, 5 ; Ladmirault, 1 ; duc d'Aumale, 1 ; de Gallifet, 1.

pris et peiné de cette manifestation inattendue de la droite. Dans le Congrès même, au milieu des conversations qui précédèrent le vote, il protesta contre le zèle de ses prétendus amis, et déclara qu'il n'était pas candidat. Il avait quitté la salle lorsque le président annonça le résultat du dépouillement du scrutin. Mais l'intime ami de Chanzy, M. Gailly, sénateur des Ardennes, se tourna vers la droite et dit : « Vous avez voté pour M. le général Chanzy sans lui demander son autorisation ; si vous lui aviez demandé son consentement, il vous l'aurait refusé. » Des rumeurs se firent entendre sur plusieurs bancs de la droite, mais ces courageuses et nobles paroles furent accueillies par de vives marques d'approbation sur tous les bancs du centre et de la gauche. Le lendemain, Chanzy écrivait à M. Gailly la lettre suivante que les journaux publièrent :

« Mon cher Gailly,

» J'étais tellement ennuyé hier du mauvais tour qu'on me jouait, sans que rien me l'eût fait pressentir, que je suis rentré ici par le train de 5 heures 50 minutes aussitôt après avoir voté. Ce n'est que ce soir qu'un de mes officiers me fait lire dans le *Journal Officiel* les quelques paroles que vous avez prononcées. Vous avez fait pour moi ce que je n'ai pu faire moi-même, et vous avez dit l'exacte vérité.

» Tout à vous.

» Général CHANZY. »

Ce vote des monarchistes fut accueilli par l'opinion comme Chanzy l'avait qualifié : on le regarda comme *un mauvais tour*, et le général garda la confiance des républicains de toutes nuances. Quelques jours après (18 février 1879), le président Grévy nommait ambassadeur de France à Saint-Pétersbourg son concurrent sans le vouloir [1]. Trois ans se passèrent ; lorsque fut formé le ministère Gambetta (14 novembre 1881), Chanzy donna sa démission et revint en France prendre le commandement du 6ᵉ corps d'armée. Ses devoirs le fixèrent donc, pendant les dernières années de sa vie, soit en Russie, soit à Châlons-sur-Marne, et les comptes rendus des séances du Sénat ne citent le plus souvent son nom que sous la rubrique « *n'ont pas pris part au vote* ».

Une seule fois, durant l'année 1882 (29 juillet), Chanzy parut à la tribune du Sénat pour défendre la discipline militaire qu'il jugeait menacée par une proposition du commandant Labordère [2]. Il avait

---

[1] Déjà décoré de la médaille militaire le 13 février 1872, Chanzy avait été nommé, le 29 juillet de la même année, membre du comité de défense, et, le 22 août 1878, grand'croix de la Légion d'honneur.

[2] Texte de la proposition Labordère : « Néanmoins l'obéissance militaire n'étant due qu'aux ordres donnés pour l'exécution des lois et des règlements militaires et pour le bien du service, il n'y a ni crime ni délit lorsque le refus s'applique à un ordre dont l'exécution serait un acte qualifié crime par la loi, et s'il se produit en temps de paix avec l'étranger. »

déjà dit dans son discours sur la dissolution des gardes nationales que l'armée ne peut discuter son devoir et qu'elle cesse d'être l'armée, dès qu'elle n'est plus soumise à l'obéissance passive, à la discipline la plus rigide. Il vint exprès de Châlons protester « avec indignation » contre ce projet, au nom de tous ceux qui avaient *l'honneur de porter l'uniforme*. Il déclara qu'il croirait faillir à ses convictions les plus ardentes s'il ne disait nettement ce qu'il pensait de la proposition. Il s'éleva contre « toutes ces idées dissolvantes, contre ces amorces trompeuses au moyen desquelles on cherche à porter le trouble dans les esprits, pour porter le trouble et la désorganisation dans l'armée et dans le pays ».

« L'armée, ajoutait-il, restera sourde à ces suggestions dont elle apprécie la valeur et le but. Elle saura se maintenir dans la ligne nettement tracée de ses devoirs en défendant l'ordre, la constitution, la loi, le gouvernement et le pays, d'où que viennent la menace et le danger. N'appelons pas nos soldats à discuter la devise de la République : que jamais personne ne croie que dans l'armée la liberté puisse dégénérer en indiscipline, l'égalité en oubli du respect et de l'obéissance aux chefs, la fraternité en négation du principe hiérarchique. Une armée n'est sérieuse que si elle a confiance en elle-même et dans ceux qui ont l'honneur bien grand, mais parfois bien lourd de la commander. Une nation n'est forte et respectée que si elle est capable de faire une armée sur laquelle elle compte en toute circonstance. C'est cette confiance réciproque qu'il s'agit de conserver entière et que ne pourrait qu'amoindrir la discussion à la tribune du Sénat, devant l'armée, devant le pays, de la proposition Labordère. Quant à moi, je voterai contre la prise en considération. »

La commission du Sénat avait déjà conclu, par l'organe de son rapporteur, M. Barbey, que la proposition Labordère ne devait pas être prise en considération, car « le soldat ne peut discuter avant d'obéir ». Le général Billot, ministre de la guerre, avait affirmé que l'article additionnel réclamé par M. Labordère, serait la ruine de toute discipline, la ruine de l'armée. La parole chaude et véhémente de Chanzy acheva de convaincre le Sénat.

Chanzy ne devait plus prendre la parole dans une assemblée délibérante. Le dernier discours de ce soldat qui comptait alors 42 ans de services et 36 campagnes fut un éloge de la discipline et de la religion du drapeau.

CHANZY

GOUVERNEUR GÉNÉRAL DE L'ALGÉRIE

CHANZY GOUVERNEUR GÉNÉRAL DE L'ALGÉRIE

I

Le 11 juin 1873 paraissaient deux décrets : le premier réunissait dans la même main les fonctions de gouverneur général civil de l'Algérie et celles de commandant des forces de terre et de mer qu'avait séparées le décret du 24 octobre 1870; le second conférait ces deux pouvoirs au général Chanzy qui succédait à l'amiral de Gueydon. Chanzy n'était nommé qu' « à titre de mission temporaire ». Un rapport précédait les décrets : on y lisait que le gouverneur civil, étant un officier général, il aurait une situation impossible si l'on fixait des limites à son intervention dans les affaires militaires, qu'il fallait lui donner toutes les attributions et que cette réunion des pouvoirs, loin d'être incompatible avec le régime civil, aurait pour résultat d'en hâter les progrès en donnant à l'Algérie la sécurité dont la colonisation avait besoin pour se développer et s'étendre.

Huit jours après, Chanzy débarquait sur cette terre où il avait fait ses premières armes. A peine descendu du canot, il monta sur un cheval arabe et se rendit, escorté de son état-major, à ce vieux palais mauresque du Gouvernement qu'il avait habité jadis comme simple officier d'ordonnance du gouverneur général Charon. « J'étais loin, disait-il le soir même, de songer en 1849 que je reviendrais un jour dans ce palais comme chef de la colonie. »

Son premier soin fut de se rendre dans la Grande Kabylie, chaude encore de l'insurrection de 1871, de calmer les mauvaises dispositions, de tranquilliser les esprits toujours surexcités. Les derniers mois de l'année 1873 furent consacrés à ramener partout, chez les indigènes, chez les colons, la sécurité et la confiance. Il supprima le bureau civil qui réglait directement les intérêts les plus importants de la colonie. Il reconstitua dans sa plénitude la direction générale des affaires civiles et financières. Cette direction fut désormais chargée de tout ce qui concernait l'administration propre de la colonie, tandis que l'état-major général, dont le chef fut le général Vuillemot, centralisait toutes les affaires de l'armée et du commandement.

Le discours que Chanzy prononça le 3 décembre 1873 à la première séance du Conseil supérieur exposait en termes remarquables les principes de la nouvelle administration, et désormais, il présenta, chaque année, à cette « grande assemblée de l'Algérie » dans des rapports clairs, substantiels, pleins de renseignements et de chiffres, un compte-rendu de la situation de la colonie dans l'année précédente. Il regardait le Conseil supérieur, non pas comme un Parlement algérien, mais comme une assemblée indépendante, chargée d'examiner les questions importantes que le gouvernement et les Chambres devaient résoudre. « Nous allons, disait-il, commencer nos travaux ; nous discuterons loyalement, comme des hommes qu'anime une confiance réciproque, et qui ne se laissent guider que par le désir d'être utiles au pays. » Il priait même les représentants de l'Algérie au Parlement de prendre part aux discussions et aux travaux du Conseil supérieur et d'apporter à cette assemblée « une force nouvelle puisée dans leur haute situation ».

Il existe en Algérie, comme disait Chanzy dans son discours du 19 mars 1878 au Sénat, deux grands partis, celui de l'autonomie et celui de l'assimilation. Ces expressions, ainsi que l'observait le général, ne répondent pas exactement aux idées qu'elles prétendent traduire ; mais, quoi qu'il en soit, l'autonomie, telle qu'on la rêve et la poursuit, pourrait engendrer le séparatisme. « On veut, disait Chanzy, faire de l'Algérie une nation sœur de la France, ayant ses intérêts distincts, son organisation à part, ses lois spéciales, faites pour sa population formée de tant d'éléments divers. Mais je ne puis me défendre d'une certaine appréhension ; je vois là un danger qui peut être éloigné sans doute, mais auquel il faut parer dès à présent ; on ne doit pas laisser cette plante se développer ; il faut la détruire avant qu'elle puisse s'enraciner. » On a dit que Chanzy s'exagérait les desseins des autonomistes. Mais l'exemple des colonies anglaises est bien séduisant, et, comme l'observait récemment la *République française*, si l'élément étranger s'augmente encore, il peut se former en Algérie une nation indistincte et confuse qui ne se piquera pas de reconnaissance envers la métropole[1].

Chanzy était partisan résolu de l'assimilation. Il affirmait franchement en toute occasion ce « grand principe de l'assimilation ». Il considérait comme

---

[1] 8 juillet 1883. Dans tous les cas, s'il y a, contre toute vraisemblance, des séparatistes en Algérie, ils oublient deux choses : 1° que Marseille est à 34 heures d'Alger ; 2° que sans l'armée de la métropole, les Arabes — qu'on nous passe l'expression — ne feraient qu'une bouchée de la colonie.

un devoir de le poser nettement en face des théories qui se dissimulaient sous le nom d'autonomie et « ne tendaient qu'à briser successivement les liens qui doivent rattacher constamment l'Algérie à la patrie commune ». Le territoire de l'Algérie, disait-il, fait partie intégrante de la France et doit vivre de la même vie qu'elle. Mais l'assimilation qu'il désirait établir était une assimilation lente, opérée sans impatience et « au fur et à mesure que les progrès obtenus la rendraient possible ». Dans sa proclamation aux habitants de l'Algérie[1], il avait dit que les institutions actuelles étaient « la base et le point de départ » des efforts qu'il voulait faire. Il pensait que l'organisation de 1860, telle qu'elle existe, peut suffire à tout, à condition qu'elle fonctionne sérieusement, qu'elle se dégage des lenteurs et des formalités inutiles, qu'elle reçoive toutes les améliorations dont les esprits sages reconnaissent l'opportunité. Il ne voulait pas appliquer un système nouveau ; son programme se résumait en quelques mots : « Assimiler l'Algérie à la métropole, en tenant compte transitoirement des conditions exceptionnelles que crée la différence des origines et des coutumes des populations qu'il s'agit de transformer et d'agréger, pour leur donner la physionomie

---

[1] Datée de Tours, 22 juin 1873.

unique d'une société liée par les mêmes intérêts, mue par les mêmes sentiments de sympathie réciproque et de patriotisme. »

II

Mais bientôt éclatait entre le gouverneur général et la députation un conflit presque inévitable. Il serait fastidieux d'entrer dans le récit de ces longs démêlés. L'ingérence perpétuelle des représentants dans les affaires de la colonie, voilà le fond de la querelle. Chanzy, uniquement inspiré de son patriotisme, avait la volonté arrêtée de soustraire son administration aux influences personnelles et locales. Mais un des traits caractéristiques de la troisième République, et l'un des vices les plus funestes de sa politique, c'est l'indiscrète intervention des députés dans le gouvernement. Les représentants veulent s'immiscer en toutes choses, sans souci d'affaiblir la force du pouvoir et d'en diminuer l'autorité ; ils ne se contentent pas de légiférer ; ils prétendent se mêler de l'administration, et entravent trop souvent l'action gouvernementale. Sans méconnaître le dévouement des mandataires de la colonie, Chanzy n'était pas homme à souffrir leurs empiètements. Il revendiquait hautement sa propre responsabilité. Ni les sollicitations des députés, ni les attaques de la presse ne le firent fléchir ; il gardait l'autorité. « Les fonctionnaires algériens de tout rang, disait-il au Sénat, sont couverts par la responsabilité du gouverneur général et s'acquittent avec zèle d'une tâche exclusivement administrative... Mon administration a la conscience d'accomplir son devoir et n'a rien à redouter du contrôle et des investigations dirigées avec la seule volonté de constater loyalement la vérité. Je ne veux pas dire qu'elle n'ait jamais donné lieu à des critiques fondées, à des observations justes, ni même à des reproches mérités ; mais, s'il y a eu des fautes commises, on peut en constater de semblables dans les administrations de la métropole... Les dévouements éprouvés, ajoutait-il, — et ses paroles étaient accueillies par de nombreuses marques d'approbation — ne se remplacent pas par des promesses de dévouement. Les fonctions bien occupées ne peuvent être, dans l'intérêt du pays et des populations, constamment menacées et ouvertes à des appétits et à des convoitises aussi pressantes que peu justifiées. »

Telle fut la cause essentielle des difficultés que suscitèrent au gouverneur général les représentants de l'Algérie. Ils trouvaient que Chanzy ne leur témoignait pas assez de déférence ; ils auraient voulu que le gouverneur servît leurs intérêts politiques et fût plus docile à leurs requêtes. « Dans bien des questions d'organisation, disait au Sénat M. Pomel, le gouverneur général a la possibilité de passer par-dessus la tête des représentants du pays ; mais la représentation du pays a sa raison d'être ou elle ne l'a pas ; si elle a sa raison d'être, il faut qu'elle soit consultée pour toutes les mesures qui intéressent le pays [1]. » Mais Chanzy pouvait-il s'abaisser au même rôle que les préfets de département, qui se font les humbles serviteurs des députés ?

Malheureusement, une mesure qu'on a pu qualifier de « violente » et d'« intempestive [2] » tourna contre Chanzy une partie de l'opinion. Le 29 mars 1874, après de longues hésitations, le général, poussé à bout par les excès de langage et les provocations de la presse radicale, circonvenu par de funestes influences, déclara la commune d'Alger en état de siège, à la suite « des attaques et des injures auxquelles certains journaux se livraient contre la municipalité ». Il importe, disait le gouverneur, de faire respecter ceux qui ont entre les mains les intérêts de la cité et d'assurer le fonc-

---

[1] Séance du 19 mars 1878. « Les préfets ne nous consultent pas », interrompait assez justement un sénateur.
[2] MERCIER, *l'Algérie en* 1880.

tionnement de l'administration municipale en prenant les mesures propres à mettre un terme à un état de choses qui trouble l'ordre et discrédite la colonie. Le général Wolff, commandant la division militaire d'Alger, interdit la publication de la *Solidarité :* ce journal avait « oublié ce que les partis les plus exaltés se font un devoir de respecter », et n'avait pas « craint, par une série d'articles des plus injurieux, de porter atteinte aux droits sacrés de la famille dans ses attaques contre la municipalité d'Alger ». La Chambre de commerce protesta contre l'état de siège, et une pétition couverte de nombreuses signatures fut remise à Chanzy. Mais le général resta convaincu que la mesure était indispensable et qu'elle mettrait fin « aux violences d'un journal qui rendait impossible l'administration municipale et l'exécution de la loi ». Dans une lettre au préfet, il répondit aux protestations que l'état de siège ne modifierait pas la situation de la ville et qu'il aurait une influence favorable sur les transactions commerciales qui exigent la sécurité.

L'émotion fut grande dans la métropole. La commission de permanence de l'Assemblée nationale discuta la légalité du décret (10 avril 1874). M. Lucet, représentant de l'Algérie, disait que Chanzy avait violé la loi ; que, malgré son libéralisme, il avait peu de tolérance pour la presse et n'aimait pas la discussion; qu'il pouvait supprimer la *Solidarité*, mais non pas mettre la ville en état de siège pour les méfaits d'un journal. M. de Broglie, chef du cabinet, répondit à M. Lucet que l'Algérie était une colonie, que le gouverneur avait par conséquent le droit de prononcer la mise en état de siège, que la presse algérienne, toujours acquittée par un jury indulgent, se livrait à d'excessives violences et que Chanzy demandait depuis quelques mois avec une vivacité toujours croissante la suppression du jury.

La question ne fut portée que l'année suivante devant l'Assemblée nationale (5 janvier 1875). M. Warnier, député de l'Algérie, prit la parole. Il avait fait auprès de Chanzy les plus vives instances pour obtenir la levée de l'état de siège; mais le général n'avait répondu que par un refus : « Si je pouvais, avait-il dit, mettre en état de siège le fauteuil du rédacteur d'un journal, son bureau, sa maison, je me bornerais là ; à défaut d'une loi sur la presse, j'ai dû mettre la commune en état de siège. » Jules Favre appuya le discours de M. Warnier; l'état de siège ne pouvait être déclaré d'après la loi du 9 août 1849 « qu'en cas de péril imminent pour la sécurité intérieure ou extérieure ». Où était, demandait Jules Favre, ce péril imminent? Si un écrivain avait odieusement calomnié la municipalité, on n'était pas désarmé, et, pour punir un homme, il n'est pas nécessaire de priver tous ses concitoyens du régime du droit commun. Le rapporteur, M. Merveilleux-Duvignaux, répliqua à MM. Warnier et Jules Favre; l'Algérie, disait-il, était une colonie où il y avait de violentes passions; le jury acquittait trop souvent les journaux, même lorsqu'ils outrageaient indignement l'armée, la magistrature et le clergé; enfin Chanzy ne recourait à l'état de siège qu'après un article incroyable de la *Solidarité* qui faisait comprendre aux maires et aux adjoints d'Alger qu'ils n'auraient de repos domestique que le jour où ils auraient donné leur démission. Le général de Chabaud-Latour, ministre de l'intérieur, ajouta que les articles les plus dangereux de la presse algérienne étaient traduits en arabe et lus à haute voix dans les tribus où ils faisaient un effet déplorable. L'Assemblée nationale maintint la mise en état de siège de la commune d'Alger[1].

L'opinion de la métropole reprocha vivement à Chanzy d'avoir établi l'état de siège. Ne pouvait-il

---

[1] Six mois après (21 juillet 1875) Chanzy interdisait pour trois mois la publication du *Réveil*, parce que ce journal avait appelé l'Assemblée nationale une chambre « usée et vieillie », et assuré que le pouvoir n'était plus qu'une « odieuse conspiration bonapartiste destinée à étouffer la République ».

traduire, non pas devant le jury dont il se défiait, mais devant le tribunal de police correctionnelle les journalistes incriminés? Devait-il punir Alger pour la faute d'un seul? M. Crémieux déclara dans une lettre publique que Chanzy avait eu tort de solliciter du ministre l'abolition d'une des institutions fondamentales de la France, le jury; et la presse républicaine blâma le gouverneur général d'emprunter au ministère de « l'ordre moral » ses procédés et de voir, comme M. de Broglie, dans l'état de siège un *instrumentum regni* très commode[1].

« L'état de siège, disait M. Laboulaye le 4 août 1875 dans une réunion de ce centre gauche auquel appartenait Chanzy, est contraire à toutes nos idées libérales : c'est l'arbitraire, si doux qu'il soit, substitué au règne de la loi. On nous promet qu'on lèvera l'état de siège quand nous aurons voté une loi sur la presse; mais je ne puis comprendre qu'une liberté soit la rançon d'une autre liberté. »

Cet acte impolitique est le seul grief qu'on puisse relever contre Chanzy pendant son gouvernement. En réalité, cette mesure exceptionnelle fit plus de bruit que de mal. Elle fut néanmoins le prétexte d'une agitation factice qui dura jusqu'au départ de Chanzy, et en 1878 la *République française* évo-

---

[1] Expression du *Journal des Débats*.

quait encore le souvenir de cet « acte dictatorial ». Les ennemis de Chanzy le firent passer désormais pour un autoritaire, et les monarchistes, les partisans de « l'ordre moral » le félicitèrent perfidement et le revendiquèrent comme un des leurs : n'avait-il pas recouru aux moyens qu'employaient alors les adversaires déclarés de la République ?

Les vrais colons, ceux qui n'étaient pas *politiciens*, ceux auxquels, selon les mots de Chanzy, « le travail et la parfaite connaissance des besoins du pays donnaient le droit d'apprécier ce qui manque encore et ce qu'il convient de faire », ne prirent aucune part à l'agitation. Ils s'estimaient heureux d'avoir pour gouverneur un général intelligent et habile qui leur garantissait la sécurité et assurait à la fois le calme et le crédit. Mais il y a deux Algéries, comme il y a deux Frances et deux Italies ; celle qu'on voit et celle qu'on ne voit pas ; celle-ci vaque silencieusement à ses affaires ; celle-là s'agite, se remue, et dit tout haut qu'elle représente le pays entier ; on finit quelquefois par la croire.

Au bout de quelque temps, la presse algérienne, après avoir exalté Chanzy, passait à l'excès opposé et condamnait tout ce que faisait le gouverneur. Chanzy voulait tout examiner par lui-même, et sans cesse au travail, étudiait sérieusement les moindres affaires. Au lieu de louer son application qu'on n'aurait guère attendue d'un homme d'épée, on lui reprochait de perdre son temps à la recherche du détail, d'accorder trop d'importance aux moindres choses et de ne pas voir de haut. Il est vrai qu'on attendait beaucoup de son expérience incontestée dans les affaires algériennes et de son esprit d'initiative ; ses adversaires eux-mêmes s'accordaient à reconnaître ses grandes aptitudes et sa parfaite connaissance du pays[1]. Mais les Algériens sont, comme les Français, d'humeur impatiente ; ils ne savent pas attendre ; ils ne comptent pas assez avec le temps. Chanzy ne voulait pas se hâter immodérément et croyait qu'en matière d'administration algérienne il fallait agir avec prudence et ne tenter de réformes qu'à coup sûr. On l'accusa d'ajourner les difficultés, et non de les résoudre. Il avait en main de grands pouvoirs. On insinua qu'il cherchait à fuir le contrôle de la métropole, à soustraire ses actes à l'autorité législative, à se rendre omnipotent.

De jour en jour les ennemis de Chanzy lui faisaient une situation de plus en plus fausse. Il avait le titre de gouverneur général civil, mais il était militaire, et de tout temps la mésintelligence avait existé en Algérie entre l'élément civil et l'élément

---

[1] Treille, Conseil général de Constantine, session d'avril 1878.

militaire, entre cette race nerveuse, irritable et inflammable des colons, passionnément éprise de liberté, et les hommes de guerre, brusques, tranchants, accoutumés à ne voir dans la population civile que des dispositions turbulentes, et se souciant peu de fournir des prétextes à son mécontentement. Depuis longtemps les journaux de l'Algérie demandaient un gouverneur purement civil; divisés sur les autres questions, ils étaient presque unanimes sur ce seul point. Le régime civil était leur grande revendication, la réforme essentielle et radicale qu'ils réclamaient instamment; il fallait à l'Algérie un gouverneur en frac, et non un gouverneur en épaulettes. Un militaire, disait-on, ne peut porter dans l'administration que l'esprit militaire, il en conserve la vigueur, mais aussi le tour impérieux; il ne veut réaliser d'autre idéal que celui de l'autorité; il ne gouverne que par les idées de discipline, et ne tient compte ni des mobilités de la nature humaine ni du tempérament des populations. Chanzy, ajoutait-on, croyait que tout était pour le mieux sous le régime militaire et n'avait confiance que dans l'excellence du système qu'il avait autrefois pratiqué, comme chef de bureau arabe. L'armée, disait-on encore, ne devait avoir en Algérie, comme en France, d'autre mission que de défendre le territoire et de maintenir l'ordre. Le temps n'était-il pas venu d'installer complètement l'administration civile ? Le territoire dit de commandement n'était-il pas trop étendu ? Ne fallait-il pas donner au régime de droit commun une grande partie du pays où l'administration militaire n'exerçait qu'une action répressive, maintenait le *statu quo* et suspendait l'œuvre de la civilisation ? L'autorité civile ne pouvait-elle seule, par ses propres forces et par le prestige de la loi, exécuter le programme de la colonisation, pratiquer une politique de progrès et de liberté, exécuter les grands travaux d'utilité publique, constituer la propriété ? Les officiers chargés des affaires indigènes ne seraient-ils pas remplacés avantageusement par un personnel d'agents instruits, connaissant le pays et les aspirations d'une société civile, armés d'ailleurs d'un pouvoir étendu, disposant par réquisition de la force militaire, agissant au nom de la constitution, etc ?

L'expérience a fait justice de ces exagérations, et l'on reconnaît aujourd'hui que le problème algérien ne se résout point par un changement de costume. « Il n'y a pas, disait Chanzy, deux régimes ; il n'y a qu'une pensée, celle de tirer de la colonie tout ce qu'attendent la France et la civilisation ; il n'y a pas deux territoires avec leurs systèmes opposés ; il y a une vaste contrée soumise à la France, et dans

laquelle il nous faut introduire ses institutions [1]. »
Nous ne sommes encore qu'au lendemain de la conquête, et l'Algérie renferme deux millions et demi d'indigènes possesseurs du sol, qui n'acceptent qu'à contre-cœur leur nouvelle destinée, et ne sont accessibles qu'à la crainte. Un gouverneur civil doit recourir à la force militaire autant et même plus qu'un général. Sous le gouvernement de Chanzy le 19ᵉ corps d'armée qui forme l'armée d'Afrique comprenait 50,948 hommes et 14,036 chevaux; en 1881, sous un gouverneur véritablement civil, il a fallu le porter à 81,250 hommes et 16,278 chevaux [2]. Depuis qu'un général n'administre plus la colonie, il a donc fallu accroître l'effectif du 19ᵉ corps de 30,000 hommes et de 2,300 chevaux. Comme on l'a dit, « c'est la situation et non la personne du gouverneur qui fait le régime; l'important, c'est que ce gouverneur soit un homme de valeur, connaissant bien le pays, sachant par lui-même ses besoins et ses aspirations, habile à manier les affaires

---

[1] C. s., (Conseil supérieur), 3 décembre 1873.
[2] Ainsi répartis :

Province d'Alger.......	23,111 h.	5,094 chevaux.
— d'Oran	29,893	5,702 —
— de Constantine .	28,246	5,482 —
	81,250 h.	16,278 chevaux.

Statistique générale de l'Algérie en 1881. (On remarquera que les troupes de Tunisie n'entrent pas en ligne de compte).

et les hommes, capable d'étudier et surtout d'agir[1]. » Chanzy, ce nous semble, réunissait toutes ces conditions.

Qu'est devenu, au reste, ce personnel des affaires indigènes qu'on voulait écarter? On ne peut se passer de lui ; on l'emploie encore, parce qu'il est tout prêt et déjà rompu à la tâche, parce qu'il n'a fait que gagner avec le temps, surtout sous le gouvernement de Chanzy, et qu'on ne pourrait plus lui reprocher aujourd'hui certains abus signalés parfois avant 1870 ; on avoue enfin que ces chefs de bureaux arabes, si violemment attaqués, avaient aussi leurs mérites et que les fonctionnaires civils qui leur ont succédé sur quelques points, n'ont pas toujours montré l'expérience, la vigueur, l'activité de leurs devanciers.

Mais il ne faut pas oublier que pendant les six années du gouvernement de Chanzy, la république engageait contre les partis monarchiques la lutte pour l'existence. Comme la métropole, l'Algérie était profondément émue par ce grand combat et en suivait fiévreusement toutes les phases. Durant cette période héroïque du parti républicain qu'on peut appeler la période de conquête et qui devait précéder la période de gouvernement où nous sommes

---

[1] Wahl, *l'Algérie*, p. 232.

entrés aujourd'hui, la France africaine partageait l'inquiétude et les passions de la France européenne. Républicaine de vieille date et très démocratique, l'Algérie ne voyait dans son gouverneur qu'un républicain mitigé, et de malveillants commérages représentaient même comme un monarchiste déguisé l'ancien président du centre gauche[1]. « Enfin, disait le maire d'Alger en recevant le successeur de Chanzy, M. Albert Grévy, enfin nous sommes en présence d'un chef républicain, vous êtes républicain, et vous voudrez qu'on le soit autour de vous. » L'enthousiasme qu'inspirait la venue de M. Albert Grévy se dissipa bientôt ; l'Algérie, cette éternelle mécontente[2], et cette fois mécontente avec raison, accusa son premier gouverneur véritablement civil d'imprévoyance et même d'insuffisance. Néanmoins Chanzy avait dû faire place à M. Albert Grévy, et quand il quitta la colonie, sa position n'était plus tenable. La presse ne cessait de le harceler et de le taquiner ; les députés ne semblaient avoir d'autre but que de le

---

[1] Un député s'est fait l'écho de ces médisances dans la séance du 2 février 1883 où était discutée la loi contre les princes d'Orléans ; devant l'émotion unanime de la Chambre, il a reconnu qu' « il n'attaquait pas le général Chanzy, mais l'auteur des tentatives qui ont été faites ».

[2] « In contumeliam præfectorum ingeniosa », disait Sénèque d'une province africaine de l'empire romain.

combattre et de lui faire échec en toute occurrence. Cette petite guerre de partisans, fort peu intéressante, s'accentua surtout en 1878, à l'époque de l'Exposition universelle. Faut-il en retracer les incidents mesquins et parfois ridicules ? Il vaut mieux rappeler le discours que Chanzy prononça au Sénat le 19 mars de cette même année. C'est un des meilleurs discours d'affaires qu'ait jamais entendus une assemblée politique, et quiconque l'aura lu connaîtra l'Algérie, son passé, les efforts que faisait Chanzy pour la rendre prospère, les difficultés qu'il faut y surmonter, la tâche que la France doit y remplir. Mais ce discours même prouve que Chanzy ne pouvait plus satisfaire la population algérienne [1] ; il fut prononcé après que la Chambre des députés eut, sous l'influence des représentants de l'Algérie et de Gambetta, rejeté avec éclat un des crédits que demandait le gouverneur général.

---

[1] Chanzy aurait pu donner sa démission, et le gouvernement le désirait secrètement, sans oser le lui dire. Mais Chanzy avait conscience de faire son devoir : « Je ne cherche pas à décliner la responsabilité, lit-on dans son discours au Sénat, et cette responsabilité est devant le gouvernement qui m'a choisi : lorsqu'un fonctionnaire cesse de justifier la confiance que le gouvernement a mise en lui, il est facile de le renvoyer. » Il disait à un ami : « Je ne me cramponne pas à mon gouvernement comme à un portefeuille, mais si l'on est mécontent de moi, qu'on me remplace. » Le cabinet n'avait, au fond, aucune autre raison de mécontentement contre Chanzy que la coalition des représentants de l'Algérie ; il prit un biais, et nomma Chanzy ambassadeur en Russie.

III

La direction générale des affaires civiles et financières, établie à Alger, avait jusqu'en 1876 centralisé l'administration de l'Algérie. Elle dépendait, pour les services spéciaux, des ministres de la justice et de l'instruction publique, et, pour l'ensemble des affaires, du ministre de l'intérieur seul responsable devant le Parlement. Trois décrets, rendus par le gouvernement sur la proposition de Chanzy (30 juin et 3 août 1876) modifièrent cette organisation ; ils substituaient trois directions spéciales (intérieur, travaux publics et finances) à la direction générale et répartissaient entre les différents ministères les affaires de l'Algérie traitées jusque là par le ministère de l'intérieur. Mais les représentants de la colonie objectèrent que ces trois nouvelles directions rendaient la centralisation plus excessive qu'auparavant, qu'elles gênaient l'action des préfets et diminuaient leurs pouvoirs, qu'elles multipliaient les lenteurs bureaucratiques. Ils remontrèrent que le contrôle, exercé par les différents ministères sur les affaires algériennes, était purement illusoire, puisque chaque ministère, absorbé par l'administration de la métropole, acceptait aveuglément les avis du gouverneur général ; en réalité, ce dernier, irresponsable devant le Parlement, affranchi, pour ainsi dire, de tout contrôle, devenait aussi puissant qu'un vice-roi ; l'Algérie, disait-on, est soumise à l'arbitraire ; il faut l'arracher à ce système *césarien* des décrets.

La commission du budget, présidée par Gambetta, donna satisfaction à l'opinion algérienne. Chanzy demandait un crédit de 53,000 francs destiné au traitement des trois directeurs et au fonctionnement des trois directions qu'il avait établies par décret. Gambetta, d'accord avec les représentants de l'Algérie, déclara que l'instabilité de l'organisation administrative de la colonie devait avoir un terme et qu'il fallait, pour l'exemple, rejeter le crédit demandé par le gouverneur général. Ces changements, disait-il, devaient entraîner une très forte dépense ; ils nécessitaient un supplément considérable de personnel et de matériel ; ils « engageaient dans une voie dispendieuse ». Mais le débat portait plus haut. Les trois directions avaient été créées par décret du gouverneur général ; « ce problème complexe et délicat avait été résolu d'un trait de plume, sans l'intervention du pouvoir législatif[1] » ; il fallait, disait Gambetta, substituer

---

[1] Séance du 21 février 1878. Trois ans plus tard, Gambetta, pré

régime de la loi au régime des décrets. Il proposait donc à la Chambre de repousser le crédit et priait le gouvernement de présenter un projet de loi sur l'organisation administrative de l'Algérie qui devait être réglée, non point par le gouverneur général, mais par le Parlement.

La Chambre des députés rejeta les crédits. Chanzy avait espéré qu'ils seraient continués au moins jusqu'à la loi d'organisation administrative que demandait Gambetta et que promettait le ministère. Il comptait qu' « on n'arrêterait pas brusquement un mécanisme qui fonctionnait utilement depuis dix-huit mois ». Il s'inclina devant la décision de la Chambre et ne prit la parole au Sénat que pour défendre son administration et retracer les progrès de l'Algérie sous son gouvernement (19 mars 1878).

Il justifia les décrets qu'il avait rendus et que le pouvoir exécutif avait sanctionnés. L'Algérie ne faisait-elle pas partie intégrante de la France ? Pourquoi les grands services de la métropole n'interviendraient-ils pas dans les *affaires similaires* de l'Algérie ? Pourquoi ne pas opérer d'ores et déjà

:sident du conseil, créait aussitôt deux nouveaux ministères, celui de l'agriculture et celui des beaux-arts, et cela, sans l'assentiment préalable des Chambres.

le *rattachement* [1], dans les limites du possible, aux directions générales ? On relevait très vivement « l'inconvénient de légiférer par décrets ». Mais le régime des décrets était-il spécial à l'Algérie ? Ne fonctionnait-il pas en France ? Chanzy rappelait les ordonnances royales et surtout les décrets que le gouvernement avait tout récemment rendus pour rattacher les télégraphes au ministère des finances, les forêts au ministère de l'agriculture et du commerce, pour créer et rétribuer les sous-secrétaires d'Etat, etc. [2]. Oui, il fallait substituer le régime de la loi à celui des décrets. Mais était-il possible de tout régler législativement et de soumettre à la décision si lente des Chambres toutes les mesures de détail ? « Il faut, en Algérie, obtenir chaque jour un résultat nouveau, et, pour cela, chaque matin, pouvoir adapter à la machine l'outil qui doit fournir le travail de la journée. La machine, c'est l'organisation, telle que l'a faite la loi ; l'outil, c'est le décret qui reste légal, s'il n'anticipe pas sur le domaine de la loi. » Chanzy recon-

---

[1] « Rattachement », comme on sait, opéré depuis, et dans de plus grandes proportions.

[2] Chanzy ajoutait cette parole grave et vraie : *Il se manifeste une tendance de plus en plus marquée qui arrivera à détruire toute initiative féconde, partant toute responsabilité, et qui est une marque de défiance vis-à-vis des dépositaires du pouvoir exécutif.*

naissait[1] que la loi doit être « la base de toutes les grandes mesures », mais les décrets seuls, ajoutait-il, peuvent, en appliquant les principes que pose la loi, aider à la marche d'une œuvre dont la physionomie change chaque jour avec les progrès réalisés et les besoins nouveaux qui se révèlent.

M. Pomel, sénateur de l'Algérie, essaya de répondre à l'argumentation nette et lucide de Chanzy. Il déclara que, si l'on trouvait le pouvoir du gouverneur général trop considérable et trop arbitraire, « il y avait au fond de cette assertion quelque chose de vrai ». L'honorable sénateur rappelait que Chanzy avait, par décret, donné aux attributaires de terres au titre II la permission d'hypothéquer leur droit, et qu'un arrêt de la cour d'Alger avait annulé tous les contrats passés à la suite de ce décret. Il citait d' « autres mesures prises par décret et qui froissaient les sentiments des colons ».

---

[1] C. s., 12 janvier 1875, p. 58. Le gouverneur général de l'Algérie n'a plus aujourd'hui le droit de rendre des décrets. Mais nombre d'Algériens sont persuadés qu'il valait mieux ne pas enlever au pouvoir local toute initiative. « A l'Algérie, pays en formation, où la face des choses se renouvelle sans cesse, où chaque jour se manifestent des besoins imprévus, les lois ne suffisent pas. Les décrets qu'on pouvait presque improviser, qu'il était facile de rapporter ou de modifier, suivant les nécessités du moment, permettaient de préciser, de compléter ou de suppléer la loi. » WAHL, l'Algérie, p. 236.

Par exemple, c'était le gouvernement et non la population qui choisissait les assesseurs musulmans des conseils généraux. Les commissions municipales chargées d'administrer les communes mixtes renfermaient trop d'indigènes ; elles n'avaient ni force ni qualité pour le contrôle ; l'administrateur et ses auxiliaires devaient être payés, non par l'Etat, mais par les communes mêmes qui possédaient d'assez gros revenus. M. Pomel reprochait encore à Chanzy de trop augmenter le nombre des employés et de propager en Algérie la maladie des fonctionnaires : « Il y avait 4,000 fonctionnaires pour 350,000 colons ! » Chanzy avait construit beaucoup de villages ; mais ces villages devaient, pour subsister, avoir au moins soixante feux, et la plupart n'en comptaient guère que quarante. Les anciens centres n'étaient plus soutenus et n'offraient que l'image de la misère. Chanzy ne voulait plus établir sur le sol que 10,000 familles et créer 300 nouveaux centres ; 2,000,000 de colons pouvaient encore trouver place dans le Tell, et le gouverneur général se contentait du chiffre de 50,000 ! Bref, M. Pomel priait Chanzy de renoncer aux « errements suivis jusqu'à ce jour » et de faire entrer l'administration dans d'autres voies. La réponse de M. Pomel au gouverneur général fut, ce nous semble, assez faible et embarrassée. Le sénateur de l'Algérie reconnaissait lui-même que Chanzy avait donné d'« excellentes raisons », il ne niait pas les progrès accomplis ; ses critiques étaient exagérées et ne tenaient pas compte des difficultés que rencontrait le gouverneur général ; d'ailleurs il n'énonçait qu'en passant son principal grief : Chanzy ne tenait pas assez de compte des désirs de la représentation parlementaire de l'Algérie.

IV

Mais il est temps d'exposer ce qu'a fait Chanzy pour l'Algérie, de montrer que sous son gouvernement elle fit des progrès rapides et que, durant son administration, la France donna la preuve la plus éclatante de cette puissance colonisatrice qu'on lui refuse injustement. Si on relit les journaux au bout de quelques années, a dit Gœthe [1], tout ce qui est de peu de valeur est tombé en poussière, le faux intérêt du moment est évanoui, la voix de la foule est expirée, et le bien qui reste et survit ne peut être assez apprécié ; c'est ce « bien qui reste et survit » que nous voulons rapidement décrire.

---

[1] *Annales*, 1815.

Tout d'abord, ni les Arabes, ni les Kabyles ne remuèrent. Une révolte éclata dans le mois d'avril 1876 parmi les tribus de l'oasis d'El Amri, non loin de Biskra, mais cette petite insurrection fut rapidement réprimée par le général Carteret-Trécourt, commandant la province de Constantine. La même année, le général Osmond parcourut la région du sud toujours agitée par les Ouled-Sidi-Cheïkh, montra aux tribus le drapeau de la France et intimida les fauteurs de rébellion. « Quelques exaltés, disait Chanzy en 1878, parviennent encore à exciter contre nous les imaginations, mais si, pendant les derniers événements d'Orient, les indigènes ont fait des vœux pour le triomphe de leurs frères en religion, ils ont compris qu'ils n'avaient aucun intérêt dans la lutte. » Il eut soin d'interdire l'accès de l'Algérie aux journaux arabes, entre autres, au plus ardent, l'*El Djaouaïb* qui cherchait à émouvoir tout le monde musulman en faveur de la Turquie. D'ailleurs, les Arabes redoutaient et respectaient Chanzy, comme autrefois Bugeaud ; Chanzy était pour eux « le grand chef » ; ils le savaient énergique, résolu, prêt à réprimer sur-le-champ et sans merci la moindre agitation. Le prestige de son nom, joint aux mesures prévoyantes qu'il savait prendre, aux bons rapports qu'il entretenait avec le Maroc et à ses « excellentes relations » avec la régence de Tunis [1], détournait les indigènes d'une prise d'armes. Sous le gouvernement de Chanzy, l'Algérie n'eut pas à craindre de nouvelles tentatives d'insurrection, et jouit de cette sécurité sans laquelle ne peut s'exercer l'activité des colons, de cette confiance sans laquelle ne peuvent s'essayer les grandes entreprises industrielles et agricoles. Si Chanzy eût encore gouverné l'Algérie, Bou Hamema n'aurait jamais poussé sur les hauts plateaux sa pointe audacieuse. L'ancien combattant de l'Oued-Guir connaissait la frontière du sud-ouest ; il n'ignorait pas ce que la surveillance de cette difficile région exige d'attention incessante ; il eût frappé des coups vigoureux, et se fût hâté de châtier les Sidi-Cheïkh dès leurs premières attaques contre nos Ksouriens.

Il n'approuvait pas les missions armées ou religieuses dans le Sahara. Il refusa une escorte militaire aux missionnaires que l'archevêque d'Alger voulait envoyer chez les Touaregs. Il pensait que ces entreprises tentées en pays inconnu, parmi des tribus barbares, sous un climat meurtrier n'au-

---

[1] Il envoya en 1875 un de nos plus habiles agents consulaires, M. Féraud, en mission au Maroc (avec le capitaine Marois) et en 1876, à Tunis (avec le capitaine Henry). M. Féraud traita avec le gouvernement du bey des questions relatives à la frontière tunisienne et à la création du chemin de fer de Soukh-Arras à Tunis.

raient qu'un dénouement fatal. Il voyait juste, et le massacre de la mission Flatters lui donna raison. Selon Chanzy, il valait mieux attirer sur nos marchés par des relations pacifiques et par de bons procédés les caravanes qui se dirigent encore aujourd'hui vers les ports de la Tripolitaine et du Maroc. Il voulait créer des foires sur les points extrêmes du territoire, dans les postes les plus avancés du sud, à Tuggurt, à Laghouat, à Aflou, à Mécheria, etc. Ce plan ne fut pas exécuté ; mais, s'il était bien appliqué, il assurerait la pacification définitive du sud de l'Algérie, sans imposer à la métropole de nouveaux sacrifices.

V

Chanzy aimait les Arabes qu'il avait longtemps fréquentés, et il les jugeait sans prévention. Il était d'avis de leur faire leur place dans le développement pacifique et régulier de l'Algérie. Il essayait de les gagner de plus en plus à la civilisation ; il faisait traduire en langue arabe et répandre dans les tribus la lettre d'un des commissaires indigènes, envoyés à l'Exposition universelle de Vienne, qui rendait compte de ses impressions et exprimait l'opinion que son peuple n'était plus réfractaire au progrès. Malgré les récriminations, il maintenait les indigènes dans les conseils généraux avec voix délibérative ; il lui semblait injuste d'exclure de l'assemblée départementale les représentants d'une race qui joue un si grand rôle dans la production et contribue pour sa bonne part aux recettes du budget provincial. Il ne négligeait pas de toucher par de faciles démonstrations la fibre religieuse des Arabes. C'est ainsi qu'il assistait en 1875 à la fête qui précède la fin du Ramadan et, à une allocution de M. Boukandoura, il répondait que la France voulait placer les musulmans de l'Algérie dans les mêmes conditions que le reste des habitants, leur faire la part égale, et les considérer comme ses propres enfants. Il faut, lit-on dans son discours au Sénat (19 mars 1878), respecter et soutenir les croyances religieuses de l'Algérie, donner à tous les cultes la subvention ou l'aide de l'Etat ; la mosquée et la synagogue ont les mêmes droits, les mêmes titres à notre appui que l'église et le temple. Une somme de plus de cent mille francs était affectée en 1877 à la reconstruction ou aux réparations de 123 mosquées, entre autres, de la mosquée de Tlemcen et du minaret de Mansourah, « qui intéresse à un si haut point l'histoire de l'art architectural en Algérie ». Notre colonie, disait Chanzy au Conseil supérieur, est un des pays où les croyances religieuses sont le plus profondément enracinées, et il faut encourager ces croyances, parce qu'elles sont l'une des bases les plus solides de l'état social qu'il s'agit de fonder [1].

Dans toutes les questions qui intéressent les indigènes, il portait le même esprit de ménagement. Il fallait, écrit-il, faire pénétrer chez les populations les notions du droit et du respect de la loi, mais la France devait, elle aussi, respecter leurs traditions et leurs coutumes dont elles sont si jalouses. Il rappelait les engagements que la France avait pris à l'époque de la conquête et dont elle ne s'était pas crue déliée, malgré les insurrections. Il priait administrateurs et magistrats de s'entr'aider et de faire comprendre aux indigènes que la France ne voulait que leur bien et qu'ils pouvaient compter sur sa justice et son impartialité. « Nous voulons les élever jusqu'à nous, et non les parquer en dehors de cette grande société française qu'il faut constituer ici, sans distinction de foi ou d'origine. »

On avait souvent demandé dans les journaux ou dans les assemblées la suppression de la justice musulmane. Chanzy se refusait à cette réforme radicale. Il pensait avec raison qu'il était impossible de remplacer partout les juges musulmans.

---

[1] C. s., (Conseil supérieur), 1877, p. 27; C. s., 1878, p. 32.

Où trouver des juges français qui connaîtraient suffisamment la langue et les coutumes du pays arabe? Comment pourrait-on les installer dans les tribus? Il s'opposait à l'unité de juridiction, parce qu'elle « changerait brusquement l'état d'une société, qui n'admet qu'on touche à ses coutumes traditionnelles qu'après lui avoir démontré qu'il y va de ses propres intérêts ». Il réduisit le nombre des *mahakmas* ou tribunaux des cadis et fit des économies sur le personnel de la justice musulmane. 47 « mahakmas » furent supprimées en moins de quatre ans, et les cadis, au nombre de 184 en 1873 et de 145 en 1875, n'étaient plus que 137 dans l'année 1877. Cependant Chanzy ne voulait pas aller plus loin; ce serait, disait-il, désorganiser la justice dans les tribus, sans possibilité de l'assurer par d'autres moyens [1]. Mais, à mesure que se réduisait le nombre des cadis, celui des juges de paix augmentait. On les armait de pouvoirs disciplinaires; on étendait leur compétence en leur donnant des assesseurs musulmans et en limitant

---

[1] M. Mercier (*l'Algérie en* 1880) lui reproche toutefois d'avoir enlevé aux cadis le droit de statuer sur les questions de possession pour les confier aux *djemaâ* ou conseils de tribus qui jugèrent sans appel; ce droit parut d'autant plus exorbitant que les décisions des djemaâ, grossièrement rédigées par des *talebs*, ou écrivains à gages, devaient servir de base à la répartition des terres.

encore la juridiction des cadis; on les obligeait à tenir des audiences foraines à des époques déterminées, dans les parties les plus éloignées de leur district. Les indigènes pouvaient comparer à la vénalité des cadis l'intelligence et la probité de nos magistrats [1].

La justice civile et répressive fut organisée en Kabylie par les décrets du 29 août et du 10 octobre 1874. Partout où les juges de paix étaient institués, le cadi perdait ses attributions et ne faisait plus qu'exercer les fonctions de notaire et procéder à la liquidation et au partage des successions. Chanzy se félicitait de voir les prétoires de nos juges de paix « fréquentés par un grand nombre de Kabyles qui venaient soumettre aux magistrats français leurs différends et accueillir avec reconnaissance les décisions équitables qui les règlent ». Mais cette réforme remédiait chez les Kabyles au désordre de leurs *djemâas* de justice. Le Kabyle, entouré de tous côtés par des établissements français, est, selon l'expression de Chanzy, plus industrieux et moins méfiant que l'Arabe, plus travailleur et moins épris de la vie contemplative;

---

[1] Malheureusement, avec les juges de paix arrivaient les huissiers et les notaires, et les innombrables formalités, et les frais excessifs de procédure. Les indigènes reconnurent bientôt que la justice de leurs cadis était prompte, expéditive et peu coûteuse.

chez les Kabyles, la France, en touchant à la justice, ne touchait pas aux croyances. Mais on ne pouvait étendre à tout le territoire arabe le régime auquel étaient soumis les deux arrondissements de Tizi-Ouzou et de Bougie ; ce qui a pu être essayé en Kabylie, observait le gouverneur général, produirait au milieu des autres agglomérations musulmanes un trouble qu'il est sage d'éviter[1].

Chanzy assurait en même temps la sécurité en mettant au service de l'autorité préfectorale et des officiers de police ce qu'il appelait des forces supplétives, des détachements tirés des corps de troupes ; en rétablissant les auxiliaires indigènes de la gendarmerie, « anciens soldats éprouvés et rompus à notre discipline » ; en augmentant le nombre des brigades qui formaient la 31e légion de gendarmerie française. Ce dernier corps comptait, avec les auxiliaires indigènes, dans les territoires de droit commun, en 1876, 780, en 1877, 793 et en 1878, 815 hommes. Chanzy s'élevait contre les bruits qu'on répandait sur le manque de sécurité en Algérie ; on exagérait quelques faits isolés de brigandage, et l'opinion crédule s'imaginait que les crimes étaient plus fréquents dans la colonie que partout ailleurs. « Malgré les conditions exceptionnelles et

---

[1] C. s., janvier 1875, p. 14, 16, 17, 19 ; 1878, p. 22 ; 1877, p. 16.

défavorables, dans lesquelles se trouve encore une partie de ce pays, la proportion des attentats contre les personnes ou les propriétés ne dépasse pas celle de certaines régions de France, dont la réputation de sécurité n'est pas mise pour cela hors de doute [1]. »

VI

« S'il est un progrès, écrivait Chanzy, dont puisse s'enorgueillir l'Algérie, c'est celui qui se manifeste dans l'instruction publique; l'honneur en revient à la population si intelligente de la colonie. J'ai pu constater moi-même, en visitant successivement les localités des trois provinces, la bonne tenue des écoles et l'empressement avec lequel elles sont fréquentées. »

Son attention se tournait surtout vers l'instruction des indigènes, « le meilleur remède pour émousser le fanatisme ». Il fit mettre à l'étude un projet d'organisation des écoles arabes primaires. Il se préoccupait de réunir les indigènes et les Européens en les groupant dans les mêmes établissements d'instruction et en faisant apprendre aux uns

---

[1] C. s., 1877, p. 19, 20; Clamageran, *l'Algérie*, p. 391; Statistique générale de l'Algérie, 1876-1878.

français, et aux autres l'arabe. Il faut, disait-il que les enfants s'élèvent ensemble sans distinction d'origine ou de culte; c'est le seul moyen de faire disparaître les préjugés et l'éloignement que les diverses races peuvent conserver les unes vis-à-vis des autres. Il songeait même à créer des écoles spéciales d'agriculture et de métiers où les jeunes gens du pays, arabes et européens, auraient appris à devenir de bons cultivateurs et de bons ouvriers.

Il insistait sur l'utilité de savoir l'arabe ; il répétait que tout fonctionnaire de l'administration ou de la justice ne pouvait s'acquitter efficacement de sa mission qu'à la condition de se passer d'intermédiaire. Il encouragea l'étude de cette langue; le recteur de l'Académie d'Alger fit introduire la connaissance de l'arabe dans le programme d'examen pour le baccalauréat et pour le brevet de capacité, et sur les réclamations pressantes de Chanzy, les départements ministériels allouèrent des primes à ceux de leurs agents qui possédaient l'idiome du pays : cette condition, disait le gouverneur général, est une de celles exigées pour l'avancement ou pour l'admission aux emplois publics.

Chanzy savait par expérience qu'il était plus aisé d'introduire l'enseignement des choses françaises dans les écoles musulmanes que d'attirer les indigènes dans nos propres écoles. Il fit enseigner notre langue dans les *medraças* d'Alger, de Tlemcen et de Constantine ou écoles d'enseignement supérieur, où les jeunes indigènes se préparent aux emplois de la magistrature musulmane et aux places de *khodjas* ou écrivains dans les bureaux de l'administration. Il voulait que ces « institutions qu'on accusait d'être des foyers d'erreurs et de préjugés devinssent des écoles sérieuses ». Des maîtres français furent adjoints aux maîtres indigènes dans les *medraças* et enseignèrent l'histoire, la géographie, l'arithmétique et les principes du droit[1].

C'est sous le gouvernement de Chanzy que fut proposée la création — à Alger — d'écoles préparatoires à l'enseignement supérieur. M. Bardoux, ministre de l'instruction publique, disait, en déposant le projet de loi (8 février 1878) qu'il se ralliait aux propositions faites par le gouverneur général d'accord avec le recteur d'Alger pour proposer la création de trois nouvelles écoles préparatoires à l'enseignement supérieur du droit, des sciences et des lettres. Les études supérieures, disait Chanzy, sont l'expression la plus élevée et la base essen-

---

[1] Le nombre des élèves s'élevait, en 1878, de 122 à 140. L'administration et l'enseignement de ces *medraças*, ainsi que des écoles arabes-françaises furent réglés par arrêtés du gouverneur général (16 et 25 février 1876). Ajoutons que Chanzy proposa, à diverses reprises, l'installation d'une école d'apprentissage des Arts-et-Métiers à Dellys (créée le 29 juin 1880).

tielle de l'enseignement ; il n'est pas pour un pays nouveau d'institutions plus utiles que celles qui forment des hommes capables de diriger les masses laborieuses[1].

VII

Les entreprises de l'administration des travaux publics prirent, sous le gouvernement de Chanzy, une très grande importance. Achever les routes commencées, combler les lacunes, construire les ponts qui manquent, relier aux routes existantes les autres voies qui n'ont que des communications impraticables pendant la mauvaise saison, terminer les barrages entrepris, rendre abordables les principaux ports de la colonie, recourir aux grandes entreprises pour doter le pays des lignes ferrées nécessaires au développement du commerce, de l'industrie et de la colonisation, voilà, disait Chanzy en 1874, ce qu'il fallait solliciter et faire.

Il n'y avait eu jusque-là en Algérie que deux lignes ferrées, concédées à la grande Compagnie de Paris-Lyon-Méditerranée ; celle d'Alger à Oran,

---

[1] Discours du 19 mars 1878; C. s., 1876, p. 18 et 20; 1877, p. 26; 1878, p. 32, etc.

parallèle à la mer, par la vallée du Cheliff et la plaine de la Mitidja ; et celle de Philippeville à Constantine, perpendiculaire à la mer (en tout 513 kilomètres). Chanzy voulut créer en Algérie un ensemble de voies ferrées ; les échanges rendus faciles, les produits de la colonie s'écoulant rapidement par de nombreux débouchés, l'effectif des troupes diminué puisqu'elles pouvaient être transportées en quelques heures sur les points menacés par l'insurrection ou le brigandage, que de résultats à atteindre ! Chanzy projetait donc de relier par le chemin de fer la frontière de Tunisie à celle du Maroc et de faire aboutir à ce *grand central* de 1,312 kilomètres des lignes perpendiculaires qui le mettraient en communication avec les ports du littoral ou qui, pénétrant dans l'intérieur, iraient jusqu'aux lieux de production et aux gisements des minerais. Ce vaste programme ne fut pas exécuté, et ne l'est pas encore, mais les principales lignes furent créées : celle de Bône à Guelma par Duvivier (90 kilom., intérêt général) ouverte le 15 octobre 1876 et le 2 mai 1877 ; celle de Bône à Aïn-Mokra (32 kilom., intérêt industriel) ; celle de Sainte-Barbe-du-Tlélat à Sidi-Bel-Abbès (52 kilom., intérêt local), exploitée depuis le 2 mai 1877.

D'autres lignes étaient en cours d'exécution une, d'intérêt industriel, celle d'Arzeu à Saïda

212 kilom.), concédée à la compagnie franco-algérienne par décret du 29 avril 1874 ; quatre d'intérêt général : celle de Constantine à Sétif par El-Garâ (155 kilom.) qui, selon le mot de M. Raudot, valait six régiments ; celle de Guelma au Kroubs, près de Constantine (116 kilom.) ; celle d'El-Guerrah à Batna (80 kilom., concession éventuelle) ; celle de Duvivier à Soukahras et de Soukahras à Sidi el Hamessi, sur la frontière de Tunisie (122 kilom.).

Les lignes à l'instruction ou en projet étaient les suivantes : 1° d'intérêt local : d'Alger à Ménerville (42 kil. 5) et d'Oran à Aïn-Temouchent (73 kilom.) ; 2° d'intérêt industriel : de Mostaganem à Tiaret (175 kilom.) et de Miliana à Adelia (8 kil. 6) ; 3° non encore classées : de Sétif à Affreville (389 kil.) ; de Sidi-Bel-Abbès à la frontière du Maroc (140 kil.) ; de l'Oued-Tixter à Bougie (117 kil.) ; de Beni-Mansour au Kseur (72 kil.) ; de Bordj-Bouïra à Ménerville (66 kil.) ; de l'Haouch-Moghzen à Mouzaiaville (42 kil. 5) ; de Ténès à Orléansville (58 kil.) ; de Mostaganem à Relizane (48 kil.) ; de Tlemcen à Beni Saf avec embranchement sur le Rio Salado (109 kil.) ; d'Oran au Rio-Salado (59 kil.) ; de Seb-dou à Tlemcen (45 kil.).

Grâce à Chanzy, une compagnie française obtint le monopole des chemins de fer qui devaient être créés en Tunisie. Le gouvernement anglais avait obtenu du bey ce privilège pour trois années ; au bout de ce temps, il en demanda la prorogation. Mais Chanzy, habilement secondé par notre consul à Tunis, M. Roustan, fit entamer par la compagnie de Bône-Guelma des négociations avec le général Kheredine, ministre du bey. Kheredine somma le consul d'Angleterre de tenir ses engagements et de faire construire les lignes ferrées qu'il avait promises ; les travaux n'étaient même pas commencés ; la concession anglaise fut frappée de déchéance et transportée à la compagnie de Bône-Guelma ; un an après, le traité était approuvé par les Chambres et l'étude de la ligne terminée [1].

« 650 kilomètres, — disait Chanzy au Sénat dans son discours du 19 mars 1878, — sont déjà en pleine exploitation ; 700 kilomètres sont en construction, et les études de plus de 600 autres kilomètres terminées. Enfin, à l'occasion des grands projets qui s'étudient pour les chemins de fer, j'ai insisté auprès du gouvernement pour que l'Algérie fût traitée comme la métropole, et un réseau de 2,000 kilomètres de voies ferrées est proposé pour la colonie. Ces grands travaux qui peuvent être exécutés en moins de dix ans auront pour résultat d'assurer définitivement la sécurité du pays, d'y développer l'industrie et d'y fixer plus d'un demi-milliard de capitaux.

En 1872 le réseau classé des routes nationales,

---

[1] JOURNAULT, *Revue pol. et litt.*, 23 juin 1883.

des routes départementales et des chemins vicinaux de grande communication comprenait 6,700 kilomètres; en 1879 il comptait 9,281 kilomètres : c'était, durant le gouvernement de Chanzy, une augmentation de 42 0/0. La dépense effectuée dans l'exercice 1878 pour les routes et les chemins de l'Algérie s'éleva à 11,456,000 francs, dont 6,867,000 en travaux neufs, et 4,589,000 en travaux d'entretien. On construisit le grand pont de l'Oued-Sebaou, près de Rebeval, sur la route de Dellys, le pont de l'Oued-el-Kebir sur la route d'Alger à Laghouat, celui de l'Isser sur la route de Tlemcen à Rachgoun, celui de Sidi-Aïch, sur l'Oued-Sahel, le pont métallique sur le Cheliff, de Boghari à Boghar, etc. On élevait des phares, comme aux îles Habibas, et au cap Bengut. Le littoral algérien, de Nemours à La Calle (1,128 kil.) ne possédait en 1866 que 27 feux ; au 1er janvier 1878 il comptait 42 feux, éloignés en moyenne de six lieues les uns des autres; dix ans auparavant, cet espacement moyen des feux était de dix lieues. Enfin, on améliorait les ports, on les rendait accessibles aux navires en toute saison, on prolongeait les jetées d'Alger et de Mostaganem, on réparait celles de Tenès et d'Oran, on achevait celle de Philippeville, on commençait à La Calle les travaux qui faisaient de l'anse de Boulifa un port plus sûr pour les bateaux corailleurs.

Une vive impulsion fut donnée à tous les travaux hydrauliques dont Chanzy sentait la nécessité dans une région où les pluies font souvent défaut à l'heure où les populations la désirent le plus vivement. Le barrage du Cheliff dans le département d'Alger et celui de la Djidiouïa dans le département d'Oran étaient terminés; les travaux du barrage-réservoir du Hamiz approchaient de leur achèvement; c'est du gouvernement de Chanzy que date le grand barrage qui arrête l'Oued-el-Hammam à l'endroit où cette rivière reçoit l'Oued-Fergoug et prend le nom de l'Habra. Dans son discours de 1878 au Sénat, Chanzy citait huit barrages pouvant irriguer 50,000 hectares. Il faut mentionner encore les travaux de sondages et de forages artésiens activement poursuivis par M. Jus dans le Hodna et l'Oued-Rir; une longue ligne de puits s'étendant entre Biskra et Tuggurt et « faisant jaillir du sol plus de 25,000 mètres cubes d'eau par jour »; la mission du capitaine Roudaire chargé d'examiner la possibilité de créer une mer intérieure dans le sud de la province de Constantine[1]; l'organisation du *Service météorologique* et l'établissement de stations qui furent installées sur divers points du

---

[1] Chanzy s'intéressait vivement au projet de M. Roudaire, qui lui semblait offrir de grands avantages pour la défense de l'Algérie (et de la Tunisie) contre les Arabes du Sud.

littoral de Sfax à Mogador, et jusqu'à la limite du Sahara, à Tuggurt, à Laghouat, à Géryville, et confiées au service du génie qui « réunit les aptitudes et les conditions nécessaires pour assurer l'entretien du matériel, recueillir et télégraphier les observations »; la création d'une nouvelle circonscription d'ingénieur en chef dans le département de Constantine, et d'une inspection générale des travaux civils qui « assura l'unité dans la direction et la compétence dans l'examen », etc., etc.

VIII

Chanzy encouragea l'industrie qui devait, en progressant, faire progresser la colonisation, donner aux tribus d'autres occupations que les travaux agricoles, varier et augmenter l'activité des indigènes et des Européens. Il faut, écrivait-il dans un de ses rapports, aider les entreprises industrielles : une seule qui réussit attire les autres et enrichit le pays ; une seule qui échoue amène le découragement et le discrédit. Il fit bon accueil et aplanit les difficultés aux compagnies sérieuses qui voulaient exploiter les minerais et l'alfa.

L'alfa, cette graminée précieuse avec laquelle on fait toute sorte d'ouvrages de sparterie et fabrique le papier, et, comme disait Chanzy, ce « textile inépuisable si recherché et si utilisé », couvre une surface de près de cinq millions d'hectares sur les hauts plateaux qui occupent le centre du massif de l'Atlas et séparent le Tell du Sahara. L'exploitation de cette plante, inconnue naguère aux papetiers et très employée partout où manque le chiffon, devint une source abondante de profits, et les quais d'Oran s'encombrèrent de balles d'alfa qu'on chargeait sur les navires en partance pour l'Angleterre ou l'Espagne [1]. C'était une industrie vivace, créée en plein cœur de la population arabe ; elle occupait les colons pendant le chômage des travaux des champs et assurait la prospérité des centres voisins des plateaux. Sans la fermeté de Chanzy, elle n'eût été qu'une affaire secondaire et d'intérêt privé ; il en fit une affaire d'intérêt général ; malgré l'opposition d'un grand nombre de conseils électifs, il approuva et soutint le projet d'un chemin de fer d'Arzeu à Saïda ; cette ligne reliait les hauts plateaux au littoral, transportait l'action féconde de la civilisation européenne à quarante lieues des côtes, donnait à la colonisation tout le pays entre Arzeu et Saïda, faisait d'Arzeu un port animé.

---

[1] L'Algérie a expédié en 1877, 68,758 tonnes d'alfa ; en 1878, 61,199 ; en 1879, 62,596 ; en 1880, 80,895.

Une des industries qui furent le plus prospères sous le gouvernement de Chanzy est celle de l'extraction des minerais. On sait que l'Algérie n'est, d'un bout à l'autre, qu'un gisement de fer ; à la fin de 1878, on avait reconnu 183 gites métallifères ; l'exportation totale des minerais (121,000 tonnes en 1866) atteignit en 1873 le chiffre de 420,662 tonnes, et en 1875, de 600,000, « quantité relativement considérable, puisqu'elle représentait le cinquième de la production minière de la France en 1869 ». En 1877, les mines de la seule compagnie de Mokta-el-Haddid, que Chanzy reconnaissait comme l'exploitation la plus importante, donnaient 360,810 tonnes de minerais de fer, qu'un chemin de fer de 32 kilomètres, construit aux frais de la société, amenait directement au quai de Bône, et pour lesquelles l'Etat touchait une redevance proportionnelle de 87,000 francs.

Après les mines de Mokta-el-Haddid, venaient celles de Beni-Saf, que Chanzy visitait au printemps de 1876, et où la compagnie de la Tafna [1] faisait construire un port d'embarquement, deux voies ferrées, et un village de 1,000 habitants.

Le mouvement des affaires devenait considérable. Les chiffres sont significatifs, et, selon le

---

[1] Qui fusionna plus tard avec celle de Mokta-el-Haddid.

mot de Chanzy, plus concluants que des phrases. Les statistiques dressées marquent une progression constante et une prospérité qui s'augmente. Le commerce de l'Algérie s'éleva en 1876, dans une des meilleures années, à 380 millions de francs, dont 213,532,396 à l'importation et 166,530,581 à l'exportation. Pour les deux dernières années du gouvernement de Chanzy, les publications officielles [1] fournissent ce tableau :

             1877   **1878**

Importations : 216,589,241 fr. ; 236,006,613 fr.
Exportations : 133,601,898 fr. ; 131,089,818 fr.

Mais on peut citer les chiffres des années suivantes. Les importations s'élevaient en 1879, à 272,126,000 francs, en 1880 à 303,435,000, en 1881 à 342,253,000 ! L'impulsion donnée par Chanzy durait encore après son départ ; les chemins de fer qu'il avait créés et le développement qu'il avait su imprimer à la colonisation amenaient ces importations de produits et de matériaux de toute sorte qui

---

[1] Voir aussi l'excellente carte agricole et industrielle de l'Algérie, publiée par Jourdan, 1880. Il suffirait de comparer les chiffres des importations de deux années extrêmes : en 1873, l'année où Chanzy arriva en Algérie, il y a 197 millions d'importations ; en 1881, trois ans après son départ, 342 ! On peut dire qu'il a donné le branle.

eurent lieu en Algérie jusqu'en 1881. Quant aux exportations, de 152 millions en 1879, et de 168,835,000 francs en 1880, elles tombent en 1881 à 143,584,000, non seulement parce que la récolte de l'année est mauvaise, mais parce que l'insurrection du Sud oranais diminue la sécurité et par suite la confiance. La statistique fournit ainsi une démonstration frappante des grands services que Chanzy rendit à l'Algérie. Comparons les chiffres d'une période antérieure avec ceux que donnent les exposés de la situation de l'Algérie sous le gouvernement de l'habile Ardennais. De 1860 à 1865, il y a chaque année, en moyenne, 160 millions d'importations et 62 d'exportations; sous l'administration de Chanzy, de 1876 à 1880 (puisqu'il est prouvé que le mouvement imprimé par un administrateur se prolonge encore deux ans après son départ), il y a par an 320 millions d'importations et 179 millions d'exportations en moyenne. On nous pardonnera de laisser parler cette éloquence des chiffres à laquelle Chanzy recourait si fréquemment. Ne disait-il pas, dès 1876, au Conseil supérieur que ce mouvement ascendant du commerce ne pouvait que s'accentuer par la création des chemins de fer, par l'achèvement des ports et des grands travaux publics, par la colonisation et la constitution de la propriété, et qu'il n'y avait aucune exagération à espérer que, dans dix ans (par conséquent, en 1886), le chiffre annuel du commerce algérien s'élèverait à *un demi-milliard ?*

L'agriculture fit de grands progrès, et l'étendue des terres ensemencées en céréales s'accrut chaque année ; elle comprenait en 1874 2,733,000 hectares qui produisaient 16 millions de quintaux, et en 1875, 2,950,000 hectares qui donnaient 19,676,000 quintaux. Les chiffres s'abaissent dans les années suivantes, à cause de la sécheresse, des invasions des sauterelles, des circonstances atmosphériques défavorables ; de 1875 à 1878 la moyenne annuelle du rendement fut de dix à douze millions de quintaux. Mais l'exposition de 1876, organisée à Alger par la Société d'agriculture et vivement patronnée par Chanzy, offrit une abondance de produits remarquables ; elle constata que les machines et les outils sortis des ateliers algériens valaient les outils et les machines venus des bonnes fabriques de France ; elle confirma la réputation des blés et particulièrement des semoules de la colonie ; elle montra quel développement avaient atteint les exploitations des trois provinces. La commission, instituée pour examiner les plantations, fut frappée de la vie et de l'activité qui remplissaient la Mitidja ; partout des maisons et des fermes présentant l'aspect du bien-être ; la campagne couverte de plus riches récoltes ; un grand nombre de propriétaires dont le nom indiquait « un double courant favorable à l'Algérie : des personnes étrangères à la colonie, apportant l'argent et le peuplement du dehors, et des Européens, depuis longtemps connus dans le pays et venant fixer définitivement sur le sol algérien les capitaux qu'ils y avaient gagnés ». La prime d'honneur, offerte par Chanzy, fut décernée à M. Gros, propriétaire de l'admirable exploitation de Sainte-Marguerite de Rhilen, qui couvre 900 hectares [1].

Mais la masse de la population agricole n'avait pas déployé moins de ténacité que les possesseurs des grandes fermes. La superficie totale des propriétés rurales que possédaient les Européens mesurait, en 1875, 877,000, en 1876 984,600, en 1878 1,015,333 hectares ; dans cette dernière année, la population agricole européenne s'élevait à 143,349 âmes [2] et possédait 489,288 têtes de bétail. La transformation du sol opérée par l'agriculture, disait Chanzy, est l'œuvre des colons qui luttent avec persistance contre les difficultés et les mécomptes de l'installation, parce qu'encouragés par les exemples du présent, ils ont foi dans l'avenir. A la demande

---

[1] *Histoire des progrès de l'agriculture en Algérie*, par M. Marès.
[2] En 1875, 118,852 ; la population rurale s'était donc augmentée en trois ans de vingt mille agriculteurs.

du gouverneur, un inspecteur général de l'agriculture vint étudier l'organisation de l'enseignement agricole et présenta un travail complet à l'administration coloniale.

La culture européenne de la vigne « appelée à devenir une des principales richesses de la colonie » prit une grande extension. Elle embrassait, en 1874, 11,000 ; en 1875, 12,000 ; dans les deux années 1876 et 1877, 17,700 ; en 1878, près de 22,000 hectares, préservés du phylloxera. La quantité de vins fabriqués en 1878 fut évaluée à 338,220 hectolitres. Une circulaire du 7 juillet 1875 invita les généraux divisionnaires à faire concourir les vins algériens aux approvisionnements de l'armée. Les vins rouges de table qui furent présentés par leurs propriétaires à l'Exposition agricole d'Alger, en 1876, parurent avoir de telles qualités de corps et de bouquet que l'administration en fit une commande de 1,286 hectolitres. Enfin, sur la demande de Chanzy, le professeur Dejernon parcourut le pays en faisant aux colons des conférences sur la viticulture.

La culture du tabac couvrit plus de 7,000 hectares et produisit près de cinq millions de kilogrammes en feuilles ; un inspecteur général vint étudier les moyens de la développer et rechercher s'il était possible de créer en Algérie une manufacture de l'Etat. Les olives donnèrent en 1877 53 millions de kilogrammes, c'est-à-dire quinze cents hectolitres d'huile. Le nombre des arbres de toutes essences s'augmenta tous les ans ; à eux seuls, disait Chanzy au Sénat (19 mars 1878), les Européens ont planté environ treize millions d'arbres de toute espèce (entre autres deux millions d'eucalyptus).

Le domaine forestier de l'Algérie, supérieur à celui de la France, atteint plus de deux millions d'hectares. Chanzy fit créer de nouveaux emplois de gardes, augmenter le personnel de surveillance et installer un service extraordinaire, chargé de la reconnaissance et de la délimitation des forêts domaniales. Il proposait à l'administration de la métropole de remettre au service général toutes les forêts reconnues et délimitées entre la mer et le tracé du Grand Central (55,000 hectares). De nombreux incendies détruisaient les forêts, surtout dans la province de Constantine. Mais les mesures prises par Chanzy, la surveillance exercée avec le concours de l'armée, les enquêtes administratives menées avec soin, le zèle déployé par la justice dans la recherche des coupables, les travaux d'une grande commission réunie à Bône, sous la présidence d'un des magistrats les plus compétents de la cour d'Alger, et chargée d'étudier spécialement les causes et les conséquences des sinistres, prévinrent le retour de ces événements désastreux qui frappaient vivement l'opinion publique de la colonie et de la métropole. Les journaux firent grand bruit et demandèrent la transportation en masse des coupables. Chanzy ne céda pas à ces impatiences et à ces entraînements. L'enquête approfondie qu'il avait prescrite, constata que l'incendie était presque partout allumé par les indigènes, mais que si les uns avaient des intentions criminelles, les autres n'avaient fait que pratiquer une vieille coutume, et employer le feu pour écarter les fauves, détruire les broussailles et obtenir au printemps des herbages et de jeunes pousses d'arbres dont leurs troupeaux sont friands. La loi du 17 juillet 1874 précisa et régla la responsabilité collective des tribus en cas d'incendies forestiers ; ce principe de la responsabilité collective, disait Chanzy, est la véritable force de la loi, et dès 1874 il le fit appliquer à huit tribus ou douars qui payèrent une somme de 2,000 francs « sans préjudice de l'interdiction du parcours, pendant six ans, des massifs incendiés ». En 1877, il infligeait à 27 douars des amendes dont le total s'élevait à 45,616 francs. En 1878, il mettait le séquestre sur les biens meubles et immeubles de plusieurs autres douars, mais il admettait les indigènes à se racheter par une soulte payable en annuités et par la cession d'une partie du territoire qu'il affectait à la colonisation. Ce châtiments sévères étaient publiés dans les lieux de réunion, marchés et villages, et partout s'affichaient des avis qui rappelaient aux populations leur responsabilité et les pénalités qu'elles encouraient.

Dans la dernière année du gouvernement de Chanzy eut lieu l'Exposition universelle de Paris. « L'Algérie eut sa digne place dans ce grand concours international, et justice lui fut rendue. » Tous ses produits figurèrent au Trocadero, dans un pavillon de style mauresque flanqué aux quatre angles par des tours percées de fenêtres, décorées d'arcatures et couronnées de merlons dentelés; l'édifice reproduisait les dispositions architectoniques et l'ornementation des belles mosquées de Tlemcen qui datent du XIIIe et du XIVe siècle. On put, dit Chanzy, s'assurer par ses propres yeux de l'existence, de la vitalité et de la prospérité de la grande colonie. La section algérienne offrait le tableau complet de toutes les ressources du pays et comme un résumé des progrès successifs qu'avait faits depuis 1830 la France africaine. 2,000 exposants répondirent à l'appel du gouverneur général, l'Algérie obtint 482 récompenses, et un certain nombre d'indigènes intelligents et possédant notre langue, vinrent à l'Exposition et rapportèrent à leurs compatriotes la haute idée qu'ils avaient conçue de la puissance et de la grandeur de la France.

IX

On sait que l'Algérie est divisée en deux territoires, le territoire civil et le territoire de commandement. Le décret du 11 septembre 1873 autorisait Chanzy à suspendre l'exécution d'un décret antérieur, rendu par le gouvernement de la défense nationale et qui rattachait à l'administration civile le Tell tout entier. Chanzy n'abusa pas de l'autorisation qu'il avait reçue. Loin de réduire, comme on l'a dit, dans de fortes proportions le territoire civil, il l'augmenta[1]. L'intérêt même de l'armée n'exigeait-il pas des « annexions » de plus en plus étendues ? Ne fallait-il pas diminuer le territoire soumis à l'action du commandement, afin de « rendre à son service ordinaire une partie du personnel militaire employé pour l'administration des tribus » et « de décharger l'armée, dans la limite du possible, d'une tâche qui n'était plus la sienne et qu'elle ne continuait que par nécessité et par de-

---

[1] Si, comme l'a dit un Allemand, Bernhard Schwarz (*Algerien*, p. 130), la puissance française s'est tellement fortifiée, *hat sich wieder so gekräftigt*, depuis l'insurrection de 1871 qu'on a pu, au printemps de 1879, établir le régime civil, ne doit-on pas ce résultat à l'administration de Chanzy ?

voir » ? L'amiral de Gueydon avait porté la superficie du territoire civil à 3,151,673 hectares. Lorsque Chanzy quitta l'Algérie, ce territoire embrassait 4,874,490 hectares, et le programme de 1879 comprenait une nouvelle « annexion » de 475,156 hectares. On avait atteint le chiffre de 5,349,646 hectares, avec une population de 1,417,879 habitants, lorsque M. Albert Grévy recueillit la succession de Chanzy. L'augmentation avait donc été de 69 0/0 [1].

Chanzy n'avait donné cette grande extension à la partie de l'Algérie soumise au régime civil que progressivement et avec une sage lenteur [2]; mais peu à peu cette substitution de l'administration civile à l'autorité militaire s'était opérée sur une vaste étendue de terrain, et la population européenne presque toute entière s'était vue soumise au régime du droit commun. En 1875, le territoire civil comptait 4,159,955 hectares et 1,047,092 habitants, c'est-à-dire 176,037 hectares et 20,300 habitants de plus que l'année précédente. En 1876, il s'accroissait encore de 266,286 hectares et de

---

[1] CLAMAGERAN, *l'Algérie*, p. 389-390. Statistiques de l'Algérie, exposés de Chanzy au Conseil supérieur, etc.

[2] « N'organisons civilement, disait-il, que ce que nous pourrons organiser complètement ; marchons en avant, mais avec la certitude de ne pas reculer et de ne rien compromettre. »

44,302 habitants, et Chanzy constatait avec satisfaction que les attentats commis dans les districts récemment annexés étaient aussi rares que dans les pays enlevés depuis longtemps au commandement militaire. Chaque année, le général augmentait donc le territoire civil aux dépens du territoire soumis au régime d'exception et marchait peu à peu vers le but à atteindre. Chaque année il empiétait, comme il dit, sur la zone laissée à l'administration militaire et qu'il appelait fort justement la zone de transformation. En 1878, il ne restait dans le territoire de commandement qu'un petit nombre d'Européens, près de dix mille enfants perdus et gens d'aventure, répartis parmi les divers postes militaires, dans 17 communes mixtes et 21 communes indigènes. Le successeur de Chanzy, M. Albert Grévy, n'eut besoin que de deux années et demie pour doubler la superficie du territoire civil. A la fin de 1881, la presque totalité du Tell, c'est-à-dire 11,184,255 hectares, était passée sous l'autorité civile. Mais Chanzy n'allait pas si vite en besogne : il craignait de ne pouvoir remplacer sérieusement l'autorité militaire et prévoyait toutes les difficultés que devait entraîner cette soudaine transformation[1].

---

[1] Il faut ajouter que Chanzy donna (arrêté du 10 mars 1876) des *adjoints civils* aux généraux commandant les subdivisions. Ces

Quelques détails feront mieux comprendre cet accroissement régulier du territoire civil de l'Algérie, opéré sous le gouvernement de Chanzy. Il y a dans ce pays des communes de plein exercice, des communes mixtes et des communes indigènes. Ces dernières, constituées par le fractionnement des anciennes communes subdivisionnaires, sont naturellement soumises au régime d'exception. Les communes de plein exercice n'existent qu'en territoire civil ; elles sont administrées par un maire assisté d'un conseil municipal où figurent des étrangers et des indigènes élus par leurs concitoyens ; elles jouissent donc pleinement des institutions et des libertés municipales. Les communes mixtes qui existent dans les deux territoires, sont celles où la population européenne n'est pas encore en nombre suffisant pour être constituée en commune de plein exercice ; elles renferment un certain nombre de douars ou fractions de tribus ; leur étendue est fort considérable ; elles sont confiées, en territoire civil, à un administrateur à la fois maire et officier de police judiciaire [1], et en territoire militaire à une commission municipale prési-

---

adjoints furent chargés de l'étude des questions relatives à l'administration civile : les impôts, les domaines de l'Etat, la colonisation, la constitution de la propriété, etc.

[1] Arrêté du 24 déc. 1875.

dée par le commandant supérieur. Au 31 décembre 1878, l'Algérie comprenait 174 communes de plein exercice, 59 communes mixtes dont 42 en territoire civil, et 29 communes indigènes.

Le service que rendit Chanzy fut de créer un grand nombre de ces communes mixtes qui « agrègent les intérêts européens et les intérêts indigènes, partout où ils tendent à se développer ». Cette organisation transitoire était un stage utile, un essai qui préparait et initiait la population au régime de la commune de plein exercice et l'acheminait graduellement à la vie municipale véritable et complète. Tous les ans il créait des communes mixtes ou rattachait aux communes mixtes des communes indigènes, des douars-communes, des tribus, etc. « Cette institution des communes mixtes, dit-il lui-même, était un progrès incontestable ; on ne pouvait songer à constituer des conseils électifs en présence de la majorité imposante des indigènes; mais on pouvait habituer tous ces éléments divers à l'organisation municipale. Le personnel administratif fut appelé à fournir les maires, on leur choisit des adjoints dans la population civile ou indigène, et on plaça à côté d'eux, pour tenir lieu de conseil municipal, une commission composée de notables [1]. »

---

[1] C. s., 1878, p. 13.

X.

Durant les six années du gouvernement de Chanzy la colonisation prit un rapide accroissement. Le peuplement de l'Algérie par des émigrants était le principal but du général, et M. Pomel reconnaît que Chanzy développa le mouvement commencé par M. de Gueydon. « Il a compris que l'intérêt majeur, la question capitale, c'était l'occupation de l'Algérie par des colons, européens tout au moins, sinon français [1]. »

Chanzy simplifia les formalités imposées aux émigrants par les règlements anciens et leur évita des dépenses et des pertes de temps. Avant lui, il était difficile d'obtenir des renseignements ou des documents sur l'Algérie ; les demandes que faisaient les particuliers, restaient ordinairement sans réponse. L'attribution des terres aux émigrants s'exécutait avec une extrême lenteur ; les intéressés ne savaient à qui adresser leurs réclamations. Chanzy fit connaître une année à l'avance le programme des terres qui seraient livrées à la colonisation dans l'exercice suivant, et ce programme

---

[1] Discours au Sénat, 19 mars 1878.

fut envoyé à toutes les préfectures de France. Il créa à Alger le *Bureau central de renseignements généraux et de statistique,* qui répondit en un bref délai à toutes les demandes ; trois bureaux secondaires de renseignements furent établis en Algérie, à Oran, à Philippeville, à Bône, et trois autres en France, à Paris, au Havre et à Marseille. Durant les six années du gouvernement de Chanzy, près de vingt-cinq mille immigrants, la plupart cultivateurs, vinrent se fixer en Algérie dans les nouveaux villages[1]. Ils obtinrent tous le passage gratuit et même des secours de route, grâce auxquels ils purent gagner le port d'embarquement sans toucher à leur petit capital.

Chez nous, disait Chanzy, on quitte difficilement le sol sur lequel on est né, et il faut des circonstances presque toujours regrettables pour qu'on puisse attirer ici des groupes de même origine. Ces circonstances se présentèrent sous son gouvernement ; ce furent : la cession de l'Alsace-Lorraine et le départ d'un grand nombre de ceux que le sort, selon l'expression du général, arrachait si cruellement à la patrie commune et aimée ; la guerre civile et l'aggravation des impôts dans la péninsule

---

[1] 3,401 en 1873, 3,670 en 1874, 2,870 en 1875, 3,808 en 1876, 4,696 en 1877.

hispanique ; les ravages du phylloxera dans les Départements du midi.

Il fallait donner des terres aux colons que ces diverses causes amenaient en Algérie. Heureusement l'amiral de Gueydon avait séquestré les biens des indigènes révoltés en 1871. L'insurrection de Mokhrani nous donnait, selon le mot de Chanzy, 370 mille hectares des meilleures terres du pays. Mais Chanzy n'avait pas « l'idée d'enlever les tribus à leur sol ou de leur retirer les moyens de se relever ou de vivre ». Il fit admettre que les tribus frappées de ce juste châtiment pourraient se racheter du séquestre en abandonnant, soit en terres, soit par des soultes en argent, le cinquième de la valeur de leur propriété immobilière. Il conclut des conventions avec 319 *djemâas* de tribus ou de douars. Des commissaires chargés de se rendre sur place et d'évaluer les terres et les soultes, choisirent dans les parties mises sous le séquestre l'emplacement de nouveaux villages et imposèrent aux indigènes le rachat des fractions de territoire qu'on leur laissait pour vivre. La mesure fut critiquée ; mais elle fournit des terres à la colonisation et rapporta près de huit millions de francs au trésor.

Le décret des 16-28 octobre 1871, inspiré par l'amiral de Gueydon, avait réglé le mode de concession des terres. Le titre I portait que le concessionnaire n'obtiendrait un titre définitif de propriété qu'après avoir consacré une certaine somme à la culture de son terrain ; mais le nombre de colons qui profitèrent de cette disposition était peu considérable. Le titre II qui s'appliquait au plus grand nombre, fut une importante innovation. On ne deviendrait propriétaire du terrain concédé qu'après neuf années de bail, à raison d'un franc par an, à condition d'être citoyen français et d'avoir résidé. Ce fameux titre II fut modifié par le décret du 15 juillet 1874 rendu sur l'initiative de Chanzy. Ce décret réduisait de neuf à cinq années la durée, vraiment trop longue, de la location et attribuait les terrains non-seulement aux Français d'origine européenne, mais aux indigènes naturalisés et à ceux qui, sans être naturalisés, avaient rendu des services signalés au pays dans les armées de terre et de mer. Les locataires devaient prouver qu'ils avaient les moyens suffisants pour vivre pendant une année ; ils ne pouvaient vendre à des indigènes non naturalisés, pendant une période de cinq années, les terres acquises par leur travail et leur résidence quinquennale. Chanzy maintint énergiquement, durant les premières années qui suivirent le décret, la clause de la *résidence*. Il rappelle, dans un de ses rapports, qu'il était « assailli » de requêtes; une foule de concessionnaires demandaient l'agrandissement de leurs lots ; il allait « vérifier sur place » et trouvait que la concession n'était même pas habitée par le solliciteur. L'Etat, disait Chanzy, n'a que des ressources limitées ; il faut donc ne donner la terre qu'à ceux qui veulent l'exploiter sérieusement, et il recommandait aux préfets, aux généraux, de poursuivre sans ménagement l'éviction de quiconque éludait la loi.

Pourtant, en 1877, il soumit à la sanction du gouvernement un projet de loi dans lequel il élargissait les conditions d'admission sur les terres données par l'Etat et introduisait plusieurs améliorations que réclamait l'opinion publique. Ce projet ne fut pas, comme Chanzy l'aurait voulu, sanctionné par une loi ; il fut, le 30 septembre 1878, converti en un décret. Il dispensa de la résidence sur les lots de ferme le demandeur qui s'obligerait à maintenir au moins un Français adulte par vingt hectares, durant les cinq années qui suivraient la concession, et à dépenser en moyenne 150 francs par hectare, le tiers de la somme devant être affecté à la construction de bâtiments d'habitation et d'exploitation. Le titre définitif de propriété put être délivré à la fin de la troisième année. L'attributaire put céder sa concession au bout d'un an; il put consentir immédiatement une hypothèque sur son immeuble. Les indigènes furent admis au bénéfice des concessions, en récompense de services exceptionnels, soit militaires, soit *civils,* etc.

On a vu plus haut que, sous la dernière année du gouvernement de Chanzy, la propriété rurale européenne comprenait 1,015,333 hectares. Sous la troisième année de son administration, elle n'en comptait que 887,693 et, en 1870, la colonisation ne s'étendait que sur 740,000 hectares. Ces chiffres prouvent que le nombre des terres distribuées par Chanzy fut considérable et, que, malgré des difficultés, des échecs inévitables, malgré l'état misérable de certains villages, l'immense contrée, naguère possédée en son entier par la race arabe, subissait une complète transformation et passait décidément aux mains des Européens.

« Demandez, s'écriait Chanzy devant ses collègues du Sénat, à tous ceux qui ont connu l'Algérie il y a vingt ans et qui la parcourent aujourd'hui, ce qu'ils pensent de ce qu'on y a fait. »

La création ou l'agrandissement de nouveaux centres fut[1] l'œuvre de prédilection de Chanzy. Il fit bâtir ou agrandir 176 villages. Il eut soin de leur choisir un emplacement favorable, à proximité d'un cours d'eau. « Un centre bien situé, doté de tout ce qui lui est nécessaire, disait-il, est

---

[1] Ainsi que l'établissement des chemins de fer.

un résultat sérieux qui encourage la colonisation ; un village qui souffre, végète et se dépeuple, est un insuccès qui la compromet. » Il construisait les villages sur des routes fréquentées et praticables en toute saison, au milieu de communications assurées, aussi près que possible de points déjà occupés ; car, disait-il dans un de ses rapports au Conseil supérieur, « l'éparpillement est un obstacle ou un danger ; la colonisation éparse ne s'entr'aide pas. Il faut la grouper, éviter l'isolement nuisible à la sécurité, aider aux transactions par des relations faciles, assurer l'administration par une action plus directe ». Lui-même parcourut la plupart des points où il créait des villages. Les généraux et les préfets, chargés des deux territoires, reçurent l'ordre de visiter les endroits où devaient s'élever les centres nouveaux. « On ne règle bien les questions, disait Chanzy, que sur les lieux mêmes ; on ne juge des besoins qu'en les constatant directement, et les appréciations les plus sérieuses sont celles qui résultent de ce que l'on voit de ses yeux... Dans un pays où tout est à transformer et à créer, les agents de l'administration doivent tout voir par eux-mêmes. »

Dans le seul département d'Oran, 37 centres étaient créés, l'Habra, Saint-Lucien, Franchetti qui recevait le nom du commandant mort à Champigny [1], Thiersville, Mercier-Lacombe, etc., et huit autres centres agrandis (Palikao, Inkermann). Sur les confins de la Kabylie, entre Aumale et la plaine de l'Isser, on créait, agrandissait ou restaurait, entre autres centres de colonisation, Aïn-Bessem, Bordj-Bouïra, Ben Haroun, Palestro, Ménerville (l'ancien Col des Beni-Aïcha, ainsi nommé en l'honneur du premier président de la Cour d'appel d'Alger), l'Alma, etc.

Mais, dans son ardeur à créer de nouveaux centres de population, Chanzy n'abandonnait pas les anciens villages à eux-mêmes ; il les améliorait et les complétait pour la plupart ; il agrandissait leur territoire en attribuant les deux tiers des lots aux immigrants et l'autre tiers aux Algériens dont la famille s'était accrue ; tout en installant de nouveaux colons, il « donnait des suppléments » aux anciens ; parfois aussi, il allouait un crédit aux localités dont la situation était devenue mauvaise.

« Depuis 1872, écrivait en 1878 l'impartial docteur Marès [2], la création de villages nouveaux dans lesquels une large participation a été sagement réservée aux colons algériens a déversé de

---

[1] Voir la lettre de Chanzy à Mme Franchetti, du 3 mars 1874.
[2] *Histoire des progrès de l'agriculture en Algérie*, 1878, p. 56.

ce côté un grand nombre de jeunes gens trop à l'étroit sur les minimes concessions de leurs parents. Presque tous ont réussi sur leur nouvelle propriété et, grâce à leur expérience du pays, ils ont pu indiquer aux immigrants fraîchement débarqués comment il fallait combattre les difficultés que leur présentaient un sol et un climat nouveaux. Cet immense progrès, une des parties les plus intéressantes du développement de l'agriculture en Algérie, indique l'enrichissement progressif des colons [1]. »

XI

L'acte législatif, disait Chanzy, qui peut avoir le plus d'influence sur le développement et l'avenir de la colonisation, est la loi du 26 juillet 1873. Cette loi, due à l'initiative du docteur Warnier, posait les règles de la propriété individuelle partout où elle était à l'état collectif, remplaçait tous les titres arabes de propriété privée par des titres

---

[1] Le projet, tout récemment exposé par M. Tirman, des 50 millions avancés par la Caisse des dépôts et consignations et destinés à la création de 175 villages nouveaux, n'est-il pas encore — comme l'a reconnu la *République française* du 8 juillet 1883 — un legs de Chanzy ?

français, appliquait notre législation à tous les modes d'acquisition et de transmission de la propriété autres que la succession, et imposait à tout Arabe qui serait déclaré propriétaire un nom patronymique. « Les indigènes, disait Chanzy, manifestent hautement leur satisfaction d'une loi qui les sort de l'indivision : immobilisés pendant des siècles dans le communisme, ils comprennent les bienfaits dont est grosse une loi qui sera la régénération du pays. » Mais l'œuvre était énorme et pleine de difficultés imprévues. La loi de 1873 était plutôt une loi de principes qu'une loi d'affaires ; elle restait obscure sur beaucoup de points ; elle se taisait sur les voies et moyens à prendre pour l'application, et la propriété arabe ne pouvait être soumise aux mêmes règles, aux mêmes dispositions que la propriété française. Néanmoins Chanzy entama cette grande entreprise. Le crédit annuel de 250,000 fr. consacré à cette immense opération fut porté en 1876 à 400,000 fr., en 1877 à 710,000 fr. et en 1878, à un million. A ce crédit s'ajoutaient encore les plus-values des centimes additionnels à l'impôt arabe et les reports des sommes qui n'avaient pas été employées aux exercices précédents. Chanzy disposait donc en 1876 de 1,450,000, en 1877 de 1,627,000 et en 1878 de 1,666,000 francs. Mais il ne dépensa en 1876 que 615,000, en 1877 que 716,000, en 1878 que 878,000 francs. Les embarras croissaient à mesure qu'on avançait ; le grand résultat, disait Chanzy, ne se promulgue pas ; il se réalise péniblement, patiemment, parce qu'il se poursuit au milieu de difficultés exceptionnelles. Il avait fallu recruter un personnel d'agents. Les commissaires-enquêteurs, chargés de la partie juridique de l'opération, se trouvaient facilement. Chanzy réglementa l'admission à cet emploi, institua un stage afin de former des candidats, remit à l'initiative des préfets les choix à faire et le contrôle à exercer.

Mais ce qui manquait, c'était le personnel du service topographique ou du *service des levés généraux,* institué par arrêté du 8 avril 1875, pour assurer l'établissement des « levés généraux » qui devaient servir de base à l'exécution de la loi du 26 juillet 1873. Chanzy fit venir deux géomètres en chef du cadastre de France qui dirigèrent, l'un une brigade de *géomètres auxiliaires* dans les provinces d'Alger et d'Oran, l'autre, une deuxième brigade dans la province de Constantine. Ces deux brigades étaient recrutées par leurs chefs ; les agents qui les composaient recevaient une commission officielle, mais ils ne relevaient que du géomètre en chef ; ils étaient payés à la tâche. Un inspecteur, ayant dans ses attributions les deux services de la topographie et des levés généraux, fut chargé de contrôler les opérations de ces deux brigades. Mais ce personnel était trop peu nombreux pour suffire à la besogne; il ne compta durant les trois années 1876, 1877 et 1878 que 57 agents. Aussi, les commissaires-enquêteurs et les géomètres n'avaient-ils expertisé et délimité au 1er juillet 1877 que 410,000, et au 31 décembre 1878 que 798,000 hectares. Mêmes lenteurs dans la délivrance des titres : au 1er juillet 1877, les titres délivrés ne comprenaient que 25,066 hectares ; en 1878, ils ne s'étendaient qu'à 22 douars et 69,888 hectares. L'opinion publique trouvait naturellement qu'en allant de si petit train, l'opération ne serait achevée que dans plus de trente ans ; elle accusait Chanzy de ces longs retards ; n'aurait-elle pas mieux fait de s'en prendre à la routine de l'administration et à ses innombrables formalités? Depuis le départ de Chanzy, a-t-on constaté et déterminé les parts avec plus d'activité, a-t-on délivré plus promptement les titres de propriété? Mais tout a été dit sur la bureaucratie française ; elle fait quelquefois bien ; jamais elle ne fera vite.

Il faut ajouter que Chanzy, voulant faciliter la constitution et principalement la conservation de la propriété individuelle, fit étudier et préparer un projet de loi sur l'état civil des indigènes, et qu'il s'efforça d'établir en Algérie un système financier équitable et rationnel. Il proposait en 1875 au Conseil d'Etat un projet approuvé par le Conseil supérieur et les Conseils généraux: D'après ce projet, l'impôt foncier aurait été immédiatement appliqué aux territoires cadastrés. Quant aux impôts arabes sur les bestiaux et les récoltes (*zekkat*, *achour*, *hokkor*), « ces taxes essentiellement variables auxquelles aboutit le recensement annuel, toujours si difficile, souvent si incomplet et parfois si abusif, des matières sur lesquelles portent les redevances », Chanzy proposait de les transformer provisoirement en un impôt fixe de répartition qui serait remplacé, au fur et à mesure de l'exécution du cadastre, par l'impôt foncier. Il avait obtenu la suppression de la direction centrale des contributions directes; il fit créer (21 novembre 1875) une direction au chef-lieu de chacun des trois départements de l'Algérie, et adjoindre au personnel continental du service trente agents coloniaux nommés *répartiteurs*, qui devaient assister les djemâas dans la répartition de l'impôt entre les membres de chaque tribu ou douar et fournir les documents nécessaires aux rôles de perception (21 décembre 1875). Mais Chanzy demandait que le principal de l'impôt foncier restât fictif pendant cinq années et fût réduit à moitié durant les cinq années suivantes : il voulait ménager la transition. Le Conseil d'Etat exigeait au contraire la perception immédiate au profit de l'Etat, de la moitié du principal et la restriction des centimes additionnels au montant du principal perçu. Le projet fut retiré[1]. « Il y avait là pourtant, disait Chanzy, un résultat important à obtenir, aussi bien pour constituer sérieusement les ressources départementales que pour préparer les indigènes au fonctionnement de l'impôt foncier, dès qu'il pourrait être appliqué. »

XII

Après avoir exposé tous ces résultats, il est permis de dire que le général Chanzy a regardé notre province d'Afrique comme autre chose qu'un champ de manœuvres ou une école de discipline militaire. Il sut reconnaître que l'Algérie était une des grandes espérances de notre patrie et une des belles chances qui lui restaient de relever dans le monde son prestige et sa fortune. Il vit dans cette « France nouvelle » un vaste territoire ouvert à l'activité colonisatrice de la métropole. Son gouvernement mit fin

---

[1] C. s., 1875, p. 49; 1877, p. 51; 1878, p. 56; CLAMAGERAN. p. 405, etc.

à la période des tâtonnements et des déceptions ; il organisa par de sages mesures l'administration algérienne jusqu'alors assez incohérente et décousue ; il inaugura un plan de colonisation systématique suivi avec lenteur, il est vrai, mais avec persévérance et habileté. Il restait beaucoup à faire, lorsqu'il partit, mais le plus difficile était fait, et avec les petites ressources dont il disposait, il avait accompli de grandes choses. Comme il l'a dit, après les désastres sans précédents qu'avait subis la France et qui demandaient tant d'efforts et de sacrifices, on ne pouvait compter sur le large concours de la métropole. « Nous ne pouvons, ajoutait-il, nous ne devons même demander que ce qui est nécessaire pour assurer la marche de la colonisation, pour terminer et mettre en rapport les grands travaux entrepris et encore inachevés. » Et pourtant, jamais aucun gouverneur général de l'Algérie n'a créé autant de villages et autant de voies de communication.

Chanzy se contenta de suivre la voie du progrès tracée par ses prédécesseurs ; il marcha en avant avec résolution, mais en étudiant la route, afin d'écarter les périls qui retardaient la marche et d'éviter les illusions qui cachaient le but[1]. L'assi-

---

[1] Ce sont les propres termes de sa proclamation du 22 juin 1873.

milation était le principe du programme qu'il exécutait, mais il comprenait qu'elle ne pouvait s'opérer immédiatement, que ce devait être une assimilation « prudente, successive et raisonnée ». Pour faire de l'Algérie sans distinction d'origine, de foi ou de race, la France transméditerranéenne, disait-il, il faut préparer peu à peu une organisation sérieuse, durable, qui résulte des faits, sauvegarde les intérêts, et tient compte de l'expérience acquise, au lieu de naître de méthodes ou de systèmes qui changent au gré des caprices ou des événements. Il faut, lit-on encore dans un de ses sages exposés, il faut prendre le chemin des améliorations successives, mais *réelles;* n'aller ni aussi loin ni aussi vite que le demandent « certaines impatiences plus ardentes que réfléchies ». Il a peut-être formulé le meilleur mode de gouvernement de l'Algérie : « La meilleure organisation, écrivait-il, est celle qui, tout en rattachant ses grands services à ceux de la métropole, y laisse une centralisation nécessaire pendant longtemps encore, pour la préparation des mesures à soumettre à la sanction du gouvernement ou des assemblées », et encore : « Le mieux est de perfectionner progressivement l'organisation qui existe en étudiant, au fur et à mesure qu'elles se présentent, les grandes questions algériennes, et en tenant compte dans les solutions des véritables intérêts engagés... A Alger, l'initiative et la préparation des affaires; à Paris, leur examen par le gouvernement et les Chambres, et leur solution légale; à Alger, l'exécution; à Paris, le contrôle[1]. »

« Sous le gouvernement de Chanzy, disait après sa mort le *Petit Algérien*[2], la colonisation reçut une énergique impulsion. Ses œuvres resteront, et, lorsque les haines de partis se seront apaisées, l'histoire impartiale reconnaîtra que Chanzy fut l'un des hommes qui contribuèrent le plus efficacement au développement colonial de ce magnifique pays. » Il ne faut pas oublier d'ailleurs qu'un grand nombre de choses qui se firent après son départ et qui s'exécutent encore à l'heure actuelle, ont été conçues ou préparées par Chanzy; d'autres recueillent le fruit de son rude labeur et récoltent la moisson qu'il a semée.

---

[1] C. s., 1875, p. 57. C. s., 1876, p. 8. C. s., 1877, p. 8, 17.
[2] 8 janvier 1883.

CHANZY

AMBASSADEUR EN RUSSIE

CHANZY AMBASSADEUR EN RUSSIE

Le 18 février 1879, M. Grévy nommait Chanzy ambassadeur de la République française auprès de l'empereur de Russie, en remplacement du général Le Flô. Chanzy s'arrêta quelques jours à Berlin en se rendant à son nouveau poste. Il devait, d'après ses instructions, conférer avec son collègue au Sénat, M. de Saint-Vallier, ambassadeur de la République française auprès de l'empereur d'Allemagne. L'empereur Guillaume et M. de Bismarck voulurent voir l'illustre commandant de la deuxième armée de la Loire et lui firent l'accueil le plus courtois.

A son arrivée à Saint-Pétersbourg, Chanzy fut reçu par le tsar Alexandre II avec la distinction que méritait sa renommée. Bientôt ses qualités personnelles, l'élévation de son esprit, le tact parfait qu'il montra dans différentes circonstances firent au nouvel ambassadeur de France une situation exceptionnelle à la cour de Russie. Il sut conquérir la sympathie de la société de Saint-Pétersbourg qui le combla des attentions les plus flatteuses. Par l'éclat d'une réputation militaire et politique sans tache, par la simplicité et l'agrément de ses manières, par sa politesse exquise, Chanzy parvint à dissiper les préventions de ce monde aristocratique et à lui faire aimer la France républicaine qu'il représentait si dignement.

Il réunissait dans sa personne toutes les qualités du bon diplomate ; il gardait l'attitude la plus correcte ; il faisait à ses visiteurs russes une réception qui les charmait ; il avait la finesse, la discrétion, la promptitude des résolutions, la perspicacité des vues, une pénétration qui s'était aiguisée pendant son long séjour en terre arabe et qui se révélait déjà dans son œil bleu à demi voilé.

Aussi réussit-il à mener à bonne fin les plus délicates négociations.

Les journaux de l'époque reconnurent unanimement l'habileté dont il fit preuve dans *l'affaire Hartmann*. On se souvient que le nihiliste Hartmann, soupçonné d'avoir pris part à l'attentat de Moscou (1er décembre 1879) s'était réfugié à Paris. Il y fut maladroitement arrêté par le préfet de police Andrieux, à l'instigation du prince Orloff, ambassadeur de Russie. (16 février 1880.) Le prince Orloff demanda l'extradition du nihiliste. Mais fallait-il considérer Hartmann comme un criminel politique ou comme un criminel ordinaire ? L'opinion publique s'opposait à l'extradition. Après de nombreux pourparlers entre le prince Orloff et M. de Freycinet, le gouvernement français déclara que l'ambassadeur n'avait pas suffisamment prouvé l'identité de l'accusé et sa participation à l'attentat. Hartmann, relâché, fut dirigé sur Dieppe, et de là sur l'Angleterre. Le prince Orloff reçut de son gouvernement l'ordre de quitter Paris et de laisser la direction de l'ambassade à un chargé d'affaires. (20 mars 1880.) Mais il revint à son poste diplomatique deux mois après (23 mai). Ce prompt retour prouvait la confiance qu'inspirait à Saint-Pétersbourg l'ambassadeur de la République française; on vanta cet « heureux succès »; par l'influence qu'il exerçait, le général Chanzy, disait le *Télégraphe*, avait apaisé les susceptibilités et les difficultés de la première heure [1].

L'empire des tsars, son immense étendue, son

---

[1] Le général intervint encore dans les négociations engagées entre la Chine et la Russie à propos du territoire de Kouldja. Il donna de bienveillants conseils au marquis Tseng, et la Chine lui fut reconnaissante de ses bons offices; un attaché de l'ambassade chinoise de Paris figurait parmi les membres du corps diplomatique qui vinrent à Châlons assister aux obsèques de Chanzy.

gouvernement, sa population, tout ce que ce pays renferme de fort et d'original, excita la curiosité de Chanzy et fit sur son esprit, toujours avide de savoir, une impression profonde; il pouvait dire, comme Marmont visitant l'Égypte, qu'il était dans son caractère de prendre un vif intérêt à ce qui a de la grandeur et de l'avenir. Il ne se borna pas à voir Saint-Pétersbourg et Moscou ; il s'efforça de comprendre et de saisir la Russie dans l'ensemble et la plupart des détails ; il la parcourut en divers sens; il visita les provinces méridionales et la région du Caucase. Naturellement, il envisageait cet empire en militaire, et il portait surtout son attention sur les choses de la guerre et sur l'organisation des troupes. Il assista aux grandes manœuvres de l'armée et il fut, dit le *Temps* [1], très apprécié des officiers russes, qui, à cette époque de l'année, se trouvaient en contact avec lui. Lui-même faisait grand cas des soldats russes, et loua plus d'une fois leurs qualités, leur solidité, leur constance ; il vit de près, dans les revues, l'amour et la vénération de l'armée pour son tsar, son « petit père »; et il fut vivement frappé de la puissance d'un souverain qui dispose en maître absolu d'une force aussi redoutable, soumise à ses ordres avec une

---

[1] 7 janvier 1883.

oi aussi aveugle et une sorte de fanatisme. Il
dressa au ministre de la guerre un rapport dé-
aillé sur cette armée qu'il avait minutieusement
étudiée, et plusieurs autres mémoires militaires,
où abondent, nous dit-on, les observations les plus
remarquables. Les Russes eux-mêmes lui donnaient
complaisamment toutes les informations; Chanzy
obtenait sur-le-champ et sans difficulté les renseignements qu'il désirait; il entra dans les établissements militaires, dans les arsenaux de l'empire ; il
vit la célèbre fonderie de canons d'Oboukof où les
étrangers n'avaient pas encore pénétré ; jamais un
général, sauf peut-être M. de Moltke, jamais un
ambassadeur ne fut aussi considéré en Russie que
le fut Chanzy.

Le tsar Alexandre II portait une vive affection
à Chanzy. Il le nomma grand'croix de l'ordre de
Saint Alexandre Newski. « Vous pouvez voir, disait l'archevêque de Reims aux funérailles de
Chanzy, au milieu des insignes de l'honneur dépo-
sés aux pieds de ce cercueil, une décoration couverte de riches diamants et qu'il était heureux
de faire briller sur son cœur, ici, il y a quelques
mois, le jour de la confirmation de ses enfants.
C'est la décoration que portait à sa mort l'Empereur Alexandre II, et que son fils Alexandre III
plaça de sa propre main sur la poitrine du gé-

néral Chanzy, en disant : « Vous étiez le meilleur ami de mon père ; personne n'est plus digne que vous de la porter. »

C'est le 23 décembre 1881 que Chanzy remit au tsar Alexandre III, en audience de congé, ses lettres de rappel. Mais en quittant la Russie, il y laissa les meilleurs souvenirs et l'idée la plus favorable de ses capacités diplomatiques et politiques. Il emporta les sympathies et les considérations de cette haute société russe instruite, raffinée, et qui ne prodigue pas les témoignages de son estime. Le départ du général Chanzy, disait le *Journal de Saint-Pétersbourg* (13 décembre), inspirait tant de regrets sincères et légitimes ! « Il était plus actif, plus jeune et plus alerte que l'honorable général auquel il succédait... Ses voyages à l'intérieur de l'Empire, ses réels efforts pour étudier et comprendre le grand pays où il était accrédité, le souvenir de la campagne de la Loire, tout avait contribué à le rendre populaire[1] ». Ses trois années d'ambassade avaient affermi l'amitié des deux nations. Si la France et la Russie doivent jamais s'unir et s'allier plus intimement, il faut souhaiter au négociateur français toutes les qualités que Chanzy déploya pendant sa mission.

---

[1] *Moniteur de l'armée*, 1883, 11 janvier.

La mort du général causa le plus vif émoi dans le monde de la cour, tous les attachés militaires de l'ambassade russe de Paris assistèrent à ses funérailles, et le tsar Alexandre III a voulu contribuer pour une somme de mille francs à l'érection du monument qui doit être élevé à la mémoire de Chanzy dans le village où il est né, à Nouart. « Sa Majesté l'Empereur, mon auguste maître, écrivait le 25 avril 1883 l'ambassadeur de Russie, prince Orloff, à M. Leclerc, maire de Nouart, ayant eu connaissance de votre lettre au sujet d'un monument à élever à la mémoire du général Chanzy, m'a exprimé le désir de contribuer à cette œuvre commémorative et a daigné me charger de vous transmettre mille francs de sa part à cette intention. »

CHANZY

COMMANDANT DE CORPS D'ARMÉE

CHANZY COMMANDANT DE CORPS D'ARMÉE

C'est à l'avènement du ministère Gambetta que Chanzy avait donné sa démission d'ambassadeur, en même temps que son collègue au Sénat et au centre gauche, M. de Saint-Vallier, résignait les fonctions diplomatiques qu'il remplissait à Berlin (15 novembre 1881). Mais à son retour en France, Chanzy fut nommé membre du Conseil supérieur de la guerre, et, par décret du 27 janvier 1882, réintégré dans le cadre de la première section de l'état-major général. Le 19 février suivant, il recevait le commandement de ce 6e corps qui forme à la frontière de l'Est l'avant-garde de l'armée française.

Il déploya, dans ce commandement, une « activité de tous les instants » ; les bureaux et le ministre de la guerre peuvent seuls, dit le *Temps*[1],

---

[1] 7 janvier 1883.

avoir une idée exacte du labeur immense qu'il s'imposa ; mais cette application infatigable n'échappait pas entièrement aux troupes placées sous ses ordres. On ne saurait entrer dans le détail de toutes les mesures qu'il prit ou proposa dans cette dernière année de sa vie. La plus importante qu'il ait obtenue du gouvernement fut l'installation de deux divisions de cavalerie sur les bords de la Meuse, en première ligne. Il parcourut la frontière de la Lorraine et la chaîne des Vosges en étudiant les forteresses et les positions où l'on pouvait le mieux résister à l'assaillant. Mais sa grande et fondamentale préoccupation, c'était d'imprimer à son corps d'armée la discipline et un esprit martial, de lui donner cette fermeté et cette trempe qu'il recommandait à ses soldats dans la campagne de la Loire.

Il avait médité, non seulement sur la guerre, mais sur les devoirs et la responsabilité d'un chef de corps. Lui aussi avait conçu et rédigé en 1873, lorsqu'il était à l'Assemblée nationale membre de la commission de l'armée, un projet de réorganisation des forces militaires de la France. Les idées justes et pratiques abondent dans ce mémoire que tous les hommes de guerre devraient consulter ; on y trouve, sous une forme simple et nette, un grand nombre de conseils dictés par la plus solide expérience, et de profondes observations où l'on reconnaît sa connaissance du métier des armes, toute la pénétration de son esprit, toute la rectitude de son jugement.

« Les intérêts d'une armée, dit le baron Lahure dans ses « Notes sur le service des états-majors », exigent une gestion double; celle de son côté *moral* et celle de son côté *administratif*. Un ministre de la guerre, fût-il un homme de génie, ne pouvant pas plus se maintenir au pouvoir qu'un ministre médiocre, il en résulte que l'influence de son commandement éclairé ne peut pas aboutir, que les travaux dirigeants de l'armée, n'ayant aucune suite sérieuse, finissent par disparaître pour faire place à la routine administrative et au chaos. Il faut donc, en dehors du ministre, une *puissance directrice* de l'armée qui soit en quelque sorte son cerveau militaire ; cette puissance est le *chef suprême* du service des états-majors. » Chanzy demandait, à peu près dans les mêmes termes, la création d'un chef supérieur et inamovible du service des états-majors. C'était, à ses yeux, le grand principe sur lequel devait se baser la réorganisation de l'armée. Le ministre, disait Chanzy, est toujours un personnage politique exposé à la fortune du cabinet dont il fait partie, et absorbé par ses relations avec les pouvoirs publics et par les soins de la haute administration ; partout on a compris l'impossibilité d'assurer au ministre seul la direction des choses de la guerre au point de vue purement technique; partout, on a été amené à créer une personnalité, plus ou moins indépendante du ministre, qui se trouve tout particulièrement chargée de la préparation de la guerre.

Il y a longtemps que Mirabeau a dit que l'on avait la prétention de gouverner le militaire comme tout le reste, absolument et sans appel, avec la plume et le papier, et la plupart de nos généraux ont, après nos désastres, demandé que tout fût simplifié dans l'administration de l'armée. Chanzy pensait également qu'il y avait trop de formalités, trop de correspondances et d'opérations de comptabilité, en un mot trop de paperasses et trop de commis. Il proposait, de même qu'autrefois le général Morand, d'assurer les bases de l'administration sur des lois et des institutions, et non pas sur des ordonnances révocables à volonté, selon le bon plaisir d'un ministre passager. Il demandait que les responsabilités supérieures, celles des chefs de corps, fussent très sérieusement, très gravement établies. Durant la guerre, lorsqu'il ordonnait aux commandants de ses corps de lui adresser l'état exact de leurs approvisionnements, il ajoutait que la stricte exécution de cet ordre *engageait au plus haut point la responsabilité des intendants.* A

Josnes, il disait que les chefs de corps et généraux devaient se convaincre que pour toutes les mesures qui intéressaient l'organisation solide de l'armée, ils ne pécheraient jamais par excès d'initiative. A Vendôme, il déclarait que toutes les questions de vivres et de munitions, de service et de commandement devaient se régler dans chaque corps d'armée [1].

De même, il aurait voulu que le ministre de la guerre « exerçât une direction supérieure et un contrôle complet sur tout ce qui se rattache à l'organisation, au commandement, à l'administration et à la répartition de nos forces militaires », mais que les *détails* fussent « laissés aux commandants de corps d'armée, et selon leur importance, aux généraux et aux chefs de services sous leurs ordres », à condition que les attributions et la responsabilité de chacun fussent bien exactement définies. C'était mettre en jeu, à chaque degré de la hiérarchie militaire, l'émulation et rendre plus simple et plus facile l'application des règlements ; c'était diminuer l'inutile paperasserie.

C'est surtout dans les manœuvres et les exercices de l'armée qu'il aurait voulu « rompre avec

---

[1] Chanzy, *Loire*, p. 188, 106, 180.

nos habitudes de lenteur et de théories compliquées ». Avant tout, il fallait, selon lui, donner aux troupes l'habitude de la guerre, leur offrir aussi souvent que possible l'image des combats auxquels on les destine, appliquer leur attention et leurs forces aux choses qui se font en face de l'adversaire et sur le champ de bataille, les exercer exclusivement au rôle qu'elles sont appelées à jouer en campagne : soldats et officiers devaient avoir sans cesse présente à l'esprit, dans tous leurs mouvements, la pensée de l'ennemi.

Quelles étaient, demandait-il, les qualités principales d'une bonne infanterie ? Peut-être se souvenait-il du mot du maréchal de Saxe, qu'il faut donner aux jambes autant de soin qu'aux bras, et il exigeait d'abord du fantassin la « résistance dans la marche ». Mais il voulait aussi « l'habitude du terrain dans le combat » et « l'habileté, le sang-froid dans le tir ». Ces résultats, disait-il, ne pouvaient être obtenus que par une *pratique incessante* pendant la paix. Il pensait qu'on perdait beaucoup de temps en parades et qu'on agissait trop pour la montre et l'ostentation. Il demandait qu'on mit à la place des trop fréquentes manœuvres d'ordonnance des exercices divers, exécutés avec intelligence, non pas seulement sur une même place, dans une plaine ou au Champ-de-Mars, sur le polygone ou sur des routes frayées, mais dans les terrains les plus variés, les plus accidentés, dans les bois et les montagnes. Il fallait, écrit-il encore, que l'instruction fût donnée au soldat, à tous les degrés, dans l'unité tactique même (compagnie, escadron, batterie) sous la responsabilité de son chef. Les hommes du contingent devaient y être placés dès leur appel à l'activité ; en deux mois d'exercices bien dirigés, l'homme serait apte à figurer dans le rang, et en quatre mois, son instruction première pouvait être complète. Au bout de ces quatre mois, la compagnie passerait les trois quarts de son temps en dehors du quartier et même du camp de manœuvres, occupée exclusivement à la pratique des *véritables mouvements de la guerre.*

Mais Chanzy ne voulait qu'une seule espèce d'infanterie ; il n'admettait pas les bataillons spéciaux ; il ne consentait qu'à l'emploi de tirailleurs dits d'*élite*, spécialement instruits, et qui seraient distribués dans chaque bataillon. « Nous admettrions volontiers, disait-il, dans chaque compagnie de 250 hommes un peloton qui serait composé des meilleurs tireurs ; ces soldats de choix resteraient ainsi sous la main des chefs qui les auraient formés, tout en constituant dans la véritable unité tactique une spécialité précieuse et réellement utilisable. »

Mais il ne croyait pas que dans les « diverses éventualités de la guerre » l'emploi de plusieurs infanteries offrît une « utilité réelle et pratique [1] ».

Quoique général d'infanterie, Chanzy ne fut jamais défavorable aux autres armes. L'infanterie forme l'élément essentiel de la ligne de bataille ; elle est l'arme directrice du combat et, selon le mot de Montecuculli, la base et le soutien des armées. Mais Chanzy savait bien que l'infanterie, si *indépendante* qu'elle soit, n'a sa force que lorsque les deux autres armes préparent et appuient son action. Il savait que l'artillerie est dans une armée « ce que sont les flancs dans les ouvrages de fortification » et il connaissait l'« effet calmant » qu'elle produit sur les troupes. Lui-même s'était trop bien servi de sa cavalerie dans la campagne de la Loire pour ne pas comprendre tout le parti qu'un habile général sait en tirer, soit pour achever la défaite de l'ennemi, soit pour aller au loin en reconnaissance et recueillir de promptes et sûres nouvelles de l'adversaire [2]. Il est permis d'insister sur ce point,

---

[1] Tel est aussi l'avis du général Trochu, qui a dit très nettement : On doit réorganiser l'infanterie en distribuant dans la masse entière les éléments de force qui s'y trouvent à présent groupés dans l'isolement, supprimer par conséquent les bataillons *spéciaux* et n'avoir dans chaque bataillon qu'un groupe de tireurs d'élite.

[2] « La cavalerie, disait-il à Josnes le 8 décembre 1870 (*Loire*, p. 134), devra être placée de façon à profiter de toutes les occa-

qui peut sembler secondaire. Avant 1870, il arrivait souvent que nos officiers méprisaient les armes auxquelles ils n'appartenaient pas. Même pendant la guerre, des généraux, imbus de ce préjugé, se piquaient sottement de ne pas faire soutenir l'infanterie, d'où ils sortaient, par la cavalerie et l'artillerie, ou réciproquement. Chanzy, issu de l'infanterie, n'eut jamais l'ignorance et le dédain des deux autres armes; son instruction générale était complète; parfaitement instruit du détail de l'infanterie, il connaissait le fonctionnement et les combinaisons tactiques de la cavalerie et de l'artillerie. D'ailleurs, sans cette connaissance, il n'est pas de bon général, car toutes les armes se mêlent dans le combat et, en réalité, comme on l'a dit[1], il n'y a pas de tactique d'armes, il n'y a que celle du combat.

La cavalerie, disait Marmont, doit avoir les mouvements rapides et impétueux, et parfois même un

---

sions pour tomber sur l'ennemi. C'est aux généraux qui la commandent à apprécier le moment opportun de donner; ils ne doivent pas hésiter à l'engager à fond ; une action rapide de cette arme, lorsque la ligne ennemie est ébranlée par le feu de l'artillerie et de l'infanterie, pouvant décider du succès et assurer de grands résultats » Voir la page suivante.

[1] Le général Lewal, qui dit encore : « Il ne faudrait plus ni général d'infanterie, ni général de cavalerie, ni général d'artillerie; mais seulement des *généraux* sachant employer et combiner les trois armes, et tous aptes à commander les grandes unités renfermant ces trois éléments. »

abandon qui semblera de l'imprudence. Chanzy partageait l'opinion du duc de Raguse; il demandait que la cavalerie pût « fournir de longues courses aux allures rapides », qu'elle fût commandée par des généraux qui eussent du coup d'œil, de l'activité « et de l'entrain », enfin, que les cavaliers, montés sur des chevaux « bien choisis, bien dressés et bien nourris », fussent exercés à se servir de leurs armes en toute circonstance. Dans le recrutement de la cavalerie, écrit Chanzy dans son mémoire, on se préoccupe trop de la taille des hommes et de leur conformation; il faut ne la composer que d'hommes possédant déjà l'habitude et, autant que possible, l'aptitude du cheval. Il y a, dit-il encore, deux cavaleries qu'on est conduit à admettre d'après la taille des chevaux ; la cavalerie légère et la cavalerie lourde ; mais elles doivent avoir toutes deux la même instruction, le même armement et le même emploi.

Il définissait ainsi la tactique de l'artillerie : « Il n'y a à la guerre d'autre manœuvre d'artillerie que celle des pièces et des batteries, le reste est superflu. On n'agit jamais par régiment, et, si les circonstances amènent à réunir un certain nombre de batteries sur un même point par un effort déterminé, elles arrivent forcément de divers côtés et chacune d'elle exécute, toujours pour son propre compte, sous l'inspiration de son chef, les mouvements les plus simples et les plus usuels. » Il demandait — et ce vœu a été tout récemment exaucé — que la France « imitât une importante réforme indiquée par l'expérience et opérée par l'Allemagne : la séparation de l'artillerie de campagne et de l'artillerie de place. Il y a là, disait Chanzy, deux spécialités distinctes, dont il faut tenir compte, si l'on veut trouver enfin de sérieuses garanties et pour l'action sur le champ de bataille et pour la défense territoriale qui doit être préparée à l'avance. »

Il aurait voulu que les équipages des ponts militaires fissent partie, non pas de l'artillerie, mais du corps qui, durant la guerre, est chargé du service des ponts et chaussées, c'est-à-dire du génie. La solution de cette question, disait-il, est rationnelle ; elle consiste à rattacher les pontonniers au génie. Il ne se dissimulait pas « la résistance que rencontrerait cette solution »; mais il prouvait que l'expérience l'avait partout emporté sur la routine et qu'en Allemagne les pontonniers étaient réunis au génie et répartis en nombre égal dans chaque corps d'armée. Chanzy citait souvent l'exemple de l'Allemagne. Il ne suffit pas, écrit-il, d'être aussi forts que les ennemis ; nous devons leur être supérieurs, les imiter dans ce qu'ils ont de bon, les surpasser dans ce qu'ils ont encore d'incomplet et de défectueux[1].

Enfin, Chanzy n'approuvait pas l'institution des compagnies hors rang; il la jugeait inutile et nuisible. Ces compagnies, disait-il, ont l'inconvénient d'immobiliser un nombre d'hommes trop considérable qu'il serait plus utile d'avoir sous les armes; pourquoi n'adjoindrait-on pas aux compagnies et aux bataillons les ouvriers nécessaires pour réparer l'armement, l'habillement, l'équipement et la chaussure ? Quant aux confections, elles seraient exécutées dans les dépôts centraux par des ouvriers civils.

Il proposait d'abandonner le système des transports à l'entreprise. Ce système, selon lui, n'offrait aucune garantie; il n'employait que des éléments complètement étrangers à l'armée et sans agrégation; il créait un refuge à l'espionnage; il facilitait les dilapidations; il devenait souvent une cause de terreurs paniques.

Chaque corps d'armée, ajoutait Chanzy, devait constituer une machine complète ; mais il lui manque un rouage essentiel, s'il ne possède pas un

---

[1] Voir la conclusion de son livre sur la deuxième armée de la Loire : « Il suffit de regarder autour de nous; toutes les puissances changent et fortifient leur système militaire; l'Allemagne elle-même, au lendemain des grands succès que celui dont elle disposait vient de lui assurer, n'hésite pas à y apporter de nouveaux perfectionnements. Elle est à l'œuvre ; imitons-la sans perdre de temps. »

train d'équipages qui lui soit attaché spécialement, placé sous les ordres directs de son chef, établi sur les points où sa présence est en tout temps nécessaire, pour assurer les services ordinaires à l'administration.

Telle est l'activité que Chanzy déployait pour instruire les troupes placées sous son commandement. Telles sont quelques-unes des réformes [1] que lui dictaient sa vive intelligence et sa connaissance pratique du métier. Il ne cessait d'étudier, pendant les loisirs de la paix, les moyens de préparer nos forces militaires et de donner au mécanisme de l'armée le plus de régularité et de perfection; il portait son attention sur les moindres détails du puissant organisme qu'il s'agit de créer aujourd'hui en France : chef vraiment incomparable, qui se donnait tout entier à sa tâche, et ne songeait qu'à l'armée et au pays. En ce temps de compétitions et d'intrigues personnelles, personne n'a mieux rempli que le général Chanzy les devoirs d'un commandant de corps d'armée, ni mieux compris la grandeur de cette fonction.

---

[1] On veut appliquer aujourd'hui quelques-uns des principes posés par Chanzy et dont les véritables hommes de guerre ont reconnu la justesse; par exemple, la suppression des bataillons spéciaux dans l'infanterie. La question, si importante, du rattachement des pontonniers au génie est mise à l'étude et sera prochainement résolue.

MORT ET FUNÉRAILLES DE CHANZY

MORT ET FUNÉRAILLES DE CHANZY

C'est à Châlons, au siège de son commandement du 6e corps, à ce poste de péril et d'honneur, d'où il se serait porté, le cas échéant, à la rencontre de l'ennemi, que la mort a frappé le grand combattant de 1870, encore dans la plénitude de ses forces, au milieu de son labeur patriotique, pendant qu'il s'acquittait avec son zèle infatigable des devoirs de sa fonction. Un jour qu'on louait devant lui les services qu'il avait rendus au pays, il avait répondu : « Il faut penser à demain, et non pas à hier ; mais je me sens vieillir, et ce demain-là se fait trop attendre. » Ce demain n'est pas venu pour lui.

Chanzy est mort dans la nuit du vendredi 5 janvier 1883. Rien ne faisait prévoir cette fin soudaine. Le général avait une santé vigoureuse et déployait une activité surprenante. La veille même il était monté à cheval; il avait passé la soirée à la préfecture de Châlons et en le voyant allègre et si dispos, aucun des assistants ne se serait douté que le général était debout pour la dernière fois. Il rentra vers minuit à son hôtel. A sept heures du matin, sa vieille domestique vint, comme de coutume, lui porter le café; elle fut surprise de l'immobilité du général, mais elle le crut endormi. Le valet de chambre arriva peu d'instants après; il voulut réveiller son maître et cria : « mon général » à plusieurs reprises; pris d'inquiétude, il courut chercher le docteur. Chanzy était mort entre deux et trois heures du matin, d'un épanchement de sang au cerveau, comme était mort son père quelques années auparavant. Par une coïncidence qui rendait cette fin inattendue plus poignante encore, le général avait autour de lui ses plus chères affections ; toute sa famille était venue passer à Châlons les fêtes du nouvel an.

Le 31 décembre 1882 expirait Gambetta; le 5 janvier 1883, au moment même où il allait assister aux funérailles de Gambetta, expirait Chanzy. A cinq jours d'intervalle, « par un de ces coups du sort qui dépassent l'entendement humain[1] » les deux hommes qui personnifiaient la Défense natio-

---

[1] Ainsi s'exprimait la *Gazette de l'Allemagne du nord*.

nale étaient enlevés à la France. Tous deux, inconnus l'un à l'autre, avaient été rapprochés par la guerre. Tous deux avaient tenté, de concert, d'arracher la France à l'étreinte de ses envahisseurs, l'un avec son bouillant enthousiasme, l'autre avec son ardeur tranquille : tous deux jeunes, tous deux soudainement appelés à un rôle inattendu, l'un devenu tout à coup ministre de la guerre et l'autre commandant en chef d'une armée, l'un appelant, l'autre menant les soldats à la bataille. Tous deux enfin, après un combat obstiné de quatre mois, s'étaient refusés à déposer les armes, s'étaient fait, comme disait Gambetta, un cœur et un front d'airain, et avaient eu, jusqu'au bout, même après la chute de Paris, la passion de la résistance et l'héroïque folie de tenter l'impossible. Tous deux étaient sortis de la guerre à jamais populaires et glorieux, entourés du prestige de cette lutte désespérée qu'ils avaient soutenue avec la même opiniâtreté pour sauver l'honneur du pays. La France les associait dans un même sentiment de reconnaissance et d'espoir. Quoique bien différents de tempérament, de caractère et de vues politiques, Gambetta et Chanzy restaient la grande et suprême ressource de leurs concitoyens; le tribun et le général incarnaient en eux l'idée de la patrie. Et voici que tous deux étaient frappés par la mort, sans avoir rempli toute leur destinée ; que tous deux étaient unis de nouveau dans la tombe, unis dans le même deuil de la France[1] !

La mort de Chanzy produisit dans toute la France le sentiment d'une perte immense, et l'archevêque de Reims put s'écrier, sans exagération oratoire, dans le discours qu'il prononçait quelques jours plus tard à Buzancy : « Quelle douleur, quel deuil, lorsque retentit tout à coup cette nouvelle fatale : Chanzy est mort ! De Dunkerque à Bayonne, de Brest à Toulon, à Metz, à Strasbourg, tous les cœurs français sont atteints, comme ils l'étaient au jour où moururent Bayard et Duguesclin ». Le soir du 5 janvier la funèbre nouvelle se répandit à Paris, et sur les boulevards, dans les rues on la commentait avec animation : la mort, disait-on généralement, fait les affaires de l'Allemagne et la délivre de ses futurs adversaires ; elle enlève Chanzy en même temps que Skobeleff. La presse fut unanime dans ses regrets, et tous les journaux, sans distinction de parti, firent l'éloge du général ;

---

[1] La mort de Chanzy, disait le *Times*, est un rude coup pour son pays. La nation avait une confiance instinctive dans ce soldat. Si elle comptait sur Gambetta pour tenir en respect la démagogie, si elle avait foi en lui pour maintenir devant le monde l'espoir constant d'un relèvement national, elle ne comptait pas moins sur Chanzy pour la défendre contre l'ennemi du dehors, pour la protéger au besoin contre toute révolte intérieure et jeter le poids de son épée là où Gambetta eût fait porter le poids de son éloquence.

tous remarquèrent que Chanzy n'avait pas soixante ans, qu'il pouvait rendre encore de grands services à son pays, que la nation perdait en lui le plus habile de tous ses généraux, celui que la France en péril eût mis à la tête de son armée. Quand la France, disait le *Parlement* (6 janvier), songeait aux épreuves et aux combats que pouvait lui réserver l'avenir, le nom de Chanzy était le premier sur lequel s'arrêtait sa pensée et se fixait sa confiance ; elle éprouvera une véritable consternation en apprenant que cette espérance lui échappe.

Le lendemain avaient lieu les funérailles de Gambetta (6 janvier). « Soyez bénis, disait dans un passage de son discours le président de la Chambre, M. Henri Brisson, soyez bénis, vous, Gambetta, vous, Chanzy, que la mort vient de frapper presqu'en même temps, comme si elle avait juré de frapper du même coup de tranchant les héros de notre dernière légende nationale et militaire, et vous, Faidherbe, qu'un mal impitoyable éloigne de l'action. *Gloria victis!* N'est-ce point vous qu'emporte vers les régions éthérées le génie de bronze enfanté par un grand artiste[1] ? Ces funérailles le montrent assez; la France, quoi qu'on en ait dit, n'adore pas que la victoire. Non, ce n'est point un

---

[1] Allusion à l'œuvre du sculpteur Mercié : *Gloria victis*.

peuple ingrat. Vous lui avez légué et l'honneur et l'espérance ; il fera valoir votre héritage. » De même que M. Brisson, le général Billot, ministre de la guerre, unit dans une brève allocution le nom de Gambetta et celui de Chanzy, de Gambetta « qui, au milieu de nos plus grands désastres, ne désespéra pas du salut de la patrie, et fut l'âme de la défense nationale », de Chanzy, « qui en fut le plus glorieux soldat ».

Les 6 et 7 janvier, la population et la garnison de Châlons furent admises à contempler encore une fois le général Chanzy. Le corps, revêtu du grand uniforme et portant le grand cordon de la Légion d'honneur, reposait sur un catafalque dont les draps noirs étaient masqués par des fleurs et des couronnes. Toutes les classes de la population châlonnaise vinrent rendre un dernier hommage au commandant du 6° corps d'armée ; les ouvriers de la maison Appert se cotisèrent pour offrir une couronne ; au jour des obsèques, les magasins se fermèrent et toutes les maisons arborèrent un drapeau orné d'un crêpe et roulé en signe de deuil autour de la hampe.

Le 8 janvier, l'évêque de Châlons dit la messe dans la chambre mortuaire et donna la communion à tous les membres de la famille Chanzy. Le 9, eurent lieu, à une heure de l'après-midi, dans "église cathédrale de Châlons, les funérailles du général. La lettre d'invitation était ainsi conçue : « Vous êtes prié d'assister aux convoi, service funèbre de M. Antoine-Eugène-Alfred Chanzy, général de division, sénateur, commandant le 6ᵉ corps d'armée, ancien gouverneur général civil et commandant en chef des forces de terre et de mer en Algérie, ancien ambassadeur de la République française auprès de S. M. l'empereur de Russie, grand'croix de la Légion d'honneur, décoré de la médaille militaire, officier d'académie, grand'croix d'Alexandre Newski, commandeur des ordres du Saint-Sépulcre, de Saint-Grégoire-le-Grand, de Charles III d'Espagne, du Medjidié, etc. »

Dès le 5 janvier, le général Billot avait proposé au président de la République de décider que les funérailles de Chanzy fussent célébrées par les soins de l'Etat et aux frais du trésor public. « Chanzy, disait le ministre dans son rapport, sut, au milieu des plus rudes épreuves, tenir haut et ferme le drapeau de la France, et lutta sans faiblir jusqu'au dernier moment. Appelé depuis aux difficiles fonctions de gouverneur général de l'Algérie et d'ambassadeur à Saint-Pétersbourg, il ne cessa de justifier la confiance du gouvernement de la République et de rendre au pays les plus éminents services. » Le même jour le président de la République signait le décret que lui proposait le ministre de la guerre. Le *considérant* portait que « Chanzy avait rendu au pays et à l'armée, durant le cours de sa carrière militaire et dans les hautes positions civiles qu'il avait occupées, d'éclatants services qui méritaient un témoignage spécial de la reconnaissance nationale ».

Le général Billot proposait que les funérailles de Chanzy fussent célébrées à Paris, aux Invalides. Mais Madame Chanzy exprima le désir qu'elles eussent lieu à Châlons même et qu'après la cérémonie religieuse, le corps fût transporté à Buzancy. Ce fut donc au siège de son dernier commandement, à quelques pas de cette frontière de l'Est dont il était le défenseur attitré, au milieu d'une population qui l'aimait et le connaissait de près, que Chanzy reçut les honneurs suprêmes. Le ministre de la guerre et le ministre de l'intérieur, tous les commandants de corps d'armée, le maréchal de Mac-Mahon, le duc d'Aumale, et un grand nombre de généraux de division et de brigade, des délégations du Sénat, de la Chambre des députés, du Conseil d'État et de la Cour des comptes, les préfets des départements limitrophes, assistaient aux obsèques. L'évêque de Châlons, Mgr Sourrieu, prononça dans la cathédrale une allocution où il proclama le caractère chrétien du général et fit l'éloge de ce grand serviteur du pays : « S'il est vrai de dire que la patrie ne meurt jamais, il y a pourtant des heures où une partie d'elle-même semble descendre dans la tombe avec un homme qui représentait son honneur d'hier, sa sagesse d'aujourd'hui et ses espérances de demain ». Après l'office divin, le corps fut transporté sur la place de la cathédrale et les troupes défilèrent devant lui. Six discours furent prononcés : par le ministre de la guerre, au nom du gouvernement et de l'armée ; par M. Eug. Pelletan, au nom du Sénat ; par M. Philippoteaux, maire et député de Sedan, au nom du département des Ardennes ; par M. Neveux, au nom du conseil général de ce même département ; par les généraux Lallemand et Vuillemot. M. Eug. Pelletan loua Chanzy d'avoir « donné l'exemple de ce que peut un homme de cœur au milieu de la plus épouvantable des catastrophes ». Le discours du ministre de la guerre, éloquent dans sa concision, exprima les sentiments de l'armée française :

« Messieurs, je viens, au nom du gouvernemen
» de la République et au nom de l'armée, dire un
» dernier adieu au général Chanzy. Sa mort fou-
» droyante a frappé de stupeur le pays tout entier ;
» l'armée française est en deuil. Le pays a perdu
» un grand citoyen et un homme de bien ; l'armée,

» un de ses plus illustres généraux. Il fut, au milieu
» de nos désastres, le héros de la défense nationale,
» et le nom de Chanzy consola la France dans ses
» jours de malheur. Il était pour l'armée notre plus
» chère espérance. Adieu, Chanzy. Du sein de Dieu
» où elle repose, ta grande âme rayonnera sur la
» France; et nous, tes amis et tes compagnons
» d'armes, guidés par tes exemples et fortifiés par
» le souvenir de tes vertus, nous continuerons
» sans défaillance à travailler pour le devoir et
» pour la patrie. Adieu, Chanzy, mon vieil ami de
» trente ans, adieu! »

Le lendemain mardi, 10 janvier, le cercueil qui renfermait les restes de Chanzy et que les aides de camp du général et son fils aîné, M. Georges Chanzy, avaient gardé la nuit dans la cathédrale, fut transporté à la gare et placé dans un fourgon pour être conduit à Buzancy. A Vouziers, le corps du général fut reçu par la municipalité et par une foule émue et silencieuse qui voulut accompagner le cortège jusqu'aux limites de la commune. Nos Ardennes conserveront longtemps le souvenir de ce funèbre convoi, s'avançant avec lenteur, sous un ciel sombre, à travers les forêts dépouillées où soufflait un vent glacial. M. G. Chanzy, avec les aides de camp de son père, suivait, tête nue, le fourgon que traînait un attelage d'artillerie. Un esadron de chasseurs venu de Stenay formait l'escorte. A chaque village qu'on traversait, les municipalités, les pompiers, les enfants des écoles venaient se joindre quelques instants au cortège ; de toutes parts, des paysans accouraient rendre à l'illustre soldat un dernier hommage et déposer sur son cercueil une modeste couronne. Touchantes marques de respect et d'affection qu'offraient spontanément leur grand compatriote les bûcherons de l'Ardenne! Naïve et pieuse manifestation qui fut une consolation pour le fils du général et lui donna la force de faire jusqu'au bout cette longue et douloureuse étape de Vouziers à Buzancy [1] !

Le mercredi 11 janvier fut célébré dans l'église de Buzancy le service d'inhumation. L'archevêque de Reims, Mgr Langénieux, prononça l'oraison funèbre du général et rappela les « qualités éminentes qui faisaient de Chanzy un homme parfait dans la vie privée, sur le champ de bataille un capitaine puissant, dans la vie publique un grand citoyen ». « Il y a deux jours, dit l'archevêque, la France, par ses plus illustres représentants, venait à Châlons rendre les honneurs suprêmes au glorieux soldat qui, depuis plus de trente ans, l'avait servie et défendue sur les champs de bataille.

---

[1] Buzancy est à 23 kilomètres de Vouziers.

L'Afrique, les montagnes du Liban, les plaines de la Lombardie, les rives de la Loire surtout, où il défendait pied à pied le sol de la patrie, diront assez aux générations à venir les services et la gloire militaire du général Chanzy. Cet héroïque soldat était encore à la tête de ses troupes décimées lorsque vous l'avez nommé, à son insu, votre représentant. La paix est signée malgré lui; et, pour continuer à servir la France, il devient successivement administrateur et diplomate. L'Algérie se réorganise rapidement sous sa direction à la fois paternelle et ferme. A Saint-Pétersbourg il saura nous rendre la Russie bienveillante parce qu'il a conquis en peu de jours l'estime et l'affection du tsar. Sur sa demande, il est relevé de ses fonctions d'ambassadeur; et, bientôt, placé à la tête du sixième corps d'armée. A quelles mains plus habiles ou plus vaillantes aurait-on pu confier la frontière ? » Quelques instants après, en présence de son fils, de ses aides de camp et de vingt-six généraux et colonels qui venaient donner à Chanzy les derniers regards et l'adieu suprême de l'armée, le héros de Josnes et du Mans reposait dans le cimetière de Buzancy.

Le gouvernement proposa à la Chambre d'accorder à la veuve du général Chanzy, à titre de récompense nationale, une pension viagère de douze mille francs, reversible sur ses enfants, jusqu'à ce que le plus jeune eût atteint sa majorité. « Le nom de Chanzy, lisait-on dans le projet de loi, est inséparable des souvenirs de la défense nationale... Si, à la tête de la deuxième armée de la Loire, le général Chanzy, luttant pied à pied contre des forces supérieures, a su honorer la France en face de l'étranger, il a, en outre, pendant de longues années, en campagne et dans les positions élevées de gouverneur de l'Algérie, d'ambassadeur en Russie, de commandant de corps d'armée et de membre du conseil supérieur de la guerre, rendu d'éminents services que le pays ne saurait oublier et qu'il voudra récompenser. » Ce projet de loi fut adopté et parut sous forme de décret [1].

Dès le 15 janvier le *Spectateur militaire* proposait qu'une statue fût élevée au général Chanzy. « La France, disait le *Spectateur militaire*, doit rendre un suprême hommage au général Chanzy et à l'armée de la Loire qu'il a commandée en chef. Il faut que l'illustre soldat que la France vient de perdre revive sur une place publique d'une des

---

[1] Le successeur de Chanzy au commandement du 6ᵉ corps fut le général Février. « Je ne me dissimule pas, disait le général dans son ordre du jour aux troupes placées sous ses ordres, la responsabilité qui m'incombe; mais je compte sur le concours de tous pour m'aider à continuer dignement l'œuvre de mon regretté prédécesseur et pour justifier l'honneur qui m'est fait de lui succéder. »

villes qui furent le théâtre de son héroïque résistance à l'ennemi. Il faut qu'en lui soit honorée cette glorieuse armée qui, après tant de revers, défendit pied à pied le sol de la patrie. »

Un comité d'amis et de compagnons d'armes du général Chanzy se forma pour mener à bien « cette œuvre éminemment française ». Il s'adressa au patriotisme de tous, sans distinction d'opinion, car « la glorification de Chanzy devait être l'œuvre de la France entière, et la suprême récompense décernée au héros de la Défense nationale ». Il était composé de : M. le vice-amiral Jauréguiberry, sénateur, ancien ministre, *président ;* M. le général Duboys-Fresney, sénateur, et M. de Marcère, député, ancien ministre, *vice-présidents ;* M. le colonel de Chadois, sénateur, et M. Henri Noirot, directeur du *Spectateur militaire, secrétaires ;* M. Gailly, sénateur, *trésorier ;* MM. le général Arnaudeau, sénateur ; le général Barry ; le général de Beaufort-d'Hautpoul ; le général Billot, sénateur, ancien ministre ; Cambon, préfet du Nord ; le général Carteret-Trécourt, commandant le 14ᵉ corps d'armée ; Christophle, député, directeur du *Crédit Foncier ;* le général Davout, duc d'Auerstædt, commandant le 10ᵉ corps d'armée ; le général Derroja, commandant le 2ᵉ corps d'armée ; Féraud, consul général de France ; le général Frébault, sénateur ; le vice-amiral Jaurès, sénateur, ambassadeur de France en Russie ; le général Lallemand, commandant le 1er corps d'armée ; Margaine, député ; Neveux, député, président du Conseil général des Ardennes ; le général Péan ; Philippoteaux, vice-président de la Chambre des députés ; le baron R. Reille, député ; le marquis de Roys, député ; le comte de Saint-Vallier, sénateur, ancien ambassadeur ; le colonel Tézenas, député ; Waddington, sénateur, ancien ministre, *membres du Comité*.

Ouverte au mois de février, la souscription a été menée sans bruit et sans fracas, simplement, dignement, comme il sied à la mémoire du grand mort qu'on veut honorer. Les ministres de la guerre et de la marine se sont associés à cette œuvre patriotique en autorisant le comité à faire circuler des listes de souscription parmi les armées de terre et de mer. Au 2 août, plus de cent mille francs avaient été recueillis. A la même date, le comité décida que la statue de Chanzy aurait le caractère d'un monument commémoratif élevé à la deuxième armée de la Loire, et il accepta en principe un avant-projet que lui présentaient les sculpteurs Croisy [1] et Crauk. Le Mans aura l'honneur de

---

[1] Aristide Croisy est un enfant des Ardennes. Une autre statue

posséder cette statue, et le conseil municipal de cette ville a résolu de contribuer pour une somme de 5,000 francs à l'érection du monument [1].

---

de Chanzy doit être érigée à Buzancy, et M. Croisy est chargé de l'exécuter. Cette année même on a pu voir et admirer au Salon une œuvre à la fois simple et saisissante du sculpteur ardennais : *Le général Chanzy sur son lit de mort.* Elle est destinée à la chapelle mortuaire de Buzancy : Chanzy, étendu sur le lit funèbre, serre entre ses bras le drapeau français qui l'enveloppe de ses plis; la tête du général est d'une ressemblance frappante.

[1] Les souscriptions sont reçues au Crédit foncier de France; au Crédit Lyonnais et dans toutes ses succursales de Paris et des départements; au secrétariat du comité, 39, rue de Grenelle, bureau du *Spectateur militaire.*

CHANZY

SON CARACTÈRE ET SON GÉNIE

CHANZY, SON CARACTÈRE ET SON GÉNIE

I

Après avoir retracé les principaux actes de cette grande vie, il resterait à conclure, à marquer dans Chanzy avec plus de précision, en une sorte de jugement d'ensemble, le politique, le général et le patriote, à dire ce que fut l'Ardennais, à mettre en relief tous les traits de cette physionomie si expressive.

Mais auparavant on doit étudier le général sous un autre aspect. « Des sentiments élevés, a dit de Bonald, des affections vives, des goûts simples, font un homme. » Il faut d'abord montrer brièvement cet homme, et, pour ainsi dire, ce second Chanzy [1].

---

[1] Voir pour tout ce chapitre la notice anonyme imprimée à Châlons, chez Martin.

Les personnes qui formaient l'entourage intime de Chanzy, les officiers de son état-major, l'évêque de Châlons, l'archevêque de Reims et le cardinal Lavigerie qui ont fait son éloge funèbre, ont dit son profond sentiment de famille, et tout ce que ce sévère soldat était au milieu des siens. Homme d'intérieur, il ne goûtait guère les distractions du dehors, et ses plus grandes joies étaient celles du cercle domestique. « Le voile, dit l'évêque de Châlons, qui couvrait les mystères charmants de sa vie intime, a été soulevé devant mes yeux et j'ai entrevu des tableaux de famille dignes des temps les plus antiques et les plus beaux de l'Eglise, sans qu'on puisse dire auquel des deux, de sa noble compagne ou de lui, en revenait le mérite principal. »

« Les plus forts sont les plus tendres [1]. » Au jour de la confirmation de sa fille cadette, assis dans l'église de Buzancy, à la place qu'il occupait tous les dimanches, Chanzy pâlit tout-à-coup et pleura : « J'ai souvent vu la mort sans trembler, disait-il après la cérémonie à l'archevêque de Reims, mais j'ai tremblé tout-à-l'heure quand vous avez interrogé ma fille sur le catéchisme. » Dans sa belle lettre du 10 janvier 1883 [2], Mgr Lavigerie, après

---

[1] Michelet.
[2] Lettre déjà citée où il ordonne la célébration d'un service

avoir représenté Chanzy heureux du mariage de sa fille aînée et, « tout rayonnant du bonheur de son enfant », rappelle la douleur « si sainte et si vraie » du général aux funérailles de son fils Lucien, mort, à sept ans, d'un accident terrible. « Vous vous souvenez de ses sanglots qui révélaient la tendresse du père. J'hésitais à prendre la parole, pour ne pas prolonger tant d'émotions. Mais, sachant que je devais parler du bonheur assuré aux enfants qui quittent la vie avant même d'avoir connu ses souillures, il voulut que je montasse dans la chaire pour entendre cette vérité. Quel spectacle et quel discours ! Ce général, qui n'avait pas désespéré de la France, désespéré vraiment auprès de son fils qui n'était plus, se relevant un moment aux pensées de la foi, et se prenant à sangloter encore jusqu'à ce qu'enfin je descendis pour le conduire à l'entrée du caveau où nous déposions le cercueil ! Cher général ! je n'oublierai jamais son serrement de main et son regard à ce moment où, certes, l'homme ne cherchait pas à cacher son âme... »

Un de nos meilleurs critiques citait récemment, à propos de Davout, ce mot de Bossuet, que,

---

funèbre en mémoire de l'ancien gouverneur général de la colonie dans la cathédrale d'Alger.

lorsque Dieu créa le cœur et les entrailles de l'homme, il y mit premièrement la bonté [1]. C'est en parlant des héros que Bossuet prononçait cette parole mémorable; Chanzy, comme Davout, ne la dément pas. Au témoignage unanime de ceux qui furent directement employés sous ses ordres ou qui vécurent avec lui sur un pied d'intimité, la bonté fut une de ses qualités les plus distinctives. Parmi ses actions généreuses nous ne rappellerons que la suivante. Il reçut un jour dans son palais de Mustapha la visite de l'archevêque d'Alger. Il s'agissait d'une somme de trois mille francs que ne pouvait payer la veuve d'un officier supérieur. « Général, dit Mgr Lavigerie, si l'on venait annoncer un jour à l'un de vos compagnons d'armes que votre enfant est dans une situation semblable, comment voudriez-vous qu'il répondît ? » Le lendemain, Chanzy faisait remettre discrètement les trois mille francs à la pauvre veuve.

Cet homme, si bon et si sensible, si affectueux pour ses proches, si bienveillant pour tous, était terrible aux lâches et frappait sans merci quiconque portait atteinte à la discipline et à l'honneur de l'armée. On a vu les exemples impitoyables que firent les cours martiales durant la guerre. Chanzy

---

[1] Montégut, *Le maréchal Davout*, p. 100.

racontait à ce sujet, non sans émotion, un épisode tragique. Un jour, à l'Assemblée de Versailles, on se fait demander ; il se rend au parloir et voit un sexagénaire en grand deuil qui lui demande des nouvelles de son fils disparu pendant la campagne de la deuxième armée de la Loire ; le nom qu'il portait était un des beaux noms de la province. Chanzy se souvint que le jeune homme, arrêté parmi les fuyards qui propageaient la panique en criant à la trahison, avait été fusillé contre la muraille d'une ferme de la Sarthe. Il pouvait cacher au père la triste vérité ; mais Chanzy était un haïsseur du mensonge, même du mensonge excusable. Il raconta la faute du jeune homme et son châtiment ; le malheureux père s'inclina : « Mon fils avait fait le premier pas dans la faute, dit-il, il valait mieux qu'il ne fît pas le second. Vous avez bien agi, général ; le père pleurera, mais le Français vous remercie[1] ».

II

Si Chanzy se renfermait volontiers dans sa félicité domestique, il ne fuyait pas les réunions et les

---

[1] Raconté par M. Claretie dans le *Temps*.

plaisirs de la société. Très discret, même dans ses conversations avec ses intimes, sur les personnages du jour, il parlait des sujets qui lui tenaient à cœur, c'est-à-dire de la guerre et de l'armée, avec effusion et vivacité. Sur toutes choses, sans se mettre en évidence ni sans s'effacer, il causait avec agrément. Il contait l'anecdote d'un air aisé, sur un ton simple et piquant. Il avait vu assez d'hommes et de choses pour posséder toute une provision d'historiettes, et il savait semer dans ses entretiens quelques-unes des particularités qu'il avait recueillies durant ses voyages et gardées dans sa mémoire.

Il ne manquait pas de finesse et même de malice. Il avait cet esprit ardennais, aimable et bienveillant, mais légèrement ironique et narquois, vif, primesautier, malgré quelque apparence de lenteur et de gravité, s'échappant soudain en boutades gaies ou en saillies moqueuses, parfois aussi en pensées ingénieuses et pénétrantes. Je ne sais quel personnage se vantait à lui ; Chanzy le laissait dire, et tout-à-coup : « Voyons, qu'est-ce que vous venez me demander ? » Une autre fois, son entourage s'étonnait de le voir écouter silencieusement un hâbleur ; mais Chanzy n'était jamais dupe, même lorsqu'il semblait l'être, et, le personnage parti, « il m'a bien amusé, disait-il en éclatant de rire, et quand je pense qu'il a cru m'en imposer ! » On nous a cité quelques mots du général Chanzy où se cache, ce nous semble, une philosophie profonde et mordante : Il est bien de ne pas tromper, mais il ne faut pas se laisser tromper. — Je n'aime pas les politiciens qui font du patriotisme une spéculation. — Les députés qui demandent aux ministres la destitution des préfets, veulent rétablir le régime du bon plaisir. — Il ne faudrait pas que la République devînt un régime de terreur pour les esprits élevés et vraiment indépendants. — Il n'est pas donné à tout le monde de se soumettre servilement à la tyrannie de la libre pensée. — Il ne faut pas que les libres-penseurs s'imaginent qu'ils exploitent un monopole, etc.

Toutefois, à certains moments, on aurait pu reconnaître dans sa conversation l'obstiné lutteur de Josnes et du Mans. Chanzy ne donnait jamais tort aux personnes qui causaient avec lui ; il était trop courtois pour contredire âprement son interlocuteur ; il soutenait son opinion sans vouloir l'imposer, et il arrivait parfois qu'on le quittait en se flattant de l'avoir convaincu. Mais, si le jour suivant l'entretien revenait sur le même sujet, on remarquait avec étonnement qu'il n'avait pas changé d'avis ; il persistait tranquillement dans son dire ; on n'avait aucune prise sur son inflexible douceur et son calme entêtement.

Cette profonde fermeté qu'il cachait sous d'aimables dehors, se révélait dans les moindres détails de sa vie. Il mangeait peu et buvait à peine; sa sobriété était celle d'un Arabe ; après l'avoir acquise en Algérie, il l'avait gardée. Il avait pris l'habitude de fumer beaucoup, et on le voyait du matin au soir le cigare aux lèvres ; mais son médecin l'avertit que le tabac ne lui valait rien. Chanzy promit de renoncer au cigare et tint parole. On retrouve ainsi dans tout ce qu'il faisait quelque chose de sa nature énergique et vigoureuse.

III

La ténacité faisait le fond de son caractère et la force de son âme. Le 13 janvier 1871, au milieu de la retraite du Mans, il affirmait que, deux jours auparavant, l'armée avait les meilleures chances pour battre l'ennemi [1], et il a soutenu jusqu'à sa mort qu'après la chute de Paris la France avait encore la possibilité de vaincre. Jamais il ne fléchit et ne s'abandonna ; comme sur la Loire, il savait, quelle

---

[1] CHANZY, *Loire*, p. 342.

que fût sa tâche, la pousser jusqu'au bout ; comme à Josnes, comme à Vendôme et au Mans, il savait résister et se maintenir. Son opiniâtreté, sa puissance de travail avaient de bonne heure attiré l'attention. On n'ignorait pas dans l'armée que Chanzy ne s'épargnait point, qu'il n'étudiait pas seulement les lignes générales des choses, mais qu'il en approfondissait les détails, qu'il mettait toute son âme dans son œuvre. Depuis le jour où il commence sa carrière, les notes de ses chefs signalent en lui cette ardeur à l'étude, ce scrupule, cette conscience qu'il porte dans l'accomplissement de ses devoirs. On trouvait même qu'il en faisait trop et ne ménageait pas sa santé. Si robuste que soit le talent et quelque force d'application qu'il possède, il vient un jour où le ressort violemment tendu s'use et se brise. Il est malheureusement certain que la fin de Chanzy fut hâtée par ce labeur constant et acharné qui remplit son existence, et l'on peut dire qu'il est mort à la peine. Dans toutes les fonctions qu'il exerça, il montra, comme pendant la guerre de 1870, une activité « superbe »; ne le vit-on pas alors « faisant face à tout, ne laissant pas à d'autres la moindre responsabilité, voulant tout voir par lui-même [1] » ? En Algérie il fut

---

[1] *Moniteur de l'armée*, 11 janvier 1883. M. de Kleist dit de

administrateur prudent et vigoureux. Sa prodigieuse faculté de travail et d'assimilation le rendait propre à tout. C'était un de ces hommes souples, indéfiniment progressifs, allant de fonction en fonction avec le même sérieux, la même distinction et le même mérite, hommes qui doivent tout à leur intelligence et à leur labeur, et dont l'on a pu dire que leur pensée s'élève avec le point de vue, et que leur figure grandit avec le cadre.

Il exigeait des autres la même ardeur vigilante, et avec l'accent et l'autorité que son propre exemple ajoutait à ses paroles, il exhortait son entourage à prendre le goût et la passion du travail. A la séance d'inauguration de l'Académie militaire d'Alger, il excitait les officiers à gagner les « connaissances indispensables pour remplir leur devoir ». Il faut à l'armée, disait-il, ce labeur incessant qui donne à chaque arme l'habitude du rôle qu'elle est appelée à jouer ; il lui faut l'étude qui assure le progrès dans un siècle où il est une nécessité de chaque jour.

Sa devise méritait bien d'être celle de Hoche « *res, non verba* » ou cette autre, de Jean de Witt, que Gambetta rappelle dans un de ses dis-

---

l'activité que déploya Chanzy pendant la retraite du Mans « Obgleich General Chanzy *seine ganze rastlose Thätigkeit* entwickelte », p. 247.

cours « *ago quod ago* » et qu'il nomme la grande formule moderne « du travail, encore du travail, et toujours du travail ». Et, à ce propos, n'est-ce pas une rencontre bien remarquable, quoique non fortuite, que les deux généraux de la défense nationale, Chanzy et Faidherbe, aient été justement, non pas des généraux de faveur et de parade, légers et imprudents, comme le second Empire en eut trop, mais deux hommes de la même étoffe, fermes, prévoyants, infatigables à la peine, faisant moins de part à la fortune et au courage qu'à la méditation, à l'étude persévérante, à la préparation prudente et attentive? Chanzy et Faidherbe ne sont pas uniquement des guerriers et, comme on dit vulgairement, des *sabreurs*. Ces héros de la résistance, tous deux gouverneurs de nos grandes possessions africaines, ont un ensemble de qualités qui donne à leur physionomie une expression à part. Ils joignent à leurs connaissances militaires et au génie de leur art la solidité, l'étendue et l'élévation de l'esprit, le sérieux que donne l'ardeur studieuse, je ne sais quoi de mâle et de fier, de grave et de sévère qui les sort du commun des généraux ; ce sont à la fois des soldats et des penseurs.

Une étude sur Chanzy serait incomplète si l'on ne parlait encore d'une de ses qualités, fort rare en un temps comme le nôtre où pullulent les fatuités et les vanteries ; je veux dire la modestie. Elle se réflète déjà dans son livre sur la campagne de la Loire où il a parlé de lui comme peu d'hommes savent parler d'eux-mêmes, sans tomber dans l'une ou l'autre de ces deux vanités : se mettre trop haut ou se mettre trop bas. Rien de plus contraire à sa nature que l'emphase et la jactance. Il était modeste tout naturellement, tout bonnement, comme l'est un homme qui n'a d'autre prétention que de faire son devoir, qui tient plus au fond qu'à la forme [1], déteste les grands mots et laisse ses actions parler pour lui. Il ne s'est jamais porté candidat, il s'est laissé porter. Il n'a pas couru les portefeuilles. Il n'a été le courtisan de personne ; sous le second Empire, il a conquis tous ses grades sans intrigue, sans protection ; sous la troisième République, il ne flatta ni M. Thiers ni Gambetta : homme simple et grand, a-t-on dit [2], qui, sans chercher la popularité, sans jamais faire de lâche concession aux passions ou aux préjugés éphémères des partis, sut arriver à la gloire la plus pure par son seul mérite. Il pensait plus à la

---

[1] Il dit de son livre sur la campagne de la Loire : « Le temps nous a manqué pour donner à la forme tout le soin qu'un pareil sujet méritait ; le fond est complet et exact ; c'est l'essentiel » (p. 447).

[2] *Spectateur militaire*, 15 février 1883, p. 309.

patrie qu'à sa fortune, et sa plus grande ambition fut d'être utile à son pays. « Servir la patrie, disait-il, ce doit être notre seul but, notre unique pensée. » Dans les assemblées, il ne se mettait en avant que lorsque l'intérêt de la France était en jeu ; il n'abordait la tribune que s'il était poussé par le devoir impérieux de dire ce qu'il croyait profitable au pays et à l'armée.

IV

Homme de premier rang, car il y avait en lui plusieurs hommes, le soldat, le politique, l'administrateur, et « il a eu le rare mérite de réunir dans sa personne les dons les plus divers et en apparence les moins conciliables[1] », Chanzy était avant tout soldat.

Le soldat, il est vrai, n'est pas tenu d'avoir les mérites de la plume et de la parole ; aussi, lorsque les circonstances le font écrivain ou orateur, il trouve presque toujours une critique indulgente ou une assemblée qui lui fait aisément un succès. Le général Chanzy jouit de ce privilège. Il n'avait pas reçu ce tempérament oratoire, ce don du bien dire,

---

[1] Lettres du cardinal Lavigerie, 10 janvier 1883.

cette intarissable faconde qu'on reconnaît au général Trochu. Pourtant, il avait la parole claire et nette, pleine d'énergie, de décision, et de cette brièveté à laquelle se reconnaît l'homme de commandement, l'homme qui pense et qui veut. L'Assemblée nationale l'écoutait avec intérêt ; elle l'applaudit de grand cœur et souvent. Son plus beau discours, celui du 15 juin 1871, qu'il improvisa réellement, est plein d'une éloquence véritable et ardente, d'un sentiment chaud et vibrant. Il se fit le champion des armées de la province, de ces « armées nouvelles qui résistaient de tous les côtés aux Allemands et que la volonté du pays avait fait surgir[1] ». Il trouva des accents passionnés pour défendre les efforts presque surhumains de la France essayant de venir au secours de Paris. Nul, pas même Gambetta, n'a peut-être mieux exprimé l'amour de la patrie qui transportait les âmes et le désir qu'avaient alors, sans distinction de parti, tous les vrais Français, de se sacrifier pour la délivrance. Mais le soldat se marque encore et se retrouve dans ce discours, comme dans tous ceux qu'il a prononcés.

Au fond, il n'était pas fait pour la politique de nos jours, si terriblement intolérante et qu'il appelle

---

[1] Chanzy, *Loire*, p. 233 ; cp. plus haut, pp. 189-190.

« une passion qui surexcite[1] ». Evidemment, la vue de nos dissensions l'attristait. Le spectacle de ces débats trop souvent remplis d'injustices et de brutales colères affligeait profondément son âme droite et loyale. Suffisait-il donc de différer d'avis pour s'injurier, pour se contester réciproquement l'esprit et l'honnêteté, pour se combattre avec acharnement? Il ne comprenait la guerre à outrance que contre l'étranger. Aussi, n'est-il pas étonnant qu'il ait paru quelque peu gauche et inexpérimenté aux vieux routiers de la politique, et qu'il n'ait pas eu à la tribune l'aplomb qu'il avait à la guerre et la cavalière assurance des finassiers du Parlement. Tout ce que la politique a de turbulent et d'orageux, tout ce qu'elle a d'inconstant, de versatile et de contradictoire, tout ce qu'elle renferme de petites vanités et d'étroites rancunes, répugnait à Chanzy. Sans être fourvoyé dans le monde parlementaire où il a fait meilleure figure que bien d'autres, il ne se sentait pas à sa place au milieu des disputes et des tiraillements des partis. Il eût voulu rester étranger aux intrigues de couloir et, selon son mot, aux « discussions mesquines ». Messieurs disait-il, une fois, je vous en prie, quand il s'agit de

---

[1] Discours du 3 décembre 1873, au Conseil supérieur de l'Algérie. Qu'on se rappelle les tempêtes qui se déchaînaient à l'Assemblée nationale.

nos affaires intérieures, ne prononçons pas le mot *politique*; remplaçons-le par le mot *franchise*; faisons de la franchise, et non de la politique[1]. Il passait, grave et silencieux, parmi les manœuvres et les ruses des groupes parlementaires. On dit même qu'à l'Assemblée nationale et au Sénat, il s'isolait volontairement et se tenait toujours dans son coin ; cet homme-là, disait un de ses collègues, c'est un *a parté*. Il accepta donc avec empressement les hautes fonctions qui l'appelaient en Algérie et en Russie ; il croyait mieux servir la France hors du parlement que dans le parlement.

V

Homme d'action, plein de mépris et d'horreur pour tout ce qui ressemble à la déclamation et à la phrase, accoutumé dès sa jeunesse à vivre parmi les aventures et les dangers, passionnément épris de l'existence des camps et de la carrière des armes, appelant en 1871 tous les Français, « non pas à discuter, à écrire ou à consulter, mais à agir[2] », déclarant au centre gauche que le patrio-

---

[1] Discours du 25 août 1871.
[2] CHANZY, *Loire*, p. 634; discours du 9 mai 1872.

tisme doit s'affirmer, non par des paroles et des discours, mais par des sacrifices et des faits, Chanzy gardait ses prédilections à ce métier de la guerre où il pouvait employer toute son énergie et donner toute sa mesure. C'est à l'armée qu'il se trouvait à l'aise et comme chez lui ; c'est à la tête des troupes qu'il se dessine dans sa physionomie principale. Le personnage essentiel en lui, c'est le général, et la fonction qu'il avait conscience de remplir le plus dignement, le poste qu'il préférait à tous les autres, c'était le commandement d'un corps d'armée. Aussi fut-il heureux en 1882, après avoir honorablement passé par les affaires du pays, de se renfermer dans sa profession de soldat et de rentrer dans son véritable élément. Il n'entendait plus la voix des partis ; il voyait régner parmi ses troupes l'union et l'unité qu'il regrettait de ne pas trouver aux assemblées. Loin des conflits et de la confusion du parlement, il faisait son devoir, comme il aimait à le faire, silencieusement, avec sa paisible ardeur et sa calme énergie. Soutenu et enflammé par la grande idée de la patrie qui semble obscurcie dans les assemblées par le nuage des discussions, mais qui reste dans l'esprit du soldat radieuse et pure, il consacrait tout son temps à l'affermissement de cette organisation militaire qu'il voulait « sérieuse, complète et puissante, pour que la nation fût sûre de son indépendance et réellement forte[1] ».

Doué d'un robuste optimisme, toujours porté à envisager avec confiance les événements, si graves qu'ils fussent[2], il ne voyait pas sous un jour sombre notre situation militaire. Mais son esprit, si méthodique, avec tout son feu, et si réfléchi, ne se payait pas d'illusions. Il sentait que la France devait se recueillir. Il n'ambitionnait pas pour sa patrie un grand rôle extérieur qu'elle n'aurait pu jouer. Il savait qu'une guerre ne s'improvise pas et qu'une nation ne doit se jeter dans le jeu sanglant des combats que lorsqu'elle est prête. Il disait que le temps des aventures était passé et qu'il ne fallait plus songer qu'à la défense. Mais cette défense, avec quelle activité il l'avait préparée ! « Que nous soyons attaqués, disait M. Eug. Pelletan aux funérailles de Chanzy, nous n'aurons plus à défendre la patrie derrière la Loire. » Chanzy, fut après 1870, un des plus zélés promoteurs de la réorganisation ; un de ceux qui travaillaient avec le plus d'ardeur et de succès à reconstituer les forces de notre armée, à renouveler notre puissance militaire, à empêcher le retour de ces désastres qu'il avait atténués et dont

---

[1] CHANZY, *Loire*, p. 448.
[2] CHANZY, *Loire*, p. 417, 429.

son cœur avait si douloureusement souffert ; un de ceux qui, selon ses propres paroles au centre gauche, montraient le mieux au monde comment une grande nation sait supporter un revers et le réparer. Au moment où la mort l'enleva, il était comme la sentinelle avancée de la France ; il montait la garde à la limite de cette province de l'Est vers laquelle le pays tourne le plus naturellement ses regards ; et, là encore, à peu de distance de l'ennemi qui ne prononçait son nom qu'avec estime, il assurait la défense nationale. Sa flamme ne s'était pas affaiblie ; il restait aussi énergique, aussi agissant pendant la paix qu'autrefois durant la guerre, toujours animé de l'étincelle sacrée.

Il n'a jamais été ministre de la guerre ; mais, de même que Gambetta, sans être ministre, était le chef incontesté des républicains, Chanzy était, par le prestige des services qu'il avait rendus au pays, le véritable chef de l'armée et celui de tous les généraux que le corps des officiers plaçait le plus haut dans son respect et son admiration. « Etre intelligent, instruit, énergique, actif, c'est beaucoup, mais ce n'est pas tout pour commander une armée ; il faut encore un nom connu qui soit comme un drapeau, qui rappelle de grands souvenirs et enflamme les courages. Tous les généraux avaient une réputation à conquérir : Chanzy avait commandé glorieusement une grande armée[1]. »

On peut même dire que depuis la guerre Chanzy était l'idéal du soldat, et le type militaire que la France avait dans l'esprit. Le nom et le personnage de Chanzy étaient la représentation la plus haute de la nouvelle armée, laborieuse, vaillante, sincèrement attachée au pays et aux institutions républicaines qui le gouvernent. Et lui-même, que de fois il a tracé à l'armée ses devoirs ; que de fois il lui a donné son programme et son mot d'ordre ! « L'armée n'a qu'une pensée : faire son devoir, et le devoir pour elle, est de veiller sur le pays en obéissant au gouvernement; elle n'y faillira jamais. » C'est à la réunion du centre gauche qu'il tenait ce langage. Mais dans ses allocutions aux troupes, il ne cessait de rappeler que l'armée a pour mission de défendre la loi contre les factieux et le pays contre l'étranger ; qu'elle appartient, non pas aux partis, mais à la nation; qu'elle doit écarter de sa pensée toute autre préoccupation que celle de la France, et rester étrangère à la *politique* dont le contact énerverait son âme, abaisserait son es-

---

[1] *L'Union*, 8 janvier 1883. De tous nos généraux, Chanzy était celui qui pouvait le mieux remplir la mission exceptionnelle que l'Allemagne a confiée à M. de Moltke. Dans cette situation, que notre organisation ne pouvait malheureusement lui donner, Chanzy eût rendu à la France des services incalculables.

prit, altérerait son ardeur patriotique. Il revenait souvent dans ses ordres du jour et ses harangues sur ce beau rôle de l'armée qui ne s'associe à aucune des passions qui l'entourent, ne reconnaît qu'un drapeau, et ne voue ses forces qu'à la cause du pays. « Obéissons fidèlement, disait-il, au gouvernement que la France s'est donné, et restons scrupuleusement en dehors des partis et des agitations politiques dans lesquelles le patriotisme le plus sûr finit toujours par s'égarer [1]. »

Il avait au plus haut degré le sentiment de la moralité militaire et la religion de l'honneur. Il était l'expression vivante de toutes ces qualités élevées qui sont le propre du soldat et font, pour ainsi dire, partie de son essence : l'amour de la patrie, la généreuse fierté du caractère, le dévouement, l'abnégation, le sacrifice ; et ces mâles vertus qu'il possédait lui-même, il les exigeait de l'armée comme il les avait exigées, durant l'hiver de 1870, des combattants de Josnes et de Vendôme. Il recommandait instamment à ses officiers cette « préparation morale qui unit les âmes par le sentiment du devoir ». Il voulait que l'armée fût le cœur même de la France et qu'elle donnât l'exemple,

---

[1] Discours à l'Académie militaire d'Alger ; discours du 29 juillet 1882 au Sénat.

non seulement de la bravoure et de l'héroïsme, mais, comme il disait, de *toutes les vertus civiques*, du travail sérieux et incessant, du respect de la loi, de l'émulation et de cette « noble ambition dont doivent être animés tous ceux qui ont l'honneur de porter l'uniforme et de servir le pays ». L'armée, disait-il encore, après les lois que le patriotisme a dictées à l'Assemblée et que le pays a consacrées, l'armée est la représentation la plus complète de la nation ; elle est la sauvegarde de son indépendance, de son intégrité et de son honneur ; elle est le *sanctuaire des sentiments élevés qui l'animent*[1].

On aura remarqué qu'un des mots qu'il emploie le plus souvent est celui de *devoir*; c'est, pour parler comme Pascal, le « mot déterminant » qui fait juger de son caractère et de sa vie. Chanzy fut l'homme du devoir ; il en eut le culte et l'enthousiasme ; c'est à faire son devoir qu'il mettait son honneur et sa dignité ; c'est à faire leur devoir qu'il excitait autour de lui les officiers et les soldats. Le 12 décembre 1881, il prononçait à Vouziers un petit discours sur la tombe d'un ami : « Véritable homme de bien, disait-il, il a rempli sa tâche sur cette terre, sans ostentation comme sans faiblesse, en faisant

---

[1] Discours à l'Académie militaire d'Alger.

constamment son devoir. » Ces paroles de Chanzy s'appliquent à Chanzy, et ce portrait de son ami, c'est le sien. Il n'hésita jamais à sacrifier au devoir sa popularité. Lorsqu'il fit son rapport sur la dissolution des gardes nationales, il passa un instant pour le complaisant interprète de la majorité royaliste [1]. Qui ne lui donnerait aujourd'hui raison ? Qui ne reconnaîtrait avec lui, malgré d'ineptes et récentes propositions, que la nouvelle organisation des troupes régulières devait amener la disparition des milices nationales et que l'armée, devenue la plus solide institution du pays, suffit désormais à la double tâche d'assurer la paix intérieure et de défendre la frontière ?

VI

Chanzy n'a jamais oublié qu'il était sorti de race ardennaise ; son esprit avait comme un goût de terroir [2], et il doit probablement à cette origine ses habitudes pensives et graves, cette application au travail, cette ardeur et cette fermeté de volonté qui

---

[1] C'est ainsi que le nommait le *Courrier de Meurthe-et-Moselle*.
[2] Voir plus haut, p. 390.

sont ses traits les plus marquants, cette ténacité de caractère que les Ardennais possèdent autant que les Vosgiens et les Bretons. Par le visage même il tenait de l'Ardennais ; il n'est pas rare de voir dans son pays natal des figures dont l'ensemble a je ne sais quoi de doux et de sérieux qui rappelle la physionomie de Chanzy.

Les Ardennais étaient fiers de leur grand compatriote. A Vouziers et à Buzancy, devant son cercueil, on a rappelé qu'il était un enfant du pays. « Nous sentirons, dit l'archevêque de Reims, cette perte plus que tous les autres, nous, Ardennais, dont il était le concitoyen, le bienfaiteur et l'ami... C'est aux habitants de Buzancy qu'il a voulu confier sa tombe, préférant une place dans leur modeste cimetière à celle qui lui était bien due, à côté des braves, sous le dôme des Invalides. » Un journal de l'arrondissement a rappelé l'affection profonde de Chanzy pour son pays natal où il aimait à chercher, à certaines époques de l'année, un peu de solitude et de tranquillité. « C'était parmi ses compatriotes ardennais qu'il préférait goûter un repos chèrement acheté. Nous nous rappelons tous avec une vive émotion la joie que le général manifestait à chacun de ses retours parmi nous, l'accueil affectueux et bienveillant qu'il réservait à tous les compagnons de son enfance, aux amis de toute sa vie. »

Après tant de distinctions et d'honneurs, arrivé à la plus haute fortune militaire, Chanzy restait avec ses camarades et ses amis d'autrefois ce qu'il avait toujours été ; ils le retrouvaient à chaque voyage, tel qu'ils le connaissaient. « Il était bien de notre famille à tous, a dit le premier adjoint de Vouziers, M. Terlot; il n'a jamais cessé de porter un intérêt particulier au pays qui l'a vu naître, et de notre côté, pourquoi ne l'avouerions-nous pas ? nous étions fiers de sentir de plus près les rayons de cette gloire d'un des nôtres. Doué du caractère à la fois le plus noble et le plus simple, il est toujours resté accessible à tout le monde, et nous devons ajouter que jamais une cause digne et juste n'a été privée de son appui. »

La chasse occupait surtout à Buzancy les loisirs du général. C'était un adroit et intrépide chasseur, comme on l'est souvent dans ces Ardennes dont saint Hubert est l'apôtre. Bien souvent, en Algérie, dans une marche de corps ou dans une tournée d'inspection, il lui arrivait de mettre pied à terre et de poursuivre avec entrain une compagnie de perdreaux rouges ; parfois même, aux applaudissements de son escorte, il faisait coup double sans descendre de cheval; on le citait comme un des meilleurs tireurs de l'armée d'Afrique et comme un digne rival, en fait d'exploits cynégétiques, du brave général Margueritte [1]. Lorsqu'il prenait ses vacances à Buzancy, son grand plaisir était de chasser au chien d'arrêt. Sous un costume devenu légendaire dans les Ardennes, vêtu d'une blouse bleue, coiffé d'une casquette de toile, il courait les champs en quête du gibier et ne manquait jamais la pièce qu'il avait visée. Il chassait comme il vivait, sagement, avec simplicité et prévoyance, sans bruit et sans éclat; il ne s'amusait pas à massacrer le gibier; dès qu'il avait abattu le nombre de pièces qu'il s'était fixé, il rentrait au logis, estimant qu'il n'avait pas perdu sa journée.

Il représenta durant neuf ans le canton de Vouziers au conseil général des Ardennes. Ce canton, très républicain et le plus avancé du département, l'avait élu le 8 octobre 1871; Chanzy n'avait guère eu que 300 voix de majorité contre un agent d'affaires, son concurrent, et le *Nord-Est*, qui devait revenir de ce jugement téméraire, lui reprochait de ne pas avouer assez hautement ses convictions et

---

[1] Encore un héros de notre région du Nord-Est: « un des plus intrépides et des plus intelligents officiers de l'armée » (M. DE MAZADE). Il fut blessé à mort sur le champ de bataille de Sedan. On doit prochainement lui élever une statue dans le village où il est né, à Manheulles, près de Fresnes-en-Woëvre. Voir la biographie que lui a récemment consacrée le général Philebert.

de passer à la droite avec armes et bagages. Mais le 24 octobre le conseil général des Ardennes nommait Chanzy son président par 21 voix sur 28, et depuis, de 1871 à 1880, Chanzy fut toujours réélu président de l'assemblée départementale. Le *Nord-Est* du temps le représente « mince, moustaches aiguisées, toujours soldat sous l'habit civil, mais tout fait homme du monde. » Chanzy s'acquittait de ses fonctions avec un grand tact, et tous ses collègues s'accordent à louer non seulement sa charmante politesse et l'affabilité qui tempérait chez lui la gravité naturelle à tout président d'assemblée, mais sa connaissance des affaires, son esprit judicieux et pénétrant qui voyait clair dans toutes choses, et la façon dont il dirigeait les débats. Les remerciements qu'il adressait à l'assemblée étaient fort goûtés sous leur forme expressive et brève.

Il cessa d'appartenir au conseil général des Ardennes en 1880, à la suite d'un incident assez remarquable. Un groupe d'électeurs lui offrit, au mois de juillet, la candidature au conseil général pour le canton de Buzancy. Chanzy, alors à Tiflis, répondit par télégramme qu'il se mettait volontiers à la disposition de ses compatriotes. Mais il était déjà conseiller général pour le canton de Vouziers, et le conseiller sortant pour le canton de Buzancy, M. Gobron, qui se présentait de nouveau, n'avait, disait l'*Union libérale*[1], démérité ni de ses électeurs ni de la République. M. Gobron fut réélu par 1,179 voix, et Chanzy n'obtint que 786 suffrages. Il aurait pu représenter encore dans l'assemblée départementale le canton de Vouziers. Il aima mieux donner sa démission. Le petit échec qu'il venait d'éprouver coïncidait justement avec celui de M. Gailly, ancien député de Mézières et sénateur du département. Le conseil général des Ardennes perdit à la fois son président et son vice-président, tous deux membres du Sénat, tous deux en renom parmi nos hommes politiques et ne donnant dans aucun extrême; les vrais libéraux en ressentirent un vif regret.

VII

On a dit que si Chanzy avait vécu, il aurait été appelé à la suprême magistrature de son pays et qu'il aurait, comme président de la République, consolidé l'édifice dont il avait, comme président du centre gauche, jeté les fondements. Il avait en effet tout ce qu'exige ce grand rôle qui eût achevé et couronné les beaux rôles qu'il avait déjà tenus.

---

[1] 1ᵉʳ et 2 août 1880.

Il y aurait apporté la mesure et une volonté sans mollesse, à la fois beaucoup de modération et beaucoup de résolution; il était homme de gouvernement et d'autorité.

Il est vrai que les convictions religieuses du général ne plaisaient pas au grand nombre, à ces hommes obscurs, comme les nomme Vauvenargues, qui se placent au rang des génies et des âmes fortes, seulement parce qu'ils méprisent la religion. Chanzy avait naturellement l'intrépidité de sa croyance. Il se disait très haut, et même trop haut, catholique fervent. Il oubliait que le pays ne demande compte à ses plus illustres serviteurs que de leurs actes et de leurs opinions politiques. Chanzy pouvait regarder la religion comme « la source du vrai patriotisme » et penser qu' « elle met au foyer domestique l'ordre et le bonheur », que « sans elle, il n'y a pas d'homme complet » et que « les plus nobles croyances ont fait de la France le glorieux pays de la foi, des idées généreuses et de l'honneur[1] ». Mais le général, le commandant de corps d'armée devait-il faire publiquement cette profession de doctrines? On ne s'étonnera pas que beaucoup de républicains, tout en le félicitant d'adhérer à la République et de rat-

---

[1] Discours de Vouziers, 12 décembre 1881, et de Châlons, 1er janvier 1883.

tacher sa gloire au gouvernement de leur choix, l'aient accusé de cléricalisme. Bien à tort, car Chanzy n'était pas ultramontain ; il revendiquait pour l'État la collation des grades ; malgré les journaux de droite et de gauche, malgré les cléricaux qui tentaient de le tirer à eux et les radicaux qui le traitaient de réactionnaire, il restait républicain aux yeux du pays, républicain à la façon de Thiers, par patriotisme et par raison. Il avait compris, a dit le *Parlement* [1], qu'aucune restauration monarchique n'était possible en France, et, jamais dans ce temps qui a vu tant de défaillances et de compromis, jamais le dévouement de Chanzy aux idées libérales ne s'était démenti. Le général prononçait un jour cette parole profonde et vraie : « Quelques gens prétendent que j'ai changé d'opinion ; mais ce n'est pas moi qui ai changé ; ils ne voient pas l'énorme déplacement que leur fait subir la mêlée politique où ils s'agitent sans point de repère ». Pour lui, il demeurait fermement attaché aux institutions qu'il avait contribué à établir, résolu à ne suivre d'autres voies que celles de la modération, aussi décidément opposé aux tentatives de la réaction qu'aux entraînements des partis avancés, toujours soucieux de l'avenir et ne voulant que ce

---

[1] 6 janvier 1883.

qui était sensé, juste et possible. « Messieurs, disait-il au conseil général des Ardennes, il faut nous grouper autour du gouvernement que le pays s'est donné et qu'il entend maintenir; il faut l'aider dans sa résistance contre ceux qui cherchent à entraver sa marche, soit pour le ramener en arrière vers un passé dont le retour n'est plus possible, soit pour le précipiter en avant vers l'abîme creusé par les passions subversives. » Il n'était pas républicain d'enseigne; mais par sa droiture et son intégrité, par sa vie de labeur et de pensée, comme par son libéralisme, n'était-il pas plus républicain que tant d'autres qui font sonner le nom de république, sans avoir le sérieux et l'élévation du régime qu'ils préconisent?

Mais avant tout et par dessus tout, il restait notre homme de confiance dans les choses de la guerre et il portait au front l'éclair de la défense nationale. Il inspirait le respect, ce respect qu'un grand orateur de la Restauration déclarait déjà presque introuvable dans le pays de France. Au milieu des luttes ardentes soulevées par la fondation et l'installation de la République, il s'était fait universellement estimer. Il avait ce renom de sagesse et d'honnêteté qui donne les présidences. Lui-même, dans les derniers temps, s'isolait de la politique et semblait se réserver. On rapporte qu'un conseiller du maréchal de Mac-Mahon lui proposait, après le 16 mai, de confier à Chanzy la formation d'un cabinet. « Non pas, répondit vivement le maréchal, Chanzy est nécessaire en Algérie et il sera un jour la ressource du pays; je ne veux pas l'user. » Chanzy craignait évidemment de *s'user;* il se tenait à l'écart et attendait.

Enfin, ce soldat illustre était plus qu'un soldat ; il était sorti de son métier ; il avait étendu son regard au-delà de l'horizon militaire; il avait gouverné l'Algérie avec autant d'habileté que de vigueur durant six années ; il avait abordé les questions de la politique intérieure et des affaires étrangères. « Il avait su, a dit un de nos plus éminents publicistes [1], se créer des relations diplomatiques, et donner de lui cette idée que, s'il devenait le chef de son pays, on pouvait traiter avec lui sérieusement; il représentait une éventualité possible et rassurante, une garantie **viva**nte à laquelle on s'accoutumait à croire. »

Si l'on veut descendre la pente facile des conjectures, on peut donc supposer, comme on l'a fait, que Chanzy avait des chances de devenir président de la république, de cette république sage et raison-

---

[1] De Mazade, *Revue des Deux-Mondes*, 15 janvier 1883, et le *Parlement*, 7 janvier.

nable que veut le pays. Mais il est permis de se demander si ce général républicain, plus souvent applaudi par la droite que par la gauche, eût rallié la plupart des suffrages du Congrès. Et, une fois président, n'aurait-il pas dû, pour se maintenir, se rejeter un peu plus vers la gauche, se rapprocher plus décidément de la majorité républicaine, se prononcer contre le cléricalisme avec autant de force que contre le radicalisme ? Tâche délicate, si délicate qu'on n'ose dire si Chanzy l'eût acceptée ou du moins remplie jusqu'au bout.

VIII

Quoi qu'il en soit, la mort l'a soustrait à cette suprême épreuve. Chanzy n'est plus, et lors même qu'on « aurait à faire quelques réserves sur le rôle » qu'il a joué dans le parlement, lors même que « la politique rapetisserait un peu la figure de l'héroïque soldat [1] », la perte de Chanzy, a fort bien dit M. Eugène Pelletan, est un deuil national, et toutes les différences d'opinion disparaissent devant cette tombe. La fin d'une existence qui, malgré sa gloire, ne semblait pas encore entièrement

---

[1] *Le Temps*, 7 janvier 1883.

remplie, fait taire tous les dissentiments. Comme toujours, on ne se rappelle plus de cette grande vie que l'essentiel, que les actes vraiment dignes de mémoire et qui résisteront à l'épreuve du temps [1]. Les partis passent, la France demeure, et ce qui domine, aux yeux de la France, la carrière de Chanzy, c'est son héroïsme sur les rives de la Loire et de la Sarthe; c'est son admirable dévouement au pays; c'est ce pur et profond patriotisme, cette généreuse ardeur, cette infatigable énergie, qu'il montrait dans l'année terrible, lorsqu'il disputait aux Allemands notre sol envahi et soutenait contre eux une lutte acharnée dans l'espoir de les rejeter au-delà de la frontière. Chanzy reste et restera pour tous le général de 1870, inconnu la veille et venant d'Afrique diriger au fort de l'hiver les glorieuses retraites d'une armée toujours vivace malgré la défaite, et, en somme, la plus heureuse des armées de la province. L'imagination ramasse ordinairement toute l'existence d'un homme célèbre dans un seul épisode et concentre cet épi-

---

[1] Comme tout ce qui est grand et noble, a dit M. Philippoteaux, Chanzy a eu et aura peut-être encore quelques détracteurs. Laissons dans leur obscurité, abandonnons à leurs mesquines passions ceux qui envient tout ce qui s'élève au dessus d'eux. Que leur confusion et leur peine se trouvent dans l'éclatante justice rendue, dès le lendemain de leur mort, aux hommes dont le patriotisme sincère et désintéressé inspira toute la vie.

esode même en un acte saisissant, en un dramatique mouvement. C'est ainsi que le maréchal Ney, le brave des braves, est représenté sur toutes les estampes et sur la place de l'Esplanade, à Metz, le fusil en main, tel qu'était ce mâle soldat, lorsqu'il protégeait la marche des débris de la grande armée et ralentissait la poursuite des Russes. De même, on devra toujours se représenter Chanzy, parcourant à cheval, le matin de la bataille du Mans, sur un sol couvert de neige, le front des troupes, les excitant à tenir ferme contre l'ennemi, ordonnant sur tous les points la résistance à outrance, menaçant le lâche et promettant sa récompense au brave. C'est dans cette belle attitude, dans l'attitude du combattant inaccessible au désespoir et résolu à tout pour sauver la patrie, qu'il sera fixé dans la mémoire de la France comme dans l'histoire.

Le nom de Chanzy, désormais empreint au cœur des vrais patriotes, symbolise la défense de la nation « se raidissant, comme disait le général, contre la mauvaise fortune », ainsi que la puissance et l'énergique vitalité de notre pays. Il écrivait à la veuve du commandant Franchetti : « Le souvenir des dévouements héroïques qui se sont produits pendant la dernière guerre doit être religieusement conservé, parce qu'il honore le pays, lui rappelle ce qu'est le véritable patriotisme et lui donne espoir pour l'avenir. » La France se souviendra qu'au milieu des plus effroyables désastres qui l'aient jamais frappée, Chanzy sut former une armée avec des troupes découragées et dispersées [1], communiquer à ces débris l'énergie qui l'animait, braver sur les lignes de Josnes l'effort de l'adversaire, conduire ensuite une des plus belles retraites que cite l'histoire, sans cesse aux prises avec la meilleure armée des ennemis, ne se laissant arracher que pièce à pièce le terrain qu'il défendait, se battant aussi longtemps qu'il le pouvait, à Vendôme, au Mans, à Sillé-le-Guillaume, se mettant toujours hors d'atteinte, quoiqu'il parût, à chacune de ses étapes, arriver à la dernière limite de ses ressources et avoir épuisé toute résistance, amenant finalement ses adversaires à « signer des armistices et des traités, alors qu'ils avaient compté sur de simples redditions à merci [2] ».

Evidemment, à première vue, sa renommée n'a pas l'éclat éblouissant qui séduit l'imagination, et sa campagne de la Loire, avec ses combats de chaque jour, parle moins à l'esprit de la masse qu'une grande victoire. Il a été battu ; il a dû reculer de cinquante

---

[1] « Toutes neuves, mal équipées, mal armées, dénuées de tout », dit M. Sarcey dans un bel article du *Petit XIXe siècle*, 17 janvier.

[2] Le colonel Lecomte, *Nouvelle revue*, 15 avril 1883.

lieues devant l'ennemi. Mais dans les conjonctures aussi affreuses qu'imprévues où se trouvait la France, Chanzy n'avait à sa disposition que des moyens fatalement inférieurs à ceux de l'adversaire. Il ne pouvait entreprendre cette action offensive si propre au tempérament français et qui seule termine les campagnes et donne le succès définitif. Il était condamné à la défensive qui convient peu à nos soldats et qui, chez toutes les armées du monde, diminue inévitablement l'initiative et le courage. Quand on n'a fait que se défendre, écrit Napoléon — et Chanzy pouvait-il autre chose ? — on a couru des chances, sans rien obtenir. Mais, disons-le bien haut, la résistance demande autant de talent que l'attaque, et, selon le mot de Bugeaud, c'est dans les retraites que l'on connaît le véritable homme de guerre [1]. La campagne de 1814 n'est-elle pas aussi belle que celle de 1806 ? La victoire ne prouve pas toujours le génie militaire. Un général n'est grand que dans les épreuves difficiles, lorsqu'il porte allègrement, comme faisait Chanzy, le poids de la responsabilité la plus lourde, lorsqu'il emploie toute son expérience, tout son savoir,

---

[1] Toute retraite, dit le général allemand Paris, ne peut être couronnée de succès, en présence d'un ennemi entreprenant et actif, que si elle est dirigée par un chef réunissant décision et prévoyance, audace et sang-froid.

toutes ses aptitudes naturelles à maintenir son armée et à *éviter un désastre* [1]. Plus d'un général est hors de pair et compte dans l'histoire, non point parce qu'il a vaincu, mais parce que dans la défaite et au milieu des circonstances les plus critiques, il a montré le caractère et le génie sans lesquels il n'est pas de grand capitaine. D'ailleurs, il y a autre chose dans le monde que la force matérielle, il y a l'amour de la liberté et de la patrie [2]. La grandeur de la lutte soutenue par Chanzy est encore rehaussée par la grandeur du but. Vauvenargues, ce soldat devenu moraliste, a dit qu'un héros attache la gloire, non pas à porter la famine et la misère chez l'étranger, mais à les souffrir pour l'Etat. Chanzy luttait contre l'ennemi national; il défendait la France surprise et accablée, et sur ces champs de bataille de la Loire où il menait des troupes neuves et inexercées, les seules qui restaient au pays, il s'agissait, non plus d'une guerre dynastique, non plus d'une invasion en territoire étranger, mais de toutes les nobles et saintes choses que représente le nom de patrie, mais de l'indépendance du sol, mais du salut et de l'honneur de la nation. Aussi la résistance de Chanzy et de ses

---

[1] Chanzy, *Loire*, p. 367.
[2] Franklin.

troupes valeureuses a-t-elle, aux yeux de l'observateur impartial, je ne sais quoi de grand et de saisissant. On reconnaîtra toujours les talents de Frédéric-Charles et l'habileté de sa marche sur le Mans ; mais on admirera toujours les vaincus autant et même plus que les vainqueurs ; la France parlera toujours avec fierté et la postérité avec éloge de cette jeune armée de la Loire qui, selon le mot de Chanzy [1], se laissait aller parfois au découragement, lorsqu'elle était aux prises avec les fatigues et les privations, mais qui savait se battre et se sacrifier pour la patrie, lorsqu'elle allait au combat sous les ordres de son indomptable général.

IX

Chanzy n'avait pas seulement cette expérience des troupes et cette pratique des manœuvres que possèdent la plupart des généraux. Quoiqu'il ne soit pas aisé de savoir son métier, on peut arriver par l'habitude et le temps à faire avec promptitude la lecture du terrain, à apprécier les distances, à bien manier les trois armes. Mais Chanzy avait davantage. Nourri des principes de la stratégie et initié

---

[1] Chanzy, *Loire*, p. 371.

par une laborieuse étude à toutes ses combinaisons, accoutumé à appliquer son jugement aux opérations des capitaines des temps passés, et, selon l'expression de Folard, à faire constamment travailler son imagination et sa réflexion à la chasse, en voyage, dans ses promenades, Chanzy avait la lucidité, la pénétration, la profondeur de l'esprit, la rapidité du jugement, la fidélité de la mémoire, en un mot toutes les qualités qui font cette faculté de seconde vue, cette intuition singulière qu'on nomme le coup d'œil stratégique. Voir en un moment la situation, en dégager promptement les éléments essentiels et y saisir les points délicats comme par instinct avec cette justesse « qui sait rapprocher les choses » et qui « est la condition nécessaire de la vraie étendue d'esprit[1] »; arrêter en quelques instants un plan d'opérations, en consultant la carte, ses états d'effectif, les rapports des avant-postes et des reconnaissances ou les ordres de mouvement quelquefois dérobés à l'ennemi[2]; porter vivement ses corps d'armée sur les positions importantes et marquer nettement à chacun d'eux la direction qu'ils doivent prendre et le but qu'ils doivent atteindre; faire une étude approfondie non

---

[1] VAUVENARGUES.
[2] Cf., le coup de main sur Viabon.

seulement du pays qu'on a devant soi[1], mais de la température, du climat, de la population ; disposer ses bases d'opérations par échelons habilement choisis et les établir solidement sans trop les étendre ; indiquer avec précision le mouvement des convois, du matériel roulant, de tous les « impedimenta » et diriger, en se servant de tous les chemins et de toutes les voies, ces masses considérables d'hommes et de munitions de tous genres « de façon à éviter tout retard et tout encombrement[2] » ; garder et garantir ses communications en inquiétant celles de l'ennemi ; prévoir toutes les éventualités qui peuvent surgir[3] et prendre sur le champ, soit pour les prévenir, soit pour en tirer parti, les mesures les plus pratiques ; se proposer dans chacun de ses actes un objectif précis, rigoureusement déterminé, et, comme disait Bugeaud, se donner un but, savoir où l'on veut aller, se dire qu'on agira ainsi, non d'après les circonstances, mais malgré les circonstances ; déployer toute la force de son intelligence et de son énergie pour arriver à ses fins et mener à bout ce que le colonel Rüstow a nommé *la combinaison d'ensemble,* sans irrésolution ni tâtonnement, et en

---

[1] Lettre de Chanzy à d'Aurelle, 20 novembre 1870, *Loire*, p. 50.
[2] CHANZY, *Loire*, p. 86.
[3] Voir encore la lettre à d'Aurelle.

négligeant le menu détail : tel est le rôle du général qui commande une armée, et telles sont les qualités multiples qu'il doit avoir reçues de la nature et développées en lui par l'expérience, par la méditation, par l'étude des guerres antérieures. Tel fut aussi le rôle que sut remplir Chanzy, malgré les difficultés sans nombre d'une campagne d'hiver ; telles furent les qualités qu'il montra, comme général en chef, sur les bords de la Loire.

On nous a dit comment, tous les soirs, au quartier général, il préparait les opérations du lendemain. Après le dîner, où la situation de l'armée avait fait le sujet de l'entretien, il s'enfermait avec son chef d'état-major général et ses aides de camp, tous officiers de grand mérite auxquels il laissait leur franc-parler[1]. Les cartes étaient déployées devant lui ; on lisait et discutait les dépêches et les renseignements venus des avant-postes de l'armée, des francs-tireurs[2], des cavaliers envoyés à la découverte. Chanzy interrogeait et méditait quelque temps ; puis, sa résolution prise, il se levait, et, suivi de ses

---

[1] Chanzy dit de ses aides de camp (*Loire*, p. 636) : « Le général en chef est heureux de donner un témoignage d'estime et de reconnaissance aux officiers qui l'ont aidé dans sa tâche, en affirmant ici leur dévouement de chaque jour. »

[2] Le général Lewal reconnaît que les francs-tireurs de l'armée de la Loire ont contenu la cavalerie allemande et que celle-ci a beaucoup moins bien renseigné les généraux que devant l'armée de Metz.

aides de camp, il entrait dans la chambre où se tenaient les officiers de l'état-major général et les secrétaires, et, là, tout en fumant sa longue pipe africaine, il dictait avec une clarté admirable ces belles instructions d'où l'on pourrait extraire un recueil de pensées et de maximes applicables à tant de circonstances de la guerre. Ses ordres donnés, Chanzy rentrait dans sa chambre ; « bonsoir, messieurs, disait-il, et à demain ». Il se couchait aussitôt et dormait toute la nuit. On l'éveillait pour lui communiquer les informations les plus pressantes ; mais il se rendormait sur-le-champ; c'était toujours le vigoureux Ardennais qui, selon l'expression familière, doit « faire sa nuit » pour être le lendemain alerte et dispos. Au reste, il n'y a d'homme de guerre que celui qui loge une âme forte et calme dans un corps robuste [1], et, comme on l'a dit, le mécanisme de la guerre se borne à deux choses : se battre et dormir, user et réparer ses forces ; cons-

---

[1] Bossuet a tracé ce portrait admirable du grand Condé : « Le voyez-vous comme il considère tous les avantages qu'il peut se donner ou prendre? Avec quelle vivacité il se met dans l'esprit les temps, les lieux, les personnes ! Rien n'échappe à sa prévoyance. Avec cette prodigieuse compréhension de tout le détail et du plan universel de la guerre, on le voit toujours attentif à ce qui survient ; ses partis lui rapportent jusqu'au moindre fait ; on l'éveille à chaque moment, car il tenait encore pour maxime qu'un habile capitaine peut bien être vaincu, mais qu'il ne lui est pas permis d'être surpris. » On pourrait tirer de ce portrait quelques traits qui s'appliqueraient à Chanzy.

tituer l'équilibre indispensable de cette balance, c'est là toute la science [1].

X

C'est ainsi que durant deux mois de « combats incessants et acharnés » Chanzy lutta contre une armée supérieure à la sienne en ressources de tout genre avec un merveilleux sang-froid, une invincible égalité d'âme, une assurance et une fermeté dignes des plus grands capitaines, avec cette sérénité dans le péril qui est peut-être, a dit Voltaire, le premier don de la nature pour le commandement, avec cette rare intrépidité si bien définie par Larochefoucauld une force extraordinaire qui maintient le héros en un état paisible et lui laisse l'usage de la raison dans les accidents les plus surprenants et les plus terribles.

Si modeste qu'il fût, il avait une grande confiance en lui-même. Mais la confiance est une des premières vertus d'un général en chef. Il faut montrer de la confiance, écrivait Napoléon au prince Eugène, et quiconque a confiance en soi-même donne con-

---

[1] Cette parole pittoresque et vraie a été dite par un de nos meilleurs généraux de cavalerie, de Brack.

fiance à ceux qui l'entourent ; si, comme l'a dit Turenne, il ne faut songer qu'à des défaites, pour ne pas être étonné d'obtenir des victoires, ne peut-on dire aussi qu'il ne faut songer qu'à la victoire, même si l'on croit dans le secret de son cœur à la défaite inévitable ?

Chanzy avait toujours cru à son étoile, et l'on rapporte que, simple capitaine, il ne cachait pas à ses intimes l'espoir d'arriver aux grades les plus élevés, et de se signaler à la guerre par de grandes actions. Ceux qui l'approchaient sentaient qu'il y avait en lui je ne sais quoi de supérieur et d'éminent[1]. Un journal a raconté qu'Abd-el-Kader lui aurait dit en Syrie : « Tu es de la race des grands hommes de guerre ; je lis cela dans ton œil aussi facilement qu'on lit dans l'œil d'un cheval de Sétif le nom de sa famille. » Ce mot d'Abd-el-Kader ne nous paraît guère authentique ; mais, avant la guerre, à Damas, un *binbachi* ou chef de bataillon turc, Ali-Bey, aujourd'hui colonel, disait à l'un de nos plus ingénieux archéologues [2] : « Connaissez-vous Chanzy ? » (ou, comme il prononçait, Çanzy), et, sur la réponse négative du Français, le Turc assurait qu'il avait pour le lieutenant-colonel du

---

[1] Les Allemands diraient dans leur langue flottante et expressive : Etwas Höheres schwebte über ihm.
[2] M. Clermont-Ganneau.

71ᵉ régiment de ligne la plus haute estime : « c'est un homme extraordinaire, et vous verrez qu'il sera la gloire de son pays ». Le Français se souvint de la prédiction d'Ali-Bey lorsqu'il vit en 1870 Chanzy à la tête de l'armée de la Loire.

Cet homme, grand et mince, dont la calvitie précoce était cachée par le képi aux fleurs de chêne d'or légèrement incliné sur l'oreille, le front haut et serein, le regard doux et presque caressant, la moustache effilée, parut sur les champs de bataille de la Loire comme « l'évocation soudaine de notre brillant passé militaire[1] ». C'était l'homme nécessaire dans ces difficiles moments. Le combat de Vallières et la bataille de Coulmiers l'avaient déjà fait connaître à l'armée dont il prenait le commandement en chef. Il réagit par son énergique attitude contre le découragement ; il réchauffa l'ardeur languissante et presque éteinte des soldats ; il récompensa la bravoure, punit l'indiscipline, flétrit la lâcheté ; il donna à tous l'exemple de la résolution, de la fermeté, de la vaillance. On le vit accepter sans faiblir la plus délicate, la plus immense des tâches. Il semblait, à l'entendre, que la France n'eût pas été vaincue ; il ne connaissait pas le dé-

---

[1] Voir un article du *Figaro* reproduit dans la notice populaire de René Delorme.

sastre de la veille et ne croyait pas au revers du lendemain ; il maniait son armée composée de conscrits comme si elle n'eût compté dans ses rangs que de vieux troupiers. Mais cette force morale du général faisait aussi la force morale des soldats. Cette sûreté de jugement, cette promptitude de décision dans une des situations les plus graves qui furent jamais, cette précision des ordres, cette inflexible énergie qui se révélait dans tous les actes du commandement, cette implacable volonté d'atteindre le but malgré les obstacles, cette inébranlable persévérance d'un général qui ne laissait ni trêve ni merci et à l'ennemi et à ses propres troupes, tout cela entraîna l'armée de la Loire et la transforma, la rendit capable d'une résistance héroïque, lui fit accepter les misères et les dangers d'une des luttes les plus prodigieuses que cite l'histoire de la guerre. Napoléon l'a dit, le général, c'est la tête, c'est le tout d'une armée. Chanzy, on ne saurait trop le répéter, fit de ces corps de jeunes gens encore faibles et hésitants une armée de soldats remplis de sentiments courageux et virils. Ce fut lui qui, dans cette belle retraite d'Orléans à Laval, comparable aux retraites de Turenne, porta cette armée de position en position, la tenant sans cesse sous son regard, ne la laissant pas échapper un seul instant à sa vigoureuse direction, la guidant, la menant comme par la main, des bords de la Loire à ceux de la Sarthe et de la Mayenne.

Résolu à tout oser et en même temps plein de circonspection et de constance, toujours prêt à revenir à la charge et battant en retraite avec prudence, sachant prendre, le cas échéant, une audacieuse initiative et réparer avec une habile persévérance les torts de la fortune, vigoureux à l'attaque et à la défense, il avait à la fois l'impétuosité propre à notre nation et l'opiniâtreté ; il avait, pour nous servir d'un mot de Sainte-Beuve, à la fois ce qu'on a le plus en France, l'essor et l'élan, et ce qui manque surtout, la consistance et le *caractère*. Comme l'a dit Marmont, il faut deux choses dans un général, l'esprit et surtout le caractère : l'esprit, car, sans lui, on ne combine rien ; le caractère, car, sans une volonté forte et suivie, on ne peut assurer l'exécution des plans conçus. Mais ici, ajoute Marmont, les qualités relatives l'emportent sur les qualités absolues, et le caractère doit dominer l'esprit ; c'est dans ce rapport que se trouve l'élément du succès, et tous les grands capitaines de l'antiquité et des temps modernes, Alexandre, Annibal, Scipion et César, Condé, Luxembourg, le prince Eugène, Frédéric et Napoléon, tous ces grands hommes, à un esprit supérieur, joignaient encore plus de caractère. Chanzy, lui aussi, déploya dans la guerre, outre de vives facultés de l'esprit, outre la force du calcul et des combinaisons, les qualités les plus puissantes du *caractère*. Le général Chanzy, a dit le *Temps*[1], eut au plus haut degré le caractère, cette qualité qui a fait défaut à tant de militaires, et le colonel Fabre, dans son excellent précis de la guerre de 1870, termine son étude sur la campagne de la Loire par ces expressives paroles : « La lutte soutenue par Chanzy est faite pour exciter l'étonnement de quiconque sait combien il est difficile de maintenir une armée jeune, sans habitude de la guerre, sans administration suffisante, quand les revers sont incessants et à peu près inévitables. C'est le caractère qui fait les grands militaires, et, à ce titre, Chanzy a droit à notre admiration. »

De là, ce qu'il y avait de vraiment incomparable dans le général Chanzy, cette confiance inébranlable dans les destinées de la patrie ; cet invincible espoir qu'il gardait de vaincre les envahisseurs et qui respire encore dans son récit de la campagne ; cette grandeur d'âme qui lui faisait croire que les ressources de la France ne s'épuisaient pas et qu'une lutte opiniâtrement soutenue amènerait ces « changements de fortune si fréquents à la guerre » ; cette obstina-

---

[1] *Temps* du 7 janvier 1883.

tion sublime dans la résistance et cette conviction profonde que le pays « pouvait et devait se relever ».

La guerre en province fut, comme on sait, l'occasion de dissentiments incessants et presque inévitables entre la délégation et les généraux, la délégation disant toujours que le temps pressait et que les généraux devaient agir, les généraux répondant que la délégation ne voyait les choses que de loin et que leurs troupes devaient avant tout se reposer et se refaire. Seul de tous les généraux de la défense nationale, Chanzy se montrait impatient d'en venir aux mains avec l'ennemi. Après chaque retraite, il était ressaisi de l'ardeur de combattre et, comme il disait, de marcher de nouveau. Malgré les revers qu'il avouait grands et pénibles, malgré tout ce que la situation de la France avait de terrible et d'inouï, même après Vendôme, même après Le Mans, il tenait bon dans son idée et son fervent désir de délivrer la capitale. Arriver à temps pour débloquer Paris, entraîner sur Paris tout ce qui dans son armée avait une goutte de sang français, arracher à la fortune ce *suprême bonheur de sauver Paris*, telle était nuit et jour son unique pensée durant les mois de décembre et de janvier[1].

Quelques critiques lui reprochent d'avoir, dans

---

[1] Voir surtout dans son récit la page 349, lettre à Gambetta.

la première semaine de janvier, lancé des colonnes mobiles sur Nogent-le-Rotrou et Vendôme. Ces colonnes revinrent battues et fatiguées dans les lignes du Mans. N'eût-il pas mieux valu les garder sur la Sarthe ? Chanzy ne devait-il pas se tenir sur la défensive, se renfermer dans ses belles positions, les rendre inexpugnables, en faire les Thermopyles de l'Ouest ? Mais Chanzy ne voulait pas s'enfermer dans un camp retranché, courir le risque d'un investissement, se voir réduit à se faire jour pour chercher les vivres et le fourrage. Il se souvenait de ce mot de Gouvion-Saint-Cyr, qu'une armée ne doit jamais se laisser entourer, mais, de préférence à tout, conserver la plus grande liberté dans ses mouvements. Le parti le plus sûr, a dit Napoléon, c'est de défendre le passage des rivières et des défilés, de se créer des positions de campagne, de se renforcer de toutes ses troupes de l'intérieur, pendant que l'ennemi s'affaiblit insensiblement. Chanzy cherchait à gagner du temps ; il attendait des renforts ; il formait ses soldats ; il réorganisait son armée ; il s'efforçait d'éloigner l'ennemi de sa base d'opérations. et une offensive ultérieure restait sans cesse, selon le principe posé par tous les grands hommes de guerre, le but de ses actes. L'armée de la Loire n'avait elle pas la mission de dégager Paris ? Ne devait-elle pas reprendre l'offensive, sitôt qu'elle serait possible? Ne fallait-il pas se porter en avant, secourir à tout prix la capitale, marcher sur Paris qui n'espérait plus que dans la province? Cette idée généreuse, a dit l'un des héros de cette grande lutte, Gougeard, était dans tous les esprits; ce mirage lointain soutenait les soldats; aller au secours de Paris, tel était l'objectif donné à toute l'armée.

Paris capitula. Mais, après Paris, il y avait la France. Chanzy ne désespérait pas encore du patriotisme de la nation, ni de la victoire. Incapable d'abattement, et toujours prompt à imaginer de nouveaux plans de défense, il voulait, au plus fort de notre détresse, résister *quand même*, résister derrière la Loire, dans le massif de l'Auvergne, tant qu'il aurait, selon le mot de Gambetta, une parcelle du sol sacré de la patrie sous les semelles. Jusqu'à la fin la grande pensée de la résistance garda possession de son âme; il refusait de fléchir sous la loi qu'imposait l'Allemagne; il repoussait avec une sainte colère l'idée d'un démembrement du territoire; il s'opposait à toute paix parce qu'ayant sauvé l'honneur, il voulait sauver aussi, comme il disait, l'*intégralité* du pays. Puisse la France, toutes les fois qu'il s'agira de sa gloire et de son salut, trouver des hommes d'une trempe aussi forte, d'un cœur aussi ferme et aussi intrépide!

L'Allemagne voyait dans Chanzy le futur commandant de l'armée de la revanche. Elle appréciait vivement son génie militaire, et le vainqueur du Mans, le prince Frédéric-Charles, non content de faire un jour devant M. Thiers le plus grand éloge de Chanzy, voulut voir son vaillant adversaire, à son passage à Berlin, l'assurer de l'estime que lui inspiraient ses talents, rendre personnellement hommage à sa résistance. L'Allemand Verdy du Vernois a dit que les qualités militaires ont leur racine dans le caractère, et que les deux pilotes qui dirigent le général parmi les écueils de la guerre sont la netteté dans la conception et la vigueur dans l'exécution. Tous les historiens allemands de la lutte de 1870-1871 ont reconnu et admiré dans Chanzy cette grandeur du caractère, cette clarté des vues, cette vigueur d'action que Verdy du Vernois regarde comme les qualités indispensables au chef d'une armée. Il serait aisé de citer leurs appréciations ; mais il faut se borner, et, parmi les jugements que l'Allemagne a portés sur Chanzy, nous traduirons seulement un des plus sommaires et des moins connus. On lit dans le court article que la treizième édition du *Lexique de la conversation, de Brockhaus*, une des publications allemandes les plus populaires, consacrait à Chanzy, quelques jours avant sa mort, les lignes suivantes qui disent beaucoup sous leur forme simple et un peu sèche :

« Chanzy fut certainement le général qui sut atteindre avec des troupes nouvellement formées les succès les plus favorables ; il prouva une grande ténacité ; il unit la prévoyance à l'esprit d'entreprise ; il montra une grande justesse de jugement militaire et une solide expérience ; en cas d'une grande guerre, c'est à lui qu'on aurait confié le commandement en chef des armées de la France[1] ».

Lorsqu'en juin 1873, le bruit courut que le gouvernement allait faire une promotion de maréchaux de France, le *Temps* disait que Chanzy était « le seul en ligne pour cette haute distinction. La résistance qu'il avait dirigée pendant l'invasion avait désormais un caractère historique auquel ne messiérait pas une grande récompense. Mais, ajoutait le journal, nous n'avons garde de la réclamer, ni même de la souhaiter pour lui. Le moment n'est pas à ces congratulations mutuelles. Chanzy est jeune ; l'honneur de fixer les regards de son pays lui fait déjà une assez belle destinée ; il saura sans doute

---

[1] *Brockhaus' Conversationslexikon*, 1882, 48ᵉ fascicule : « Chanzy war entschieden derjenige französische Heerführer, welcher verhältnissmässig die günstigsten Waffenerfolge mit neuformierten Truppen erreichte ; er legte grosse Zähigkeit an den Tag, vereinigte Vorsicht mit Unternehmungslust, bewies richtiges militärisches Urtheil und gediegene Erfahrung. Er gilt für denjenigen General, der die meiste Anwartschaft besitzt im Falle eines grossen Kriegs mit dem Oberbefehl über die Heere Frankreichs betraut zu werden. »

achever de mériter ce qui lui reste à obtenir [1] ». Chanzy ne trouva plus l'occasion de se signaler à la guerre. La fortune lui refusa l'honneur de reparaître à la tête de l'armée française, et de remplir cette charge de généralissime dont l'avait investi la confiance de la nation. Mais on retiendra sa belle et patriotique réponse à plusieurs membres de la Commission militaire de l'armée, qui proposaient le rétablissement de la dignité de maréchal ; « *que les généraux français qui veulent le bâton de maréchal de France aillent le chercher de l'autre côté du Rhin* [2] ». Il serait impossible de trouver une parole plus noble, plus vraiment française, pour couronner la biographie de ce grand homme de guerre qui fut en même temps un grand patriote.

---

[1] 16 juin 1873.
[2] Séance de la Chambre des députés du 2 février 1883 ; discours de M. Philippoteaux, vice-président de la Chambre.

FIN.

TABLE DES MATIÈRES

Préface...	I
Avant la guerre.................................	3
La guerre : Orléans.............................	39
— Josnes..................................	69
— Vendôme...............................	84
— Le Mans................................	101
— Laval et Bordeaux	153
La Commune.....................................	205
Chanzy à l'Assemblée nationale et au Sénat.......	223
Chanzy gouverneur général de l'Algérie...........	261
Chanzy ambassadeur en Russie...................	341
Chanzy commandant de corps d'armée	351
Mort et funérailles de Chanzy.....................	367
Chanzy, son caractère et son génie................	385

VERSAILLES, IMPRIMERIE CERF ET FILS, RUE DUPLESSIS, 59.

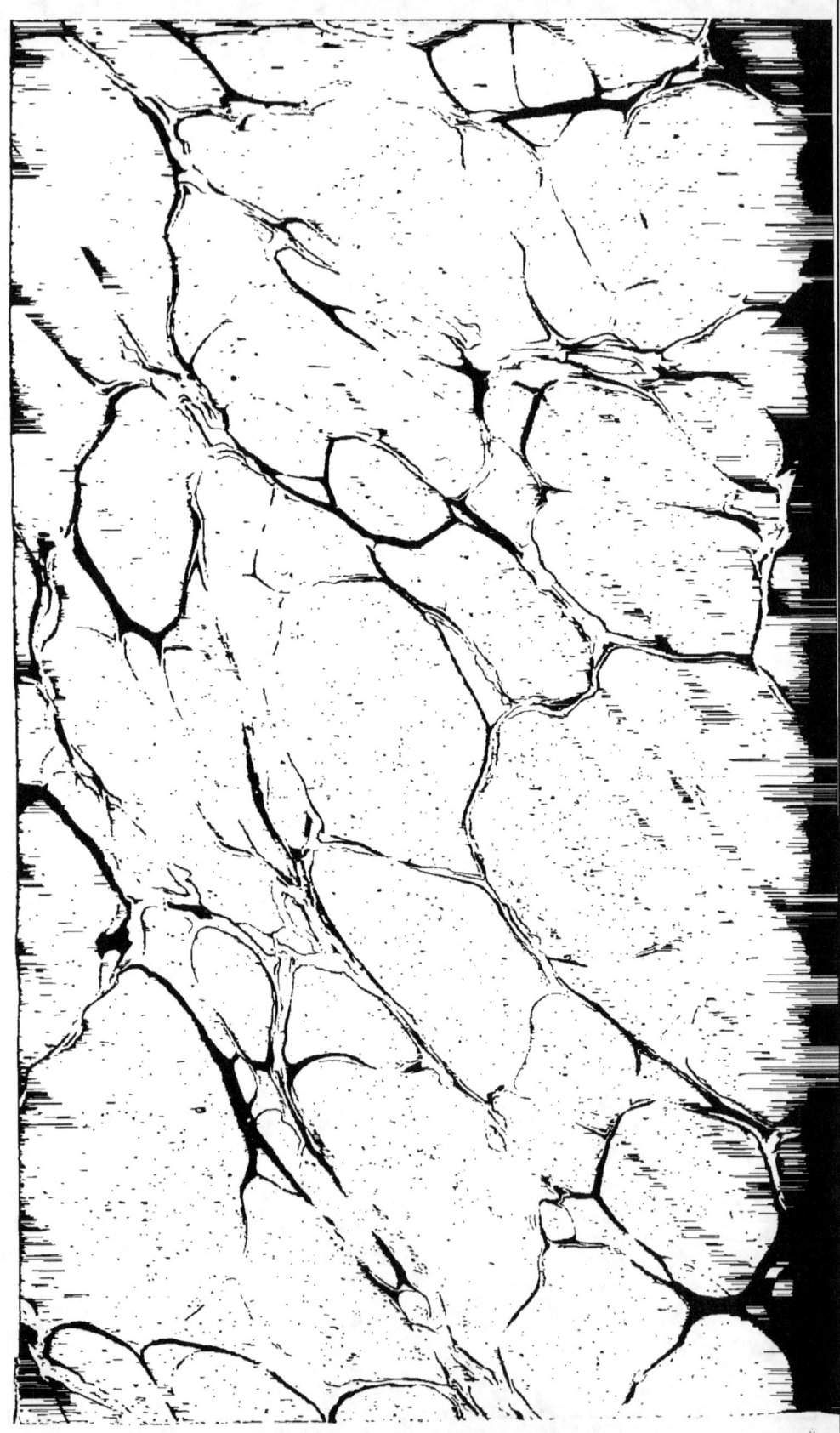

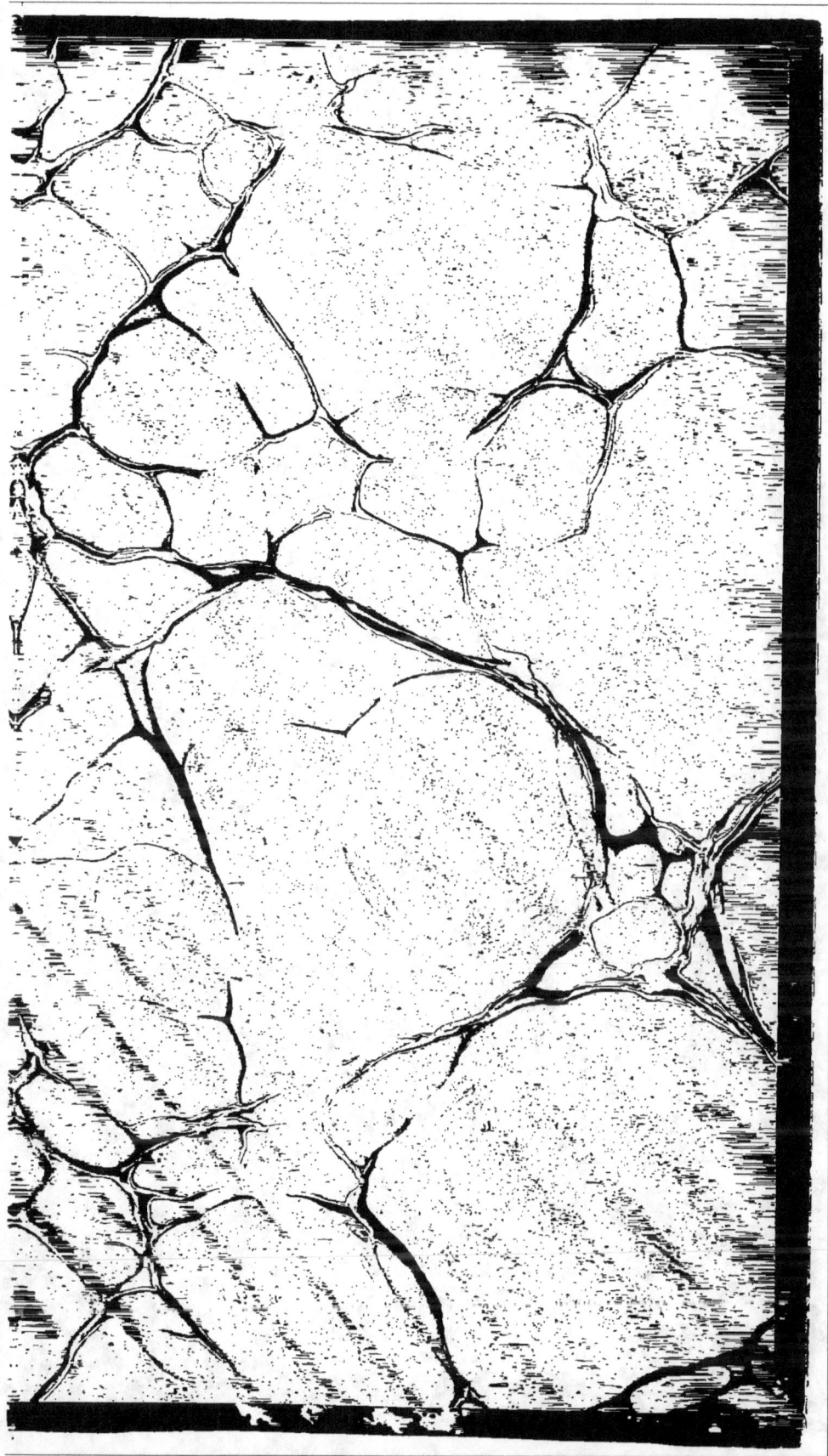

www.ingramcontent.com/pod-product-compliance
Lightning Source LLC
Chambersburg PA
CBHW070535230426
43665CB00014B/1700